15. 10. 1976

Nikolaus Britz: Was von 800 Jahren geblieben ist

Niederösterreichs hoch- und spätmittelalterlicher
Landespatron Koloman

NIKOLAUS BRITZ

Was von 800 Jahren geblieben ist

BILDER
AUS DER GESCHICHTE NIEDERÖSTERREICHS VON DER VÖLKERWANDERUNG AN BIS ZUM ENDE DER BABENBERGER

Wilhelm Braumüller
Universitäts-Verlagsbuchhandlung GmbH

Wien 1976

ISBN: 3 7003 0138 3

Druck: Buchdruckerei W. Strenczek GmbH, 2000 Stockerau

Zur Einführung

Was von 800 Jahren geblieben ist – ein Titel zu einer Sacherzählung über die historischen Geschehnisse Niederösterreichs ab der Völkerwanderung bis zum Tode des Streitbaren zweiten Friedrich, dem letzten Sproß eines Geschlechtes, das der Heimat im Zeitraume von 976 bis 1246 sieben Markgrafen und fünf Herzoge geschenkt und Wesentliches zum Werden Österreichs beigetragen hat.

Die kulturelle Aufschließung unseres heute niederösterreichischen Landes ist das Werk vieler Völker und Geschlechter: der Illyrer, Kelten, Römer, Rugier, Goten, Langobarden, Awaren, Slawen, der Altbayern und Altfranken sowie der Madjaren, die sich als solche allesamt in der Vergangenheit verloren haben, den werdenden Deutschen des Hochmittelalters wesentliche Spuren und Fundamente hinterlassend, auf denen diese fortfuhren und ausbauten, was jene begonnen. Spaten und Klosterpergament brachten Zeugnisse des damals versunkenen Zivilisationsgutes im Laufe vieler Jahrhunderte nach und nach ans Licht. Die Epoche der Babenberger, konnte dabei erforscht werden, lebe gottlob zum Teil noch feststellbar ringsum in den Siedlungskernen und Pfarreien unseres Landes, seinen Stiften und Burgen, den Ackerfluren und alten Straßenzügen, der Kunst und Überlieferung fort.

Wie lange noch?

Die Reste seinerzeitiger Schöpfungen freilich versinken immer tiefer im Meer der Gegenwart. Was wird an ihre Stelle getreten sein, ehe die genannte glänzende Epoche unserer Geschichte als aufspürbare Erinnerung unwiederbringlich dahin ist? Wir wissen es nicht zu sagen.

Ob durch die Beschäftigung mit der Vergangenheit die Gegenwart besser verstanden werden kann? Eine philosophische Frage, die die Wissenschaft noch nie gültig zu beantworten in der Lage war.

Unser Staat ist im Zeitraum eines Jahrtausends zur heutigen föderativen Alpenrepublik Österreich geworden. In seiner Vergangenheit spielten die Babenberger, deren wir gerne stolz gedenken, eine bedeutsame Rolle. Ihre Macht wuchs in der Hauptsache donauabwärts — hoch über dem Zugriffe des dörfer- und städtefeindlichen Stromes in Wehrbauten und Klöstern, wie bereits angedeutet, sichtbar geworden und erhalten geblieben bis in die Gegenwart. In Melk war ihre erste, in Tulln ihre zweite, in Gars am Kamp ihre dritte, in Klosterneuburg ihre vierte mauerumgürtete Burg errichtet worden, ehe sie nach Wien hinabgestiegen, um dort als Herzoge auf römischen Fundamenten eine dauernde Residenz zu planen und mit Eifer auszuführen.

Die im Schatten fester Wehren errichteten Stifte, mit Benediktinern, Augustinern und Zisterziensern besiedelt, zählen seit Anbeginn zu den kulturellen Mittelpunkten des Landes, als nahezu unerschöpfliche Pflanzstätten christlichen Geistes und abendländischer Gesittung aber zu den wesentlichsten historischen Marksteinen in Mitteleuropa.

Reichsheerfahrten sind die östlichen und nördlichen Grenzen der Heimat: Leitha, March und Thaya, zu danken. Die Herzoge aus dem Hause der Babenberger bereiteten ab 1156 die staatliche Selbständigkeit und eine gewichtige Erweiterung ihres Herrschaftsbereiches sowie den Boden vor, auf dem die deutsche Dichtkunst zu ihrem ersten bedeutsamen Gipfel erblühte und kraft dem Geschicke der nachfolgenden Habsburger schließlich der Nimbus erwuchs, daß im Einflußbereiche dieser österreichischen Familie für Generationen die Sonne nicht unterging.

Jener Zeit des frühen Werdens und ihren Vorläufern im heute niederösterreichischen Land rings um Wien gelten die wiedergegebenen Ausführungen, die der Autor eher als eine geschichtliche Erzählung denn als gelehrte Darstellung verstanden wissen möchte.

Die Bevorzugung des Dichterischen und der Sage dient vor allem schulischen Zwecken. Dadurch soll der Anreiz geschaffen werden, die gelehrte Zurüstung trockener Fakten mit Leben zu versehen: die Wissenschaftlichkeit in Geschichten darzubieten, die im historischen Unterricht der Zehn- bis Vierzehnjährigen unserer Tage aller pädagogischen Weisheit bester Schluß sind, weil diese Erzählungen anstatt Langeweile Erlebnisse vermitteln, die die Beschäftigung mit der Vergangenheit eines Volkes zu den schönsten Stunden seiner lernenden Jugend machen können.

Das historische Herz Niederösterreichs schlägt am vernehmlichsten entlang der Donau – und schlägt wie das des Stromes, seines Vorbildes und Lehrmeisters: einmal sturmgepeitscht und flutend Gefilde und Menschenwerk niederwalzend, einmal alles ringsum beschmeichelnd, als gäbe es nie und nirgends Bedrückendes im täglichen Dasein, als gäbe es nur beschaulichen Frieden in unserer atmenden Brust gleich dem der Natur in der heute gottlob oft und sichtbar geruhsamer gewordenen engeren Heimat, die als nachgerade ewige Durchzugsstraße zuvor mehr Opfer, Blut und Tränen gesehen als je eine der übrigen österreichischen Berg- und Talschaften seit tausend Jahren. Im eigentlichen Alpenbereiche westwärtshin konnte sich der Frühlingsglaube der Menschen, vermeinen wir, zumeist ungestörter und an Hoffnungen reicher entwickeln als hier und golden zureifen zum brennenden Sommer und erntefrohen Herbst. Im wiennahen Aufstau der Donau, knapp vor dem feindoffenen Marchfeld, wohin der Strom seit Kindertagen unzählbare Male schon seinen gewaltigen Überfluß zum Verderben ablud – in diesem Raume war die Geschichte für und für leidgetränkt bis in die jüngsten Stunden des Zweiten Weltkrieges: Dadurch hat der genannte Erdenfleck, einst Kornkammer des Erzherzogtums unter der Enns, zuweilen mehr Hunger gesehen und gelitten als die magersten Weiden und Triften des k. u. k. Reiches von ehedem anderswo.

Die bodenständige Überlieferung weiß davon ausführlich zu berichten. Wir steigen in die Welt ihrer fernen Hader und Wunder: in die heimatliche Frühzeit ein, die bislang, wie gesagt, mehr Kummer denn Freude war und brachte.

Bilder aus der germanischen Epoche Niederösterreichs

Als sich die schicksalsträchtigen Zeitläufte einst bereitgefunden, entlang unseres Stromes die ersten bleibenden Kerben österreichischen Lebens germanischer Art nach einem illyrokeltischen, besonders aber ruhmreichen römischen Zwischenspiel zu schlagen, stand urplötzlich die eindrucksvolle Gestalt nicht eines Mannes, sondern einer Frau im Blickpunkte des damaligen heimatlichen Geschehens: der rugischen Königin Giso. Ein gutes Omen für alle Muttergläubigen, ein schlechtes für Parteigänger gleich welcher Art.

Der in jenen Tagen im damals bereits untergehenden Favianis, dem heutigen Mautern, residierende, durch viele Jahre aber die Donau entlang predigende und im Namen der Menschlichkeit wirkende Heilige Severin, dessen politische und kirchliche Konsequenz von Rom mit Altarehren bedankt wurde, war ihr Widerpart.

„Als Giso" (die erste und zugleich letzte Königin unserer heimatlichen Nahgefilde nördlich des Stromes) „eines Tages", erzählt Severins Biograph Eugippius, „in einem Favianis nahegelegenen Orte sich aufgehalten und einige von den Römern an die Donau vorführen ließ, um sie zu niedrigen Sklavendiensten zu verurteilen, begab sich der Mann Gottes zu ihr und bat sie, die Gefangenen freizulassen. Giso aber ließ ihm sagen: ‚Bleib du betend in deiner Zelle drinnen, uns aber laß mit unseren Sklaven nach Gutdünken schalten!' "

Ein hartes Wort – einer Frau und Königin unwürdig, sollte man meinen.

Wer war Giso, die also herrisch zu sprechen sich damals zu vermessen gewagt?

Anno Domini 453 war der Hunnenfürst Attila, Geißel und Schrecken seiner Feinde, neben seiner jüngsten Gemahlin, der schönen Ildico, tot aufgefunden worden. Die Völker, die der Welteroberer in vielen blutigen Kriegszügen unterworfen und an sich gebunden hatte, liefen auseinander und nahmen die Länder seines Herrschaftsbereiches als Siegesbeute in Besitz: die Ostgoten das Gebiet zwischen dem Neusiedler- und dem Plattensee, die Gepiden die ehemals römische Provinz Dazien, die weiten Gemarkungen im Raume Theiß-Donau-Dnjestr umfassend, die Rugier das heutige nördliche Niederösterreich.

Der Abzug der römischen Legionen vom Rhein hatte den Vandalen, Burgundern, Alemannen und anderen germanischen Stämmen zu Beginn des 5. Jahrhunderts das Überschreiten des Grenzstromes ermöglicht. Zwei Jahrhunderte zuvor bereits war den Franken gelungen, den Niederrhein zu überqueren, unter Childerich und Chlodwig zweihundert Jahre später ins Innere Galliens vorzustoßen.
Im Nordseeraum beunruhigten damals Sachsen und Angeln die römischen Küstengebiete, bis sie sich, ebenfalls im 5. Jahrhundert, in England niederlassen konnten.
Zu den Ursachen der germanischen Wanderzüge jener Jahrhunderte dürften Überbevölkerung, klimatische Veränderungen sowie Abenteuerlust gezählt haben — in dem Augenblicke besonders verlockend geworden, da es dank der zunehmenden Schwäche des Römischen Reiches möglich schien, vor allem Italien mit seinen günstigen Lebensbedingungen und den Bequemlichkeiten einer hohen Zivilisation an sich zu reißen.
Einer stürmischen, weithin wogenden See gleich brandeten damals die einzelnen Germanenstämme gegen die letzten schützenden Dämme des Weströmischen Reiches, dessen Herrscher nicht mehr in der Lage waren, den drängenden blonden Barbaren die Stirn zu bieten. Was Wunder, daß die freigewordenen Völkerfluten in ungehemmter Schnelligkeit das Ewige Rom erreichten! Ein ungeheures Erlebnis für die heimatlosen Wanderscharen! Der Umstand, daß die reiche und üppige Welt der Cäsaren plötzlich zu ihren Füßen lag, muß in den Germanen ein mächtiges Selbstgefühl geweckt haben, das glücklicherweise zur rechten Zeit die rechten Persönlichkeiten in den Brennpunkt des Geschehens stellte: Odoaker und den Großen Theoderich, die rugische Giso und andere.

Uns interessiert, wie gesagt, die Rugierin, jene erste bedeutende Gestalt in der Heimatgeschichte, die zwar in keiner Sage fortlebt, deren Wirken aber allem Anschein nach weit über das Mittelmaß hinausging. Die Tatsache, daß die Frühgeschichte Niederösterreichs der Völkerwanderungsepoche auch heute noch in nahezu unenträtseltem Dunkel vor uns liegt, erschwert die Deutung ihres Jahrhunderts und Wesens ungemein. Und doch wissen wir – welche Ironie des Schicksals! – über das heimatliche Geschehen gerade zu Gisos Zeit mehr als aus den Tagen unmittelbar zuvor und danach. Freilich, auch dieses „Mehr" befriedigt nicht. Was durch die „Vita Severini" über die Fürstin, ihr Volk, ihr Land und ihre Nachbarn ans Licht kommt, ist dermaßen dürftig, daß es niemals hinreichen kann, auch nur ein halbwegs anschauliches Bild von ihr zu zeichnen. Zudem wird sie dort in der Regel ein „böses" Weib genannt. Giso war gewiß kein Engel! Ein böses Weib freilich war sie auch nicht. Sie war eine Gotin!

Zur Regierungszeit Attilas geboren, dürfte sie all den Schrecken miterlebt haben, den das hunnische Regiment täglich über die Welt brachte. Attila, der Herrscher, war wohl Asiate, sein Name aber war gotisch, seine Umgebung war gotisch, sein Streben war gotisch. Die Gotin Giso kannte daher den „hunnischen" Schrecken nicht. Sie sah nur seine angenehme Kehrseite: die Macht ihres Volkes! Eine verfeinerte Zeit findet diesen Frauentyp abstoßend. Die Geschehnisse der Völkerwanderung sind ohne ihn nicht denkbar.

In das Bewußtsein der Geschichte rückte Giso erst durch ihre Heirat. Ihr Vater Widimer vermählte sie, um das jenseits der Donau gelegene Land – in der Hauptsache das heute nördliche Niederösterreich – an die Goten zu binden, mit dem rugischen Fürstensohn Feletheus, in der Volkssprache Fewa genannt.

Dieser Ehebund dürfte taktischen Erwägungen entsprungen sein. Als nämlich das große hunnische Klagelied verstummt und Attilas Tod mit der Eile des Steppenwindes aller Welt kundgeworden war, nahmen sich die germanischen Vasallen offen, wie einleitend vermerkt, was ihnen schon lange heimlich gehörte. An diesem allgemeinen Befreiungskampfe hatte Flaccitheus, Gisos Schwiegervater, nicht teilgenommen. War er willens, eigenständige Politik zu machen? Die Ostgoten konnten das nicht zulassen, zumal sie ein Großreich anstrebten. Um die Rugier für ihre Pläne zu gewinnen, haben sie Giso nach Niederösterreich verheiratet, wo die künftige Königin im gotischen Sinne wirken sollte.

Die dürren Weiden und mageren Äcker der Ostgoten waren damals aber bereits zu klein und unergiebig geworden für die wachsenden Herden und das sich mehrende Volk. Die Bedrängnis zu beseitigen, greifen die Amaler nach den Waffen. Das flachwellige Rugiland jenseits der Donau lockt. Die Rugier, bereits halbwegs Menschen des Friedens und in einem verhältnismäßig behaglichen Wohlstand lebend, werden besiegt. Wenn es, wie die Sagen erhellen, ein Kennzeichen jener wüsten Zeit war, ein gegebenes Versprechen mit Wortbruch zu vergelten, wozu Gisos Stellung hätte verleiten können, sie hielt dem Gatten trotz des tiefen Falls unerschütterlich die Treue.

Nach dieser schweren Niederlage des Jahres 469 ruft Flaccitheus, Gisos Schwiegervater, sein Völklein aus den weithin verstreuten Gehöften unseres Heimatlandes zusammen, um es vom Herd der Unsicherheit weg nach dem gelobten römischen Italien zu führen. Aber die Goten sind der Rugier Geschick: Was diese planen, führen jene aus. Ehe man sich des Weges versichert hatte, war das Volk der Amaler aus Niederösterreich abgezogen.

Für Flaccitheus mag es ein Trost gewesen sein, die letzten Tage in der damals geruhsamen Hügellandschaft des Weinviertels verbracht zu haben. Nach seinem Tod im Jahre 475 nahmen Fewa und Giso den Fürstensitz ein.

Gisos Tätigkeit vom Beginn ihrer Herrschaft an bis zu ihrer Hinrichtung chronologisch zu schildern, ist unmöglich, da die einzige Quelle darüber, die bereits genannte „Vita Severini“, alles Tun und Lassen der Fürstin nur vom römischen Standpunkte aus sieht. Das niedergehende Römertum der Völkerwanderungszeit hatte sich auf geistigem Gebiete zwar dem sittlich Höchsten jener Tage, dem Christentum, ergeben, die Goten aber standen darin nicht nach. Der Bibel des Bischofs Ulfilas konnte in der Volkssprache der Germanen damals nichts Gleichwertiges entgegengesetzt werden. Wen wundert daher ihr zähes Festhalten an der Lehre dieses Mannes, der blutige Verfolgungen zu erdulden hatte und, wie einst Moses an der Spitze der Juden, an der Spitze seiner verfolgten Arianer, der „Kleingoten“, nach Mösien, dem heutigen Nordbulgarien etwa entsprechend, gezogen war, wo sein Wirken alsbald auch die Westgoten, Ostgoten, Rugier, Heruler, Skiren, Langobarden, Vandalen und Burgunder in den Bann seiner Lehre schlug! Es lag also für Giso vorläufig keine Veranlassung vor, jenem Guten Gleichgutes zu opfern. Wohl werden die Arianer dem Katholizismus erliegen. Und der Grund dafür wird der gleiche sein wie beim Übergang vom Heidentum zum Arianismus: die Tatsache nämlich, daß die alte Lehre das Unglück der Heimatlosigkeit weder zu mildern noch zu beseitigen vermochte.

Eugippius, der geschichtliche Gewährsmann, schreibt: „Unter anderen Handlungen ihrer Bosheit wollte Giso auch einige Katholiken wiedertaufen und also zum Arianismus bekehren lassen, aber teils aus Scheu vor dem heiligen Severin, teils aus Rücksicht auf ihren mit ihr nicht gleichgesinnten Gemahl ist sie von ihrem gottlosen Vorhaben abgestanden.“

Wir bezweifeln die Richtigkeit dieser Aussage nicht, sind aber der Meinung, daß Severin, wie es seine Aufgabe war, vorher Rugier zum Katholizismus bekehrt hatte. Anders ist obige Begebenheit kaum zu erklären. Wäre die Fürstin tatsächlich die erpichte Arianerin gewesen, sie hätte ihm größere Sorgen und Schwierigkeiten bereitet. Die Macht dazu stand ihr zu Gebote.

Es fällt auf, daß Eugippius von Fewa stets liebevoll spricht. Er wußte warum. Wir wissen es auch: Der König war seinem Vater Flaccitheus gleich ein Verehrer des Heiligen. Nicht zu Unrecht. Aber vergessen wir nicht, daß nicht Severin die Ordnung an unserer Donau in der zweiten Hälfte des 5. Jahrhunderts aufrechterhielt. Das war das Werk der Rugier, und Ordnung herrschte soweit, soweit die Rugorum Patria reichte. Wir wollen damit sagen, daß der Heilige seiner Umgebung vorzüglich deshalb als Schutzpatron erscheinen konnte, weil er selber beschützt war.

Die Fähigkeit der rugischen Herrschaft, Frieden und Sicherheit zu gewähren, beweist am eindringlichsten die Tatsache, wonach um 470 die Römer der obernorischen Grenzkastelle, nachdem sie vor den Alemannen und Thüringern geflohen waren und in Lauriacum (Lorch an der Donau) vorübergehend Unterschlupf gefunden, von dort aus ins Tullnerfeld verpflanzt wurden. Eugippius versucht, diese Begebenheit als einen Gewaltakt Fewas hinzustellen, zumal nach Severins eifrigen Bemühungen keine Römer aus den Gebieten des jetzigen Oberösterreich unter den Schutz der Rugier treten sollten, wie die Wissenschaft feststellen zu können glaubt. Mit der Erwähnung des rugischen Heeres freilich hat Eugippius recht. Dieses war aber nicht ausgezogen, um die römischen Flüchtlinge mit Gewalt in das Tullnerfeld zu entführen, sondern um deren Wiederansiedlung und Unterkommen zu bewerkstelligen. Severins Organisationsmittel, das Wort, dürfte dafür, selbst wenn er bereit gewesen wäre, es in den Dienst dieser Sache zu stellen, kaum ausgereicht haben.

Ist die Tatsache, daß Fewa in hellen, Giso in dunklen Farben gemalt wird, nicht ein Beweis für die Größe der Fürstin? Wenn Giso nicht bedeutender gewesen wäre als ihr Gemahl, hätte sich Severin kaum um sie gekümmert, und Eugippius wäre es im campanischen Lucullanum, wo er als Abt sein Leben beschloß, niemals eingefallen, 20 bis 25 Jahre nach dem Tode des Heiligen der bedeutungslosen Germanin bei der Niederschrift seiner severinschen Biographie zu gedenken.

Der Byzantiner Priscus, Gesandter am hunnischen Hofe, berichtete, erzählt einer der Historiographen der Völkerwanderungszeit in Österreich, Herbert Mitscha-Mährheim, daß Attilas Residenz eine zaunumgürtete Siedlung war, die man rings um einen Hügel angelegt hatte. Alle Gebäude bestanden aus Holz, mit Palisaden umgeben; die des Königs außerdem mit Holztürmen versehen.

Attilas Empfänge fanden in einer großen Halle statt. Der König thronte der Tür gegenüber auf einer Holzbank, ihm zur Rechten und zur Linken saßen seine Verwandten und die höchsten hunnischen Würdenträger, daneben die Gäste, die bedeutenderen den minderen vorgereiht.

Hinter dem Sitze des Königs führten Stufen zu einem Alkoven empor, der mit Vorhängen verschlossen war.

Das königliche Gefolge hatte auf Bänken beiderseits der Längswände seinen Platz.

Als Willkommensgruß wurde Wein gereicht. Attila trank jedem einzeln zu. Die Bewirtung bestand aus Brot, Fleisch und Zukost, auf silbernen Tellern serviert, die als Beutegut und Geschenke in den Besitz des hunnischen Hofes gekommen waren. Die Speisen wurden an Tischen eingenommen.

Attilas Teller und Trinkbecher waren aus Holz, die der Gäste aus Silber und Gold. Auch die Kleidung des Königs war bescheiden. Sein Gefolge ging in reichem Gewand einher, zumeist edelmetall- und edelsteinbesetzt.

Die Tafelfreuden hielten bis tief in die Nacht an, wobei sehr viel getrunken wurde.

Attila unterhielt, berichtet Mitscha-Mährheim weiter, einen gut funktionierenden Kanzleibetrieb. Verträge und Akten des Königs wurden sorgsam verwahrt, alle Aufzeichnungen in hunnischer Sprache geführt, die der König bestens zu lesen verstand. Die griechischen und lateinischen Schreiber und Dolmetscher des Hofes waren angesehene Männer.

Wie mag es damals im Bereiche des rugischen Hofes zugegangen sein? Ähnlich, nur in bescheidenerer Aufmachung?

Berichten zufolge, wonach im Rugiland reger Handel herrschte, reger Handel aber nur in toleranter Atmosphäre blühen kann, müssen die Rugier und ihre hier genannten Fürsten zumindest leidlich weitherzig gewesen sein.

Der rege Verkehr dürfte das ganze Jahr hindurch angedauert haben und vornehmlich auf der Donau abgewickelt worden sein – sogar die strengsten Winter über, da das Eis des festgefrorenen Flusses als Brücke diente.

Der Lage rugischer Märkte auf die Spur zu kommen, fehlt bisher jeglicher Hinweis. Möglicherweise waren sie nördlich des Stromes gelegen.

Von der Tatsache ausgehend, wonach die germanische Kost aus Obst, dem Fleische des erjagten Wildes oder von Rindern, Schweinen, Schafen und Geflügel, sodann aus Milch, Käse, Butter, Erbsen, Linsen, Bohnen und Rüben bestand, dürften diese Pflanzen und Tiere, außerdem Felle und Honig als Haupthandelsprodukte in Frage gekommen sein, schließlich Getreide, das fleißig angebaut wurde. Ob der Sklavenmarkt eine bedeutsame Rolle gespielt, steht nicht fest. Daß er vorhanden war, ist mehrfach belegt.

Welch grausame germanische Einrichtung: Sklavenhandel! hört man sagen. Wäre sie bloß germanisch gewesen! Sie war aber allgemein und ein unentbehrlicher Bestandteil des Wirtschaftssystems jener Zeit.

Um die genannten Rohstoffe tauschten die Rugier Salz, Eisen, Bronze, Silber, Gold, Schmucksachen, Glaswaren und sicherlich auch glitzernden Tand, woran jedes primitive Volk Freude hat. Die Gelehrten sagen, daß aus Italien Öl nach den Donaustädten gebracht wurde. Ob es die Rugier verwendeten?

Verweilen wir einen Augenblick beim rugischen Sklavenwesen:

Als Giso eines Tages, erzählt Eugippius, in einem Favianis nahegelegenen Orte sich aufgehalten und einige Römer an die Donau hatte vorführen lassen, um sie zu niedrigen Sklavenleistungen zu verurteilen, eilte der Mann Gottes zu ihr und bat sie, dieselben freizugeben, was aber nicht geschah.

Die Gründe für die Verurteilung der vorgeführten Römer verschweigt Eugippius. Man hat sie dennoch gefunden: Severins zweideutige Haltung – er scheint mit Fewas Feinden in Verbindung gestanden zu sein – hatte manchen Römer verführt, seiner Tributpflicht absichtlich zu vergessen. Was Wunder, daß Giso, die darüber empörte Landesherrin, ungehalten war und in Zorn ausbrach!

Als Severin Gisos Unmut vernommen, soll er gesprochen haben: „Ich vertraue auf Jesus Christus, der die Fürstin zwingen wird, das zu erfüllen, was sie jetzt zu tun im bösen Willen verweigert.“ Und der Herr habe sie kurz danach wahrlich bestraft, fährt Eugippius fort. Giso hielt damals nämlich einige Goldschmiede zur Anfertigung königlichen Geschmeides in Verwahrung. Der kleine Sohn des Herrscherpaares, Friedrich, kam am selben Tage, an welchem die Königin den Mann Gottes so wegwerfend zu behandeln sich veranlaßt gesehen, in kindlicher Neugierde zu den Gefangenen. Diese aber setzten das Schwert an die Brust des Knaben und erklärten, wenn jemand zu ihnen eintreten sollte, ohne daß man ihnen vorher eidlich ihr Leben verbürgt hätte, durchbohrten sie zuerst den Prinzen und dann sich selber, da sie in ihrer Hungerhaft schon hoffnungslos und der Verzweiflung anheimgefallen seien. Darauf, sagt Eugippius, gab die erschrockene Fürstin den Goldschmieden die ersehnte Freiheit wieder.

Ein wunderschönes Märchen, dem nur der Nachteil aller Märchen anhaftet: nicht wahr zu sein, zumal belegmäßig feststeht, daß Friedrichs Ergreifung durch die Goldschmiede, sollte sie tatsächlich vorgekommen sein, spätestens in der Zeit vor der Thronbesteigung seiner Eltern, möglicherweise sogar vor Severins Ankunft in Noricum stattgefunden hatte.

Die Rugier siedelten, wie ihre germanischen Vorläufer im später niederösterreichischen Land, an Bächen und Quellen. Viele Weinviertler Dörfer z. B. folgen auch heute dem Wasser und tragen Namen auf -brunn. An Brunnen wohnten die Quaden, die Markomannen, und als diese fortzogen, um dem Geschicke der Zeit entsprechend in der weiteren Nachbarschaft neues Land zu erobern, ließen sich die Rugier an deren aufgelassenen Wohnsitzen nieder. Da der Zwang der Ereignisse auch sie wandern hieß, nahmen die Altbayern sowie die Slawen als Untertanen der Awaren die aufgelassenen Heimstätten in längeren Besitz. Karl der Große besiegte die Awaren und übergab die eroberten Landstriche den werdenden Deutschen der Frühzeit. Der Große Otto dämmte die madjarische Flut ein. Seine Nachfolger endlich setzten die Babenberger und deren Gefolgschaft instand, die Keime zum heutigen Österreich zu legen.

Die Rolle Gisos in diesem Zusammenhang ist unklar, vielleicht gar nicht erwähnenswert.

Die Archäologie verweist auf geschlossene Siedlungen im nördlichen Niederösterreich bereits zu frühgermanischer Zeit. Ob die Rugierin auf die Weiterentwicklung jener ersten Dorfanlagen des Landes Einfluß genommen?

Severin starb am 8. Jänner 482. Es zeugt von versöhnlichem Geiste, daß das rugische Fürstenpaar kurz zuvor am Totenbette seines heiligmäßigen Widersachers erschienen war und geduldig dessen Ermahnungen und Lehren angehört hatte.

Durch Severins Heimgang sahen sich die Römer ihres mächtigsten Fürsprechers beraubt, und Federuchus, Fewas

Bruder, verlor, sagen die Kenner jener Zeit, alle fromme Scheu und raubte bei Mautern das Kloster des Heiligen bis auf die nackten Mauern aus. Diese Darstellung scheint etwas übertrieben. Da Fewa Mautern seinem Bruder geschenkt hatte, nahm sich dieser nur, was ihm von Rechts wegen gehörte. Giso trat gegen den Schwager verständlicherweise nicht auf. Ihr konnte nur willkommen sein, die fremde Hochburg im eigenen Lande vernichtet zu sehen. Wir wollen nicht vergessen, daß sie überzeugte Arianerin war. Zudem standen auch Römer in den Scharen, denen der König den Schutz der Städte, also auch Favianis, anvertraut hatte. Wenn diese nicht zurückschreckten, das eigene Heiligtum zu plündern, warum sollten die Rugier davor haltmachen?

Die Völkerwanderung war eine phänomenale Erscheinung. Die Sehnsucht der Germanen nach besseren Lebensbedingungen, das Bewußtsein ihrer jungen, unverbrauchten Kraft zwang sie zwar aufzubrechen, Europa und Nordwestafrika zu erobern, das Geschick ließ sie aber nirgendwo auf die Dauer verweilen.

Für die Geschichtswissenschaft von einmaliger Bedeutung, nennt die Lebensbeschreibung des hl. Severin mehrere Kirchen, die es zu dessen Zeit in folgenden Städten Ufernorikums und Pannoniens gegeben habe: in Asturis (Klosterneuburg oder Zeiselmauer), Comagenis (Tulln), Favianis (Mautern), Lauriacum (Lorch), Joviaco (einer ehemaligen römischen Militär- und Flottenstation an der Donau zwischen Aschach und Engelhartszell), Boiotro (Römerkastell Boiodurum im Bereiche Passaus) sowie Vindobona (Wien) und Carnuntum (römische Ruinenstadt beim heutigen Petronell). Die Zahl der Gemeinden, die Severin zu betreuen hatte, war folglich nicht klein.

Wahrscheinlich vornehmer römischer Abstammung, dürfte er bereits fünfzig Jahre alt gewesen sein, als er in unser Land gekommen war, um hier zuerst in Asturis und Comagenis, dann als Mönch in dem von ihm in Favianis gegründeten Kloster in aszetischer Strenge und Einfachheit zum Segen aller Donauchristen zu leben und zu wirken.

Bei der Unsicherheit und Trostlosigkeit der Verhältnisse und der militärischen Lage, da der Grenzschutz des Reiches aufgehört hatte zu bestehen und Überfälle sowie Plünderungen an der Tagesordnung waren, suchte der Heilige die verzweifelten Gläubigen zu trösten und aufzurichten. Trotz dieser schweren Belastung unermüdlich bestrebt, das religiöse Leben wachzuerhalten, gründete Severin Klöster – darunter, wie gesagt, Favianis, den Mittelpunkt seiner kirchlichen Wirksamkeit. Ein weiteres Kloster entstand in Boiotro gegenüber von Passau. In der Taufkapelle der dortigen Kirche machten barbarische Horden einen Priester, der darin Schutz gesucht, nieder. Severin hatte die Untat vorausgesagt. In Quintanis, etwa 35 km oberhalb von Passau, erweckte er einen verstorbenen Priester zum Leben. In Cucullis (Kuchl bei Salzburg) deckte er durch das Gottesurteil eines Kerzenwunders heidnische Opferzusammenkünfte auf. In der Basilika zu Juvavum (aus dem Orte wird dereinst Salzburg erwachsen) ermöglichte er durch wunderbare Selbstentzündung einer Kerze den abendlichen Gottesdienst.

Ganz bedeutsam in jener notvollen Zeit war Severins karitatives Wirken. Zur Linderung der Armut an unserem Strome rief er die besser situierte Bevölkerung Binnennorikums zur Unterstützung der Darbenden an der Donau auf. Er stand mit Bischof Paulinus von Tiburnia (St. Peter im Holz im oberen Drautal) in Verbindung und organisierte einen Öl- und Kleidertransport, der über die verschneite römische Tauernstraße, daher einer bewundernswerten technischen Leistung gleichkommend, geführt wurde.

Daß seine Tätigkeit einen eminent politischen Charakter annahm, verwundert nicht. Severin war damals der unbestrittene geistliche und weltliche Führer des Römertums an unserem Strome gegenüber den ins Land einbrechenden germanischen Völkerstämmen. Wenngleich er den Verlust Ufernorikums voraussah und weissagte, half er in aller Kraft mit, dieses bedeutsame Grenzland des Reiches solange als möglich zu sichern und zu erhalten.

Severin scheute keine Gefahr. Wo sie drohte, war er zur Stelle, stets geeignete Maßnahmen treffend und die Verteidigung vorbereitend. So bei den Kämpfen mit den Alemannen und Thüringern bei Batavis (Passau), bei dem Herulerüberfall auf Joviaco, wobei der Priester Maximinian gehenkt wurde, so endlich bei einem geplanten nächtlichen Handstreich auf Lauriacum, wo der Heilige gemeinsam mit dem dortigen Bischof Konstantius tatkräftigst an der Seite der Bevölkerung stand.

Als die Siedlungen der Römer an der oberen Donau nicht mehr zu schützen und zu halten waren, entschloß sich Severin, wie bereits erzählt, zur Räumung und Überführung der Bewohner von Batavis in die unter rugischem Schutze stehenden unteren Donaustädte.

Severin beriet die Rugierfürsten Flaccitheus und Fewa, verhandelte mit dem benachbarten Alemannenkönig Gibuld und weissagte dem Skirenhäuptling Odoaker (433 - 493), der ihn in Favianis besucht hatte, die Herrschaft über Italien und damit eine glänzende Zukunft.

Die römischen Wohnstätten entlang der Donau, vor allem die ehemaligen, durch vorzügliche Straßen miteinander verbundenen Feldlager und Kastelle, wohin sich auch die seit längerem verbauerten Einwohner Norikums in der Völkerwanderungszeit geflüchtet hatten, machten damals der allenthalben herrschenden Unsicherheit wegen eine kräftige Entvölkerung durch. Diese Tatsache bedingte einen großen

Kulturverfall. Die siedlerische Kontinuität der Zivilstädte jedoch blieb trotz der gefährlichen Unruhe jener Jahrhunderte gewahrt – ein unvergängliches Verdienst der Christen entlang des Stromes, auf dem sich auch weiterhin der Handel nach Byzanz und dem Pontus, beschränkter zwar als zuvor, immerhin aber auch dann abwickelte, als das Gros der ufernorischen Provinzialen von Odoaker bereits nach Italien zurückgesiedelt worden war. In jenen Tagen wurde Severins Leichnam zuerst nach Montefeltre bei San Marino, drei Jahre später nach Castellum Lucullanum bei Neapel gebracht. Seit 1807 ruhen des Heiligen Gebeine in der Pfarrkirche von Frattamaggiore bei Aversa.

Auf Anregung des oströmischen Kaisers Zeno (474 - 491), dem eine Ausbreitung seiner Herrschaft auch auf das Weströmische Reich, also die Wiederherstellung des gesamten Imperiums, vorschwebte, versuchten die Rugier schließlich, die Rolle Odoakers zu übernehmen und rüsteten zum Kampfe gegen ihn. Odoaker aber, bereits im Jahre 476 von germanischen Söldnern zum König von Italien ausgerufen, kam Fewa und Giso damals zuvor, drang im Rugiland ein, schlug an der Donau seine Feinde und setzte das Herrscherpaar gefangen. Ende des Jahres 487 wurden Fewa und Giso zu Ravenna hingerichtet.

Da sich ein Teil des Rugiheeres retten konnte, wagte beider Sohn Friedrich 488 einen Kriegszug, um das väterliche Erbe im heute niederösterreichischen Weinviertel zurückzugewinnen. Von Hunwulf, dem Bruder Odoakers, besiegt, flohen er und der Rest seines Stammes zu den Ostgoten nach der Balkanhalbinsel, worauf unsere Heimat ein vorübergehend wieder namen- und herrenloses Land wird, in dem aber der Fortbestand von Siedlung und Christentum, wie kurz zuvor vermerkt, erhalten blieb.

Den römischen Tagen der Heimat verdanken wir eine ganze Reihe österreichischer Ortsnamen der Gegenwart: aus Lentia wurde in der Folgezeit Linz, aus Ovilava Wels, aus Brigantium Bregenz, aus Villacum Villach, aus Lauriacum Lorch, das im späteren passauischen Archidiakonat Bedeutung erlangte, die bis in die Tage der Reformation fortdauerte.

Damals wurden auf antiken Kultbauten frühchristlichen Ursprungs die ersten mittelalterlichen katholischen Gotteshäuser auch in unserer Stromlandschaft errichtet: die Severinkirche in der Passauer Innenstadt, die Laurentius- sowie die Maria-Anger-Kirche in Lorch – zwei Gotteshäuser gar an einem Orte! – sowie endlich die Heiligenstädter St. Jakobs-Kirche weit außerhalb des damaligen Vindobona.

Alles in allem ein nicht unbedeutendes Erbe, das irgendwie der nachfolgenden Epoche unserer Geschichte auch deshalb zugutegekommen sein dürfte, weil einer der genannten Orte, Lauriacum nämlich, seit längerem mit dem Martyrium eines Mannes glaubhaft in Verbindung gebracht werden kann, den man im Jahre 304 dortselbst seines Christentums wegen auf Befehl des römischen Statthalters, durch einen Stein um den Hals beschwert, in die Fluten der Enns gestürzt, wobei ihm, sagt ein Heiligenkalender des 5. Jahrhunderts, die Augen brachen, wie alle Umstehenden sahen: St. Florian, den Oberösterreich bis auf den heutigen Tag als Landesheiligen, die Welt aber als Schutzpatron gegen Feuersnot verehrt und anbetet.

Im Hinblick auf Königin Giso ist endlich zu vermerken, daß in der Marchfeldgemeinde Untersiebenbrunn 1910 das Grab einer weiteren Fürstin aus dem damaligen Niederösterreich entdeckt wurde, deren Skelett- sowie Beigabenbefunde die Annahme erlauben, es mit den Überresten einer vornehmen, etwa 20 bis 24 Jahre alten gehbehinderten Frau zu tun zu haben, die kurz vor der Rugierin im Weinviertel möglicherweise auf ihrem Wanderwege nach dem Westen geweilt und an einer kariösen Erkrankung des Hüftgelenks hier verstorben und samt ihren beiden Zugpferden bestattet worden war.

Bevor die Geschichte der Rugier unwiderruflich zu Ende gegangen, half deren König Friedrich eifrig mit, dem Geschicke seines Volksstammes eine Wende zu geben, die für Niederösterreich von entscheidender Bedeutung sein wird: Friedrich lag dem späteren Großen Theoderich (471 - 526) solange in den Ohren, bis dieser den Vorstellungen Kaiser Zenos nachgab und sich mit den Ostgoten nach Italien aufmachte. Der dadurch bedrohte Odoaker erkannte sofort die Unhaltbarkeit seiner Stellung in Oberpannonien, worauf er die Skiren sowie den Rest der dort verbliebenen Sweben und sonstigen Bevölkerungssplitter zwischen dem Plattensee und dem Alpenostrand vor dem Zugriffe Theoderichs so rettete, daß er sie allesamt donauaufwärts in das Land westlich der Enns und der Innmündung abzuwandern hieß. Ihnen war viele Jahre zuvor der Swebenkönig Hunimund mit dem Gros seines Stammes vorangezogen, unsere damaligen Donausiedlungen wahrscheinlich arg verwüstend.

Im Frühjahr 493 hatte der Große Theoderich zu Ravenna Odoaker mit eigener Hand erschlagen. Dortselbst verloren gleichzeitig auch dessen Gattin Sunigilda, beider Sohn Thela sowie Hunwulf, der Bruder „des Königs von Italien“, das Leben.

Von den Ostgoten wohl nie besiedelt gewesen, dürfte unser Land südlich der Donau damals aber zum Einflußgebiete Theoderichs gehört haben. Nördlich davon herrschten die Heruler, die die Langobarden des Weinviertels damals ebenso kontrollierten, wie ihre Macht bald auch über den Strom ins niederösterreichische Alpenvorland reichte.

Aus den eben genannten Wanderscharen, vermehrt durch den 540 erfolgten germanischen Zustrom aus Thüringen und Böhmen, erwuchsen unter der Führung des Herrschergeschlechts der Agilolfinger im geographischen Raume des heutigen Süddeutschland Volk und Herzogtum der Altbayern, die als gestaltende Kräfte am Beginn auch unserer Landesgeschichte stehen werden.

Das Auengebiet unserer Donau begann damals wieder eine mächtige Naturgrenze zu werden, aus ineinander verschlungenem Gerinne und Urwald bestehend, das die Ufer des Stromes nur an bewohnten bzw. bewohnt gewesenen Stellen leicht zugänglich und ohne besondere Gefahren überquerbar machte – Stellen, wo einst aus den Kulturen der Illyrer und der gern als die Landsknechte des Altertums apostrophierten Kelten, soweit sich diese nicht ins unwegsame Gebirge zurückgezogen, durch Angleichung an die Wesensart der Lateiner jenes reiche Leben weithin sichtbar erblüht und verbreitet worden war, das sich einmalig hell gegen das Treiben in den dunklen Gefilden jenseits des Stromes abhob, aus welchen die Germanen namentlich seit der Zeitenwende immer wieder hervorbrachen.

Hinter hohen zinnenbekrönten Mauern in den am Wasser errichteten römischen Militärlagern, von Wällen und Gräben abgesichert, hatten nacheinander die 15., die 14. und die 10. Legion das Imperium geschützt, Kaufleute, Handwerker und Kolonisten aus allen Teilen des Reiches sich niedergelassen. Nach den Markomannenkriegen 171 bis 179 war die friedliche germanische Unterwanderung des Landes in Fluß geraten, von Rom der am Limes herrschenden Unsicherheit wegen seit längerem gern gefördert und bis zum Verfall des Reiches nicht wieder zum Stillstand gekommen.

Kaiser Marc Aurel, im Jahre 180 in Vindobona verstorben, hatte damals in harten Friedensverhandlungen die Germanen Nordniederösterreichs gezwungen, 200 000 von ihnen gefangengehaltenen römischen Provinzialen die Freiheit wiederzugeben und 40 000 Mann Besatzer, die auf vielen neuerrichteten Stützpunkten bis in die Leiserberge hin stationiert wurden, aufzunehmen.

Nach Severins Tod ergriff Wald, wie gesagt, wieder Besitz von den durch Jahrhunderte kultivierten Landstrichen, Wald, der namentlich aus den höhergelegenen Landschaftsmarken herabstieg in die Niederungen, sich in wildem Wachstum über die Äcker ausbreitete und selbst die Stätten höherer Kultur überwucherte, ja ihre Spuren tilgte.

Die Langobarden, die in einem kurzen Zwischenspiel von Mähren und dem nördlichen Niederösterreich aus zuerst die Herrschaft der Heruler, die damals zwischen March und Theiß saßen, abgeschüttelt, dann die an der Donau siedelnden Germanenreste verschiedener Stämme überwunden und kurzfristig zu einem großen Reiche vereinigt hatten, das von der Enns an bis tief nach Pannonien reichte, zogen von dort aus 568 nach Italien ab, worauf insbesondere Ufernorikum ein vollends aufgelassenes Gebiet geworden war, das jedermann offenstand, den es danach gelüstete.

Die Anwesenheit der Langobarden in Niederösterreich wird durch eine Vielzahl von Bestattungsfunden erhärtet, die uns mancherlei Auskunft über diesen bei uns vorübergehend heimisch gewesenen Germanenstamm der Völkerwanderungszeit geben.

Ihre seither geborgenen Tongefäße gehören der damaligen bäuerlichen Kultur an. Die Bewaffnung der Krieger bestand aus Schwert, Lanze und Schild. Die Männer trugen überdies einen Lederbeutel, worin sie ihren eisernen Feuerschläger sowie einen Feuerstein aufbewahrten. Die Kleiderfibeln ihrer Schmiede legen Zeugnis von großem handwerklichen Können ab.

Nach der Vernichtung der Rugier durch Odoaker in Niederösterreich vorübergehend seßhaft geworden, regierte hier zuerst der tapfere Godeoc, sodann dessen Sohn Claffo und hernach Claffos Sohn Tato, der als der siebente König den Thron bestieg. Unter ihm kam es zur Auseinandersetzung mit den Herulern, denen Fürst Rodulf vorstand.

Der byzantinische Geschichtsschreiber Prokopios berichtet darüber etwa wie folgt:
Als Anastasius im Jahre 491 die byzantinische Kaiserwürde übernommen, hatten die Heruler keine Gegner mehr, gegen die sie kämpfen konnten. Sie legten daher ihre Waffen nieder und blieben ruhig. Bald aber unzufrieden mit dieser Lage, beschimpften sie ihren Führer, nannten ihn weichlich und weibisch, neckten ihn und schmähten ihn mit bösen Namen. Rodulf konnte sich ihres Spottes und Übermutes nicht erwehren, bis er gegen die Langobarden, die nichts Unrechtes getan, zu Felde zog.

Als beide Heere einander gegenüberstanden, erzählt die Sage, schwebte über den Herulern eine drohende schwarze Wolke, über den Langobarden aber blieb der Himmel rein. Ein Zeichenkundiger hätte darin erkennen können, daß es den Herulern in der Schlacht schlecht ergehen würde. Diese freilich achteten der Zeichen nicht, sondern gingen leichtfertig und hochmütig auf ihre Gegner los, weil sie sich in ihrer Überzahl stärker glaubten. Ein großer Teil der Heruler fiel, darunter König Rodulf. Was übrigblieb, floh in Auflösung und ohne an Gegenwehr zu denken. Dabei wurde sehr viel Volk von den nachsetzenden Siegern niedergemacht. Nur wenige Krieger entkamen.

Der langobardische Geschichtsschreiber Paulus Diakonus schildert diese bedeutsame Schlacht etwa so:
Nachdem die Langobarden drei Jahre lang auf der Ebene, die man Feld nannte, gewohnt hatten, erhob sich Krieg zwischen Tato und dem Herulerkönig Rodulf. Zwischen beiden hatte zuvor ein Bündnis bestanden. Die Ursache des blutigen Völkerstreites scheint folgender Begebenheit entsprungen:
Der Bruder Rodulfs war zu Tato gekommen, um einen Frieden zu schließen. Auf dem Rückwege sah Rumetrud, die Tochter des Langobardenkönigs, ihn und sein glänzendes Gefolge vorbeigehen, lud ihn zu sich, um ihm einen Becher Weins zu kredenzen, verhöhnte ihn dann aber wegen seiner kleinen Gestalt. Zornig antwortete der Beleidigte. Rumetrud heuchelte Gelassenheit, nötigte den Gast, Platz zu nehmen und setzte ihn so, daß ein Fenster in seinem Rücken war, vor dem ein Teppich hing. Ihren Dienern hatte die Prinzessin indessen geheim Befehl

gegeben, den Heruler von hinten mit Speeren zu durchbohren, sobald sie dem Mundschenk zurufe: „Misch den Becher!“
Wie befohlen, so geschehen.
König Rodulf klagte laut über den grausamen Tod seines Bruders und entbrannte im Verlangen, den Ermordeten zu rächen. Er brach den mit Tato jüngst geschlossenen Frieden und erklärte den Langobarden den Krieg.
Rodulf blieb während des Kampfes beim Brettspiel im Lager sitzen, da er am Siege seiner Scharen nicht zweifelte. Die Heruler waren damals äußerst kampfgeübt und ruhmreich dank vieler Schlachten, die sie durch Jahre geführt, und sie zogen denn auch nackt ins Feld, nur ihre Schamteile bedeckend – entweder, um leichter streiten zu können, oder um zu zeigen, daß sie Wunden mißachteten.

Der sorglose König befahl einem seiner Leute, auf den nächsten Baum zu steigen und den Sieg der Seinen rechtzeitig zu melden. Er drohte, dem Späher das Haupt abzuschlagen, wenn er von der Flucht der Heruler berichte. Als der Mann die eigenen Stammesgenossen weichen sah, rief er aus, die Drohung des Königs geschickt umgehend: „Wehe dir, Herulerland, der Zorn des Himmels hat dich getroffen!“
Da fragte Rodulf: „Wie, fliehen meine Heruler?“
Der Knecht erwiderte: „Nicht ich, du, König, hast das Wort gesprochen!“
Da erfaßte Rodulf Sorge und die Seinen panische Angst, als die Langobarden über sie hereinbrachen.
So mannhaft der Herulerfürst auch focht, er wurde getötet.
Zufolge der traurigen Verwirrung ihrer Sinne hielten die Besiegten ein blühendes Flachsfeld für Wasser, das sie durchschwimmen wollten. Dort fielen sie aber unter den Schwertstreichen der wartenden Feinde.

Die Langobarden machten unermeßliche Beute. Tato erstritt sich Rodulfs Banner und dessen Helm, den dieser für gewöhnlich im Kampfe getragen.
Seit jenen Tagen war die Kraft der Heruler so sehr gebrochen, daß sie keinen eigenen König mehr über sich hatten. Nicht lange nach der geschilderten schweren Niederlage sind sie in ihre alte nordische Heimat Skandinavien zurückgewandert.

Die geschilderte Schlacht scheint zwischen 508 und 509 an den beiden Weidenbächen in unserem Marchfelde stattgefunden zu haben.

Kurz vor dem Abzug der Langobarden aus Niederösterreich soll ein altbayerischer Verwandter der damaligen Königin Rodelinde, die den später so berühmten König Alboin geboren, Gainfarn, der heutigen Stadt Bad Vöslau eingemeindet, begründet haben.

Ein sonderbarer Brauch der Germanen, sicherlich von hunnisch-türkischen Stämmen Asiens während der Völkerwanderung übernommen, bestand darin, aus den Schädeln besiegter berühmter Feinde Trinkschalen anzufertigen, um sich mit dem Weine auch die Kräfte der Erschlagenen einzuverleiben.

Ob das in einem bei Hohenau freigelegten Grabe geborgene kopflose Skelett – es wurden mehrere solcher Funde bei uns gemacht – auf die Übung dieses Brauches auch im langobardischen Niederösterreich hinweist?

Folgende schaurige Geschichte scheint den genannten Brauch zu bestätigen:
Als das Gros der Langobarden aus unserer Heimat nach Pannonien abgezogen war, dort 42 Jahre gelebt und im Bunde mit den Awaren die benachbarten Gepiden bekriegte, soll sich folgendes zugetragen haben:
In der Schlacht gelang Alboin, den König der Gepiden Kunimund zu töten und ihm das Haupt abzuschlagen. Daraus ließ er sich dann einen Trinkbecher anfertigen. Rosimunda, Kunimunds Tochter, aber machte er zu seinem Weibe und damit zu seinem Verderben, wie sich's bald herausstellen sollte, berichtet Paulus Diakonus, der vorhin genannte langobardische Geschichtsschreiber, und er fährt fort:
Nachdem Alboin drei Jahre und sechs Monate (nach dem Abzug der Langobarden aus Pannonien) in Italien regiert hatte, fiel er durch einen Anschlag seiner Gemahlin dem Tode zum Opfer. Die Ursache seiner Ermordung war diese:
Als er in Verona fröhlich bei einem Gelage saß, den Becher vor sich, den er aus dem Schädel seines Schwiegervaters, des Königs Kunimund, hatte zuschneiden lassen, befahl er plötzlich, auch der Königin Wein zu reichen und forderte sie auf, aus seinem Pokale lustig mitzutrinken.
Im Herzen Rosimundas regte sich darüber tiefer Schmerz, den sie nicht zu unterdrücken vermochte. Und sie glühte vor Verlangen, durch die Ermordung des Gemahls den Tod des Vaters zu rächen, und das Weib verschwor sich bald darauf mit Helmichis, dem Schildträger und Milchbruder des Königs. Dieser riet, Perdeo, einen unheimlich starken Mann, zum Anschlag beizuziehen. Weil sich Perdeo, des Königs Kämmerer, zu der Untat aber nicht verstehen wollte, legte sich Rosi-

munda nachts in das Bett ihrer Kammerfrau, mit welcher Perdeo unzüchtigen Umgang pflegte. Als der Bube dann gekommen war, schlief er, ohne es zu wissen, mit seiner Herrin. Nach Vollzug dieses Verbrechens fragte ihn die Königin, für wen er sie halte. Der Missetäter nannte den Namen der Freundin. Da fiel ihm das böse Weib ins Wort und sprach: „Es ist nicht so, wie du glaubst, sondern ich bin Rosimunda. Jetzt hast du dich, Perdeo, schuldig gemacht, was dich zwingt, bei der Tötung Alboins mitzuhelfen oder unter seinem Schwerte zu sterben."

Perdeo erkannte, was er verbrochen, und er gab zur Ermordung des Königs durch Helmichis seine Einwilligung, wofür er sich als Kämmerer aus freien Stücken vor kurzem nicht hatte verstehen wollen.

Als sich Alboin bald danach mittags zur Ruhe legte, befahl Rosimunda, alle Waffen bis auf das Schwert des Fürsten, das sie zu Häupten seines Bettes festband, beiseitezuschaffen.

Dann ließ das grausame Weib nach dem Rate des Perdeo den Mörder Helmichis in den Raum. Alboin, plötzlich aus dem Weinschlummer erwacht, erkannte die Gefahr, die ihm drohte, und er griff schnell nach dem Schwerte. Da es fest angebunden war, konnte er es nicht gebrauchen. Der König langte nach dem Fußschemel und wehrte sich damit. Aber ach, der streitbarste und kühnste aller Männer vermochte nichts gegen den Mörder und wurde am 28. Juni des Jahres 572 wie ein Hund erschlagen. Er, der durch die Besiegung so vieler tapferster Streiter sich den größten Kriegsruhm erworben, fiel durch die Ränke eines Weibes.

Den Leichnam Alboins setzten die Vertrauten des Königs unter lautem Jammern und Klagen der Langobarden bei.

Nach Alboins Ermordung suchte Helmichis die Herrschaft an sich zu reißen, was ihm aber nicht gelang, da das Volk, voller Schmerz über den Tod des Königs, den Verräter umzubringen trachtete.

Rosimunda schickte daher Boten zu Longinus, dem Statthalter von Ravenna, und ließ ihn bitten, ihr so schnell wie möglich ein Schiff zu leihen, daß es beide aufnehme und rette. Der Römer Longinus freute sich der Kunde und sandte ein Schiff, das Helmichis und Rosimunda, die bereits dessen Weib geworden war, bestiegen. Bei Nacht entflohen sie. Die Mörder nahmen Albsuinda, des toten Königs Tochter, und den ganzen Langobardenschatz mit sich fort und gelangten schnell nach Ravenna. Dort beschwor der Statthalter alsbald die Königin, Helmichis umzubringen und sich mit ihm zu vermählen. Sie, zu jeder Schlechtigkeit bereit und zugleich von dem Wunsche erfüllt, Herrin von Ravenna zu werden, erklärte sich damit einverstanden.

Als Helmichis eines Tages badete, reichte sie ihm einen vergifteten Trank, den sie als besonders gesund lobte. Jener aber merkte sogleich, daß er den Becher des Todes getrunken, zog das Schwert und zwang Rosimunda, den Rest selber zu leeren.

So starben durch das Gericht des allmächtigen Gottes die ruchlosen Mörder Alboins, indem sie sich gegenseitig ausrotteten.

Ein Sittenbild, für die ganze Völkerwanderungszeit – eine Zeit der Heimatlosigkeit, der Unsicherheit, der Not und des Todes, wo sich schließlich jeder selber am nächsten war, exemplarisch.

Das Ergebnis der germanischen Völkerwanderung, die mit dem Zuge der Langobarden nach Italien im Jahre 568 endete, gipfelt in der Zerstörung des Römischen Weltreiches in West- und Südeuropa. Dessen Erbe traten aber nicht nur Germanen, sondern auch Slawen, islamische Völker, ja vorübergehend asiatische Reiternomaden an. Während die Staaten der Ostgermanen (der Rugier, Vandalen, Goten, Burgunder etwa) nur von kurzer Dauer waren, gelangen den Westgermanen durch Franken, Langobarden und Angelsachsen Gründungen, die der abendländischen Geschichte des Mittelalters kräftige Impulse gegeben haben.

Altbayern und Slawen in Niederösterreich

Das quellenmäßig nur unzulänglich faßbare historische Geschehen der Heimat in der vorkarolingischen Zeit gibt sich ahnbar in den bisher zu Tage geförderten Ergebnissen der Scherbenkunde sowie in den verbrieften Nachrichten über die Missionierung des bayerischen Raumes, der auch Landstriche des heute niederösterreichischen Bereiches einschloß, kund. Damals drangen hier vom Westen Altbayern im Auftrage ihrer Herzoge aus der möglicherweise burgundischen Sippe der Agilolfinger, vom Osten her Slawen als zeitweilige Untertanen der Awaren ein – allesamt Heiden, die es zu bekehren galt.

Die Bayern siedelten damals in Einzelhöfen, aber auch in Weilern, ja Dörfern, sagt der Historiker Erich Zöllner, und er fährt fort: Wo es römische Anlagen gab, in diesen.

Das Eigentum der überwiegend bäuerlichen Anwesen teilten sich die Gemeinfreien, die im Sippenverbande lebten, und die adeligen Grundherren. Der herzogliche Besitz namentlich im Donaubereiche war beträchtlich.

Wenngleich über die wirtschaftlichen und sozialen Verhältnisse der Bevölkerung Niederösterreichs zur Zeit jener Landnahme Nachrichten fehlen, darf aus Quellen des 8. und 9. Jahrhunderts rückgeschlossen werden, daß neben den genannten Freien die Zahl der abhängigen Knechte und Hörigen sowie der Kriegsgefangenen, zuerst romanischer, später slawischer Volkszugehörigkeit, bedeutsam gewesen sein muß. Die wirtschaftliche Nutzung des Ackerlandes sowie der Viehzucht jener Tage ist ohne Unfreie nicht denkbar.

Von den Sendboten der Merowinger ab 500, vollends aber der Karolinger seit Beginn des 8. Jahrhunderts nach langem und hartem, um jede einzelne Seele verbissen geführten Kampfe zumindest äußerlich zum Christentum bekehrt, kann der heilige Rupert, zuvor möglicherweise fränkischer

Bischof in Worms (gestorben wahrscheinlich 718), für sich das einmalige Verdienst in Anspruch nehmen, das älteste Kloster Deutschlands, St. Peter in Salzburg, begründet und von dort aus die Missionierung der Heiden auch des altbayerischen Niederösterreich begonnen zu haben. Das vorangegangene katholische Glaubenswerk der geschilderten Epoche unseres Landes hatte in dem iroschottischen Mönch St. Kolumban dem Jüngeren (gestorben 615) einen seiner bedeutendsten Apostel.

Kolumbans Schüler Eustasius wirkte, darf angenommen werden, in Lorch an der Donau, das die Wirren der Völkerwanderung nicht nur als kirchlicher Mittelpunkt des Landes und Bischofssitz halbwegs heil überstanden zu haben schien und erst nach dem Jahre 700 den Awaren zum Opfer fiel.

Kurz danach wurde Regensburg die Hauptstadt des Bayernstammes, die Traun, an der man befestigte Plätze anlegte, die Grenze im Osten.

Im Dienste der bald mächtig emporblühenden bayerischen Kirche waren auch die nimmermüden Organisatoren St. Emmeram (gestorben um 715) und St. Korbinian (gestorben um 725) sowie der unvergessene Apostel der Deutschen, Bonifatius, gestanden, dessen Generation der erste dauernde Glaubenserfolg beschieden war. Durch ihn kam es nach 731 zu einer für unser Land besonders bedeutsamen Tat: der Reorganisation des Bistums Passau. Passau und Salzburg werden fürderhin die Kirchengeschichte und damit das Leben auch in niederösterreichischen Bereichen bis zur Gründung des Bistums Wien im Jahre 1468 beeinflussen und mitgestalten.

Die Passauer Hauptkirche, St. Stephan geweiht, wurde die Mutterkirche nicht nur des Wiener Stephansdomes, sondern aller Stephanskirchen in Österreich.

Mit der Aufteilung des gesamten bayerischen Stammesgebietes in die vier kanonischen Bistümer Passau, Regensburg, Freising und Salzburg erklomm der Angelsachse Bonifatius den Höhepunkt seines Lebens und

Wirkens. Er hatte bei den Friesen begonnen, mit dem Fällen der Donareiche in Geismar zum Zeichen des Sieges über die germanischen Götter seine Mission fortgesetzt und wäre schließlich im Streite mit dem heiligen Virgil, nach 747 Bischof in Salzburg, wegen verschiedener gegensätzlicher Auffassungen in Missions- und Glaubensfragen fast gescheitert. Es schien, als ginge er einem ruhmlosen Ende entgegen.
Bonifatius, dem Virgil und der Herzog den Aufenthalt in Bayern verleidet hatten, starb im Jahre 754 gemeinsam mit 52 Getreuen den Märtyrertod durch Friesenhand im Norden Deutschlands. Er wurde in Fulda an der Weser, dem in seinem Auftrage begründeten berühmtesten mittelalterlichen Kloster Deutschlands, beigesetzt.
Als Organisator und Politiker zählt Bonifatius zu den markantesten Gestalten der deutschen Kirchengeschichte.

783 soll die 766 fertiggewordene Wiener Ruprechtskirche geweiht worden sein – erbaut an jener Stelle, wo die Missionare Chuniald und Gisalrich, Schüler des hl. Rupert, das nach diesem benannte älteste unterirdische Bethaus im Bereiche unserer heutigen Bundeshauptstadt geschaffen.

Eine bedeutsame Stiftung jener Tage war Kremsmünster, das der Bayernherzog Tassilo III. (748 - 788) im Jahre 777 zum Danke für seinen Sieg über die Slawen Karantaniens hatte errichten lassen. Dort wird bis auf den heutigen Tag einer der kostbarsten historischen Schätze Österreichs aufbewahrt: ein in Kupfer teils gehämmerter, teils gegossener, mit Silber und Niello belegter Kelch, der im Auftrage des Herrschers wahrscheinlich anläßlich seiner Vermählung mit der langobardischen Königstochter Liutpirga angefertigt worden war.

Der Tassilo-Kelch ist neben dem Codex millenarius maior, einer karolingischen Kremsmünster Handschrift, die liturgisch noch immer verwendet wird, das letzte und möglicherweise wichtigste Kunstwerk jener Epoche in Österreich. Er zählt zugleich zu den ersten Zeugnissen des beginnenden abendländischen Aufstiegs christlicher Provenienz hierzulande.

Kremsmünster wurde schon bald nach der Gründung Stützpunkt auch der niederösterreichischen Slawenmission.

Diese beginnt für unser Land nachweisbar mit der urkundlichen Nennung eines Besitzes, den ein nordwestlich vom heutigen St. Pölten beheimatet gewesener begüterter Wende dem Kloster geschenkt.

Die vorkarolingische Epoche in der Geschichte der Heimat wird bis heute kaum anderswo deutlicher sichtbar als in der kirchlichen Erinnerung, die die damaligen Geschehnisse überdies in schriftlichen Zeugnissen festzuhalten in der Lage war, wie eingangs des Kapitels angedeutet.

Seit längerem schon weiß man, daß sich altbayerische Siedler nicht allein südlich, sondern auch nördlich der Donau zwischen dem Strome und dem Wagram etwa niedergelassen haben und erstmals für das 7. Jahrhundert als Kolonisten jenes Landstrichs genannt werden.

Niederösterreich ist von künstlich aufgerichteten Hügeln, Le-Bergen, durchsetzt. Man glaubt, den Beweis erbringen zu können, es dabei mit Befestigungsanlagen zu tun zu haben. Es fällt auf, daß diese Tumuli stets in der Nähe von Ortschaften bzw. darin selbst liegen, mit der eigentlichen Siedlung also innig zusammenhingen. Was man davon heute als Erhöhungen ausnimmt, sind die Überreste von Erdunterlagen turmartig gewesener Hauptgebäude ehemaliger Holzburgen. Am Rande des Hofes rings um die Burg zogen die Arbeitshäuser, Ställe und Scheunen hin. Diese einst zweifellos mächtigen Hausberge dürften von Wassergräben umschlossen gewesen sein, über die leichte Holzbrücken führten. Die Ausdehnung einer solchen Anlage war in der Regel beträchtlich. Ringshinziehende Wälle trugen als weiteren Schutz feste Pfahlwände.

Zur Errichtung solcher Holzburgen bevorzugte man Ausläufer von Hügelreihen, in der Niederung sumpfiges Gelände. Eine in der geschilderten Art befestigte Wehranlage mit ihrem besonders verteidigungsfähigen Mittelbau auf dem Hausberge war stets Eigentum eines Mannes, der über

Hörige gebot. Gelang es dem Feind, in den Hof einzudringen, zogen sich die Angegriffenen in das turmartige Hauptgebäude zurück, um von dort aus weiteren Widerstand zu leisten. Dabei wurde die Brücke über den Graben abgeworfen oder zerstört.

In Niederösterreich hat man rund 100 solcher künstlich errichteter Erdhügel gezählt.

Befestigte Hausberge waren, sagt deren Erforscher H. P. Schad'n, für das Grenzgebiet charakteristisch und bis zum Aufkommen der Feuerwaffen gegen Ende des Mittelalters von lebenswichtiger Bedeutung. Die heute wiennahen niederösterreichischen Bezirke, in welche vom Westen her in dichteren Scharen altbayerische Kolonisten, vom Semmering her zufolge awarischen Druckes spärlichere Slawenkolonnen einsickerten, später ungarische Reiter verwüstend einbrachen, lagen damals an der Grenze eines im Entstehen begriffenen Reiches der Mährer bzw. ab Ende des 9. Jahrhunderts der Madjaren. Hier sei erwähnend vermerkt, daß es zur Zeit der bayerisch-slawischen Landnahme weithin auch noch Überreste germanischer Völkerschaften im Lande gab, die von den neuen Herren und Besitzern aber nach und nach aufgerieben bzw. aufgesogen wurden. Letztlich ein Verdienst der Kirche, zumal zu jener Epoche Christianisierung gleichbedeutend war mit Germanisierung.

Im Kampfe zwischen den Deutschen und den Mährern, der die Zeit bis etwa 1050 füllte, wurde die Nordgrenze der Ostmark, deren östlichster Punkt das heutige Stockerau war, an die Thaya vorgeschoben. Die deutsche Kolonisation freilich ging darüber hinaus, wenngleich ihr die politische Herrschaft der hierzuland ab 976 regierenden Babenberger nicht zu folgen vermochte — teils der Notwendigkeit wegen, vor dem erstarkenden christlichen Ungarn auf der Hut sein zu müssen, teils um den Ausbau der landesfürstlichen Macht im Inneren vorantreiben und vollenden zu können.

Bauern beim Pflügen

War die Vorverlegung der Landesgrenze auch eine bedeutsame kriegerische Angelegenheit, darf die Leistung der in Niederösterreich siedelnden Altbayern nicht vergessen werden, zumal der Pflug zur dauernden Besitzergreifung der Heimat mehr beigetragen zu haben scheint als das Schwert.

Im Vergleich zur Tüchtigkeit dieser altdeutschen Bauern sind die Slawen jener Tage als rückständig zu bezeichnen. Sie verabsäumten es, Wald zu roden und das daraus gewonnene Ackerland gründlich zu pflügen und zu pflegen. Ihr hölzernes Radlo ritzte bloß den Boden, statt ihn tief aufzureißen. Zudem benützten die Bayern damals bereits den Eisenpflug. Die Tatsache, daß die Slawen überdies die vorgefundenen Felder für nicht besonders ertragreich hielten, dürfte Anlaß gewesen sein, den Landbau zu vernachlässigen und sich leichteren Arbeiten, dem Fischfang sowie der Vieh- und Bienenzucht etwa, zuzuwenden.

Den Weg zum Ursprung der Slawen verfolgend, erfahren wir, daß sie aus dem Osten unseres Kontinents in Mitteleuropa eingewandert waren. In Südrußland, vielleicht im Bereiche des heutigen Kiew, dürfte sich ihr Volkstum allmählich herausgebildet haben. Von ihren damaligen östlichen Nachbarn gezwungen, jene Heimat zu verlassen, zogen sie nach dem Westen. Die Ostalpenländer wurden von Südslawen besiedelt, Böhmen und Mähren von Westslawen. Die slawischen Siedler Niederösterreichs kamen trotz der Nähe Böhmens und Mährens von der Drau her, wo sich die Vorfahren der heutigen Slowenen niedergelassen hatten. Bezeichnenderweise drängte sie die bayerische Kolonisation auch wieder bis zur Drau zurück. Mittelpunkt ihrer dortigen stammlichen Macht war das kärntnerische Zollfeld.

Der Widersacher Karls des Großen, Herzog Tassilo III. von Bayern, der immer mächtiger werdenden fränkischen Vorherrschaft wegen im Bunde mit den Langobarden in Norditalien sowie den Awaren, spielte in diesem Kampfe eine bedeutsame Rolle – freilich mehr für die später innerösterreichischen als die niederösterreichischen Länder. Dies mag damit zu begründen sein, daß in unserem Niederösterreich jener Epoche möglicherweise das Herzstück des ersten slawischen Großreiches bzw. Staatenbundes lag, das damals gegründet wurde.

Fredegar, der angebliche Verfasser einer karolingischen Familienchronik bis zum Regierungsantritt Karls des Großen, der wichtigsten Quelle zur Geschichte des 7. Jahrhunderts, berichtet darüber wie folgt:

Im Jahre 623 verband sich ein gewisser Samo, ein geborener Franke aus dem Senonagischen Gau im heutigen Frankreich, mit mehreren Kaufleuten und zog in Handelsgeschäften zu den Slawen, die man Wenden oder Wineder nannte. Diese hatten damals bereits begonnen gehabt, sich gegen die Chunen, wie die Awaren geheißen wurden, zu empören. Unter dem awarischen König Gagan war das bittere Maß ihres Loses endlich vollgeworden. Kein Wunder, bedenkt man, daß die Slawen für die Awaren kämpfen mußten, während diese untätig vor ihrem Lager standen und das Ende der Schlacht in Sicherheit abwarteten, um dann vorzugehen und Beute zu machen. Zudem ließen sich die Awaren zur rauhen Jahreszeit in den slawischen Siedlungen nieder, um dort zu überwintern und sich an den slawischen Frauen und Mädchen zu erfreuen. Zu diesen Mißhandlungen kamen noch verschiedene, niemals gering bemessene Abgaben sowie Zinse und Frondienste hinzu.

Als das wendische Heer gegen die Chunen Gagans ins Feld zog, war Samo mitten unter den ergrimmten Streitern. Wegen seiner im Kampfe bewiesenen Tapferkeit wurde ihm die Würde eines slawischen Königs angeboten, die er auch annahm. Er herrschte 35 Jahre lang glücklich, hatte 12 wendische Frauen, 22 Söhne und 25 Töchter.

Zweifellos war der Kaufmann Samo die Donau entlang oder per Schiff zu den Slawen hierzulande gekommen, denn der Handel zwischen dem Frankenreich und dem byzantinischen Osten lief nach wie vor diesen Weg. Byzantinische Münzfunde in Wels, Linz, Lorch und Wien bezeugen dies. Samo war Großunternehmer gewesen, ein Fernhändler, der viel riskierte, mit Luxuswaren handelte und ungeheure Gewinne zu machen Gelegenheit vorfand. Daß jede Kunde von ihm ein Jahrtausend lang erloschen war, dürfte mit der damaligen Schriftlosigkeit der Slawen zu begründen sein. Nichts blieb von diesem zweifellos bedeutenden, interessanten und bis auf den heutigen Tag geheimnisumwitterten Manne übrig als ein paar Sätze auf altem Klosterpergament.

Es gibt Historiker, die annehmen, daß sich Samo nach dem Muster seiner im Frankenreich residierenden Könige in den Ruinen des ehemaligen Wiener Römerlagers, angeblich inmitten seines Reiches, einen Fürstensitz erbaut habe. Neuere Forschungen verlegen den Schwerpunkt seines Herrschaftsgebietes gelegentlich gar ins Marchfeld. Die eindruckvollsten Funde aus jenen Tagen weist die Umgebung der Burg von Theben bei der slowakischen Hauptstadt Preßburg auf. Die Größe des Samoschen Völkerbundes erstaunt auch heute noch: Der Franke regierte das Gebiet vom böhmischen Westrand bis zur Adria. Unsere engere Heimat war darin möglicherweise das Herzstück. Was keinem slawischen Machthaber je gelang, war dem Händler Samo geglückt: Er gebot gleichermaßen über West- und Südslawen, die dank den Ungarn nie wieder zu einer geschlossenen staatlichen Einheit kommen werden.

Fredegar, der vorhin zitierte fränkische Chronist, berichtet über den Höhepunkt Samoscher Macht und Herrlichkeit zum Jahre 631/32 ungefähr so:

Damals wurden in Samos Reich fränkische Kaufleute getötet und beraubt. Ihr König Dagobert I. (625 - 639) schickte einen Gesandten zu Samo mit der Forderung, wegen des verübten Mordes einzuschreiten, wie es die Gerechtigkeit verlange.

Da Samo den Boten aber nicht vorlassen wollte, kleidete sich dieser nach slawischem Brauch, erschien mit seinem Gefolge vor dem König und tat ihm kund, was ihm durch seinen Herrn aufgetragen worden war. Samo machte nichts von dem, was die Seinen verbrochen hatten, gut und verstand sich nur dazu, ein gerichtliches Verfahren gegen die Täter einzuleiten. Der Gesandte schmähte hierauf in törichter Weise Samo: daß dieser nämlich mit seinem ganzen Volke König Dagobert dienstbar zu sein habe.

Samo erwiderte: „Das Land, das wir innehaben, und wir selbst sind Dagoberts, jedoch nur im Falle, daß er Freundschaft mit uns bewahren will.“

Der Gesandte antwortete: „Es ist nicht möglich, daß Christen, die Knechte Gottes sind, mit Hunden in Freundschaft leben!“

Samo sprach: „Wenn die Franken die Knechte Gottes und wir die Hunde sind, so ist uns erlaubt, sie zu beißen!“

Mit diesem Worte warf der König den Gesandten hinaus.

Als das Dagobert erfuhr, ließ er aus Auster, dem östlichen Teile seines Reiches, ein Heer gegen Samo und die Wenden ins Feld rücken und in drei Abteilungen feindwärts ziehen. Zu gleicher Zeit machten auch die in Norditalien seßhaft gewordenen Langobarden, von Dagobert angeworben, einen Einfall ins slawische Gebiet des heutigen Österreich.

Die Slawen rüsteten sofort und traten zum Widerstand an. Das alemannische Heer unter Herzog Crodobert erfocht an der Stelle, wo es eingefallen, einen Sieg über die Wenden. Ebenso siegten die Langobarden, und beide führten eine ungeheure Menge slawischer Gefangener als Beute mit sich fort.

Als sich die Austrasier an die Belagerung der Samoschen Wogastisburg machten – wahrscheinlich im heutigen Nordböhmen gelegen gewesen –, wo sich die Hauptmacht der Wenden befand, kam es zu einer dreitägigen blutigen Schlacht, in der ein großer Teil von Dagoberts Heer durchs Schwert umkam. Die Franken ließen alle ihre Zelte, und was sie bei sich hatten, im Stiche und flohen nach Hause. Seitdem verheerten die Wenden oftmals Thüringen und die übrigen Gaue des Frankenreiches. Sogar Dervanus, der Herzog der Sorbier, eines Volkes von slawischem Stamme, das seit alters zum Fränkischen Reiche gehört hatte, fiel zu Samo ab.

An dieser Stelle scheint es wichtig festzuhalten, daß die künftige Entwicklung Mitteleuropas in jener Zeit wurzelt. Im Gegensatz zur germanischen Kleinfamilie herrschte bei den Slawen die Zadruga, die Großfamilie, vor. Und während bei uns in den weiteren Jahrhunderten das Erbrecht oft die wertvollsten Mitglieder vom Bauernhof weg in die Städte und später in die Fabriken verdrängte, demnach zur Industrialisierung Mitteleuropas wesentlich beitrug, behielt der europäische Osten als Folge des Beisammenseins in der Großfamilie bis in die jüngste Vergangenheit vorwiegend agrarischen Charakter.

In die vormals germanischen Siedlungsgebiete eingesickert, ist das Vorhandensein der Slawen für die Ausbildung unseres Volkes von einiger Bedeutung. Das Ostfränkische Reich unter Ludwig dem Deutschen führte im Jahre 843 dank einer Zusammenfassung der Franken, Friesen, Sachsen, Schwaben, Bayern und Thüringer zur Bildung der deutschen Nation, wobei die vorübergehende Besiedlung des östlichen Germaniens durch die Slawen zu stammesmäßigen Sonderentwicklungen zwang.

Von den 592 im Süden Österreichs eingedrungenen Slawen weiß man, daß sie die Städte und Befestigungen auf heute Kärntner und Osttiroler Boden zum Großteil zwar zerstört und das politische Gefüge der bis dahin bestandenen Militär- und Zivilverwaltungen zerschlagen, die Einwohner aber nicht ausgerottet haben. Ähnlich wird es wohl auch in unserem Niederösterreich jener Tage gewesen sein, das die Wenden, heißt es, in friedlicher Kolonisation besetzten. Hier dürften die Neuankömmlinge bald mehrere Restgruppen von Germanen, vor allem die im Lande verbliebenen Langobarden, aufgesogen haben.

Die österreichischen Orts- und sonstigen geographischen Namen auf -itz und -nitz zum Beispiel — wir führen einige aus Niederösterreich an: Gloggnitz, Opponitz, Teiritzberg, Ternitz — sind slawischer Herkunft und ebenso ein Erbe der geschilderten Zeit wie die Namen vor- bzw. römischer Festungswerke, die sie in Besitz genommen und grad oder hrad benannt haben. Daraus sind die österreichischen Namen Graz (in der Steiermark) und Graden (bei Köflach) etwa entstanden.

Auf slawische Herkunft gehen schließlich auch die Namen der Wien eingemeindeten ehemaligen alten Dörfer Döbling, Währing, Rodaun zurück.

Zu den Flußnamen, die ihrem Sprachschatze entstammen, zählen zum Beispiel Melk, Pielach, Liesing, Triesting, Perschling, Zwettl, Lainsitz.

Die Ortsnamensforschung Niederösterreichs hat vier Regionen dichterer slawischer Besiedlungen in unserem Heimatlande festgestellt:

um den Ötscher, dessen Name in unserer Sprache etwa Altvater bedeutet

um Gloggnitz, das slawisch glucksender Bach heißt

um den Jauerling, den die Wenden zu Deutsch Ahornberg genannt haben würden, sowie

um Raabs an der Thaya. Raabs selber ist deutschen Ursprungs und geht auf den Personennamen Ratkoz zurück.

Hier ist schließlich der Ort, der Tatsache zu gedenken, daß unsere Gewässer die ältesten bekannten Namen der Heimat überhaupt tragen: Illyrischen Ursprungs scheinen Donau, Tulln, March, Thaya, Zaya, Leitha; keltischen Kamp, Enns, Ybbs, Traisen, Wien zu sein.

Die Karolingische Ostmark

Im Jahre 791 verließ Karl der Große Regensburg an der Donau, um gegen die östlich der Enns herumstreifenden Awaren zu ziehen, die der bayerische Herzog Tassilo III. zum Kampfe gegen den Frankenkönig aufgerufen und vertraglich verpflichtet hatte. Karl kam Tassilo, dem letzten unabhängigen Agilolfinger, zuvor, ließ ihn vom Throne stürzen und in ein Kloster bringen, wo der Herzog und seine Familie den Rest ihres Lebens als Gefangene fristen mußten.

Mit dem Abzug der Langobarden nach Italien im Jahre 568 und der Inbesitznahme ihrer Wohnstätten zwischen Donau und Theiß durch die Awaren, die einst nördlich der Chinesischen Mauer als Kriegervolk gelebt, waren diese plötzlich unsere Nachbarn im Osten geworden. Mit diesem Ereignis ging die Völkerwanderung zu Ende.

Den Awaren eilte der Ruf hervorragender Pferdezüchter und folglich exzellenter Reiternomaden voran. Nach schweren Niederlagen bei Konstantinopel 626 bzw. durch den Franken Samo sowie schließlich durch die 679 auf der Balkanhalbinsel eingebrochenen und seßhaft gewordenen Bulgaren erstarkten sie erst wieder, als es ihnen gelungen war, ihren Herrschaftsbereich bis an den Ostabfall des Wienerwaldes auszudehnen. Auf einem ihrer damals westwärts führenden Raubzüge um 700 zerstörten sie Lorch. Vom Bayernherzog Tassilo II. erstmals im Ennsbereiche besiegt, waren sie bald danach Bundesgenossen seines Nachfolgers Tassilo III. geworden.

Ist den Chronisten jener Tage, dem kaiserlichen Biographen Einhard etwa, zu glauben, betrachtete Karl den Krieg gegen die Awaren als einen Kreuzzug, den er wegen der allzu großen und unerträglichen Bosheit, die dieses asiatische Volk gegen die heilige römische Kirche und die Christen übte, zu führen sich verpflichtet gefühlt.

Der König gebot, drei Heere gegen den Feind ins Feld zu schicken. Die Hauptmacht zog von Lorch aus unter seinem persönlichen Befehl am rechten Donauufer ostwärts, der zweite Teil seiner Truppen folgte, aus Böhmen kommend, dem linken Ufer des Stromes, auf welchem der an Stelle von Tassilo als Statthalter eingesetzte Gerold, Karls Schwager und Bruder seiner Lieblingsgemahlin Hildigard, der zweiten, jungverstorbenen, vom viermal verheiratet gewesenen Kaiser nie vergessenen Frau, die Proviantschiffe nachbrachte, während vom Süden, aus Italien her Karls Sohn Pippin mit seinen Scharen anmarschierte.

Die Macht der Awaren im offenen Felde war nicht zu fürchten. Zum Schutze ihrer Dörfer ließen sie daher von ihren Untertanen, den unterworfenen Slawen, aus Eichen-, Buchen- und Tannenstämmen bis zu 20 Fuß hohe kreisförmige Erdwälle errichten. In derem Inneren zogen, mit dem äußeren Walle gleichlaufend, kleinere Ringe hin, zwischen denen die awarischen Hütten und Siedlungen lagen. Auf den Wällen selbst wuchsen Bäume. Dort pflegten ihre Krieger in großer Zahl zu stehen und mit Pfeilen auf die Angreifer hinabzuschießen.

Gegen Ende des 9. Jahrhunderts berichtete ein unbekanntgebliebener Mönch aus dem heute Schweizer St. Gallen, daß der größte der Ringe einen Durchmesser von 100 Kilometer gehabt habe und daß Ring um Ring – neun an der Zahl – hintereinander gelegen sei, jeder etwa 75 km vom andern entfernt. In diese Ringe hätten die Awaren ihren Raub geschleppt und ungeheure Schätze angesammelt. Als Gewährsmann für seine Erzählung führte der Berichterstatter einen alten Krieger namens Adalbert an, der behauptete, an der Seite des vorhin genannten bayerischen Statthalters Gerold die Awarenfeldzüge mitgemacht zu haben.

Die Heeresgruppe, die 791 am linken Donauufer flußabwärts vordrang, soll am Kamp den ersten Ring, Karl selbst den

Karl der Große

zweiten, der angeblich in der Gegend des heutigen Tulln lag, Markgraf Erich von Friaul bzw. Pippin schließlich die weiteren sieben pannonischen Anlagen erobert haben. Weit in das heute ungarische Tiefland vordringend, gelang Pippin, die Awaren fast gänzlich zu vernichten, heißt es.

Damals dürfte einer der ältesten Orte unseres engeren Heimatbereiches, Omunthesdorf, im Weichbilde der heutigen Stadt Klosterneuburg angenommen, zum ersten Male genannt und die Gründung Ottakrings, des jetzt 16. Wiener Gemeindebezirkes, vollzogen worden sein.

Die inneren Gegensätze, die nach Karls Erfolg unter den besiegten Stämmen ausgebrochen waren, hatten einen neuerlichen, letzten weiteren großen Feldzug notwendig gemacht, den Pippin im Jahre 796/97 führte.

Die Awaren gingen alsbald in verschiedenen Völkerschaften unter, die sie nach dem Abzuge der Langobarden aus Pannonien dortselbst in Knechtschaft gezwungen und beherrscht hatten. Ihr kläglicher Überrest ließ sich, von den Slawen auch weiterhin bedrängt, taufen und wurde im Bereiche des Neusiedlersees sowie Ostniederösterreichs angesiedelt, wo die Spuren dieser Reiternomaden bis ins Hochmittelalter verfolgbar sind.

Aus einer Vielzahl in Gräberfeldern unseres Raumes aufgedeckten Funden geht zweifellos hervor, daß die den Awaren aufgezwungene Lebensweise, als Bauern ihr Dasein fristen zu müssen, gewaltige Seuchen verursacht und das Volk letztlich völlig vernichtet hat.

Um 800 herum reichte Karls Autorität über unser Land hin bis weit hinab auf die Balkanhalbinsel.

An jene Tage erinnert die Sage von Karls Heimritt aus dem Ungarlande – eine stolze Geschichte aus dem reichen Leben des großen Herrschers, von dessen Taten seit vielen, vielen Jahren ohne Unterlaß in der Schule gern erzählt wird:

Als die Awaren und Bulgaren die dem Kaiser beschworene Treue gebrochen hatten, rüstete Karl zum Feldzug, um die Verräter zu strafen und die rebellischen Völker in den Gehorsam zurückzuführen. Scheidend sprach der Kaiser zu seiner jungen bildhübschen Gemahlin Hildigard: „Kehr' ich in zehn Jahren nicht heim, bewein deines Herrn Tod. Überbringt dir ein Bote aber meinen goldenen Ring, den ich am Finger trage, vertrau allem, was dir der Gewährsmann meldet oder auferlegt!"

Die Zeit verging.

Als Karl bereits neun Jahre ausgeblieben war, wurden die Vasallenkönige sowie die fränkischen Grafen und Barone unruhig, und sie zogen deshalb nach Aachen, die Kaiserin aufzufordern, sich um des Reiches willen, wie sie sagten, einen neuen Eheherrn und Herrscher zu erwählen, daß dieser mit starker Hand Land und Leute steuere und die bereits weithin eingerissenen Unsitten wieder bereinige.

„Nie und nimmer werde ich Karl, meinem geliebten Gatten und Kaiser, die Treue brechen und einen andern an seiner Statt zum Bettgenoß und Herrscher nehmen!" sprach die hohe Frau weinend und setzte, als sie sich ein wenig beruhigt hatte, fort: „Im übrigen fehlt der Bote, den Ring, das verabredete Wahrzeichen, zu überbringen."

„Die Blitze haben ihn unterwegs erschlagen, die Fluten der Gewässer samt Roß in brodelnde Tiefen gerissen, Mörderhände in den Bergen seinem Leben ein Ende gesetzt!" schrien die versammelten Großen durcheinander, die Kaiserin hart bedrängend, zweckmäßigkeitshalber einen von ihnen zum Gemahl zu nehmen.

Nach vielen Nächten bitterster Seelenqual willigte Hildigardis endlich ein: „Es geschehe, ihr Herren aus nah und fern. Mein gramgebeugtes Herz ist verzweifelt, mein Sinn wirr. Ich weiß nicht mehr ein noch aus! Es geschehe, was ihr zum Besten des Reiches bestimmen wollt!"

Die Bewerber einigten sich auf den reichsten der anwesenden Könige, dem die Kaiserin nach drei Tagen im Dome zu Aachen angetraut werden sollte.

Was die Herren wollten, wollte der Himmel aber nicht. Gott sandte einen seiner schnellsten Engel ins Awarenland, wo Karl im Felde lag. Zu dem hatte er zu sprechen: „Eil heim, Kaiser, willst du Reich und Eheweib behalten. In drei Tagen wird Hildigard einem deiner königlichen Vasallen vermählt!"

„Wie kann ich in drei Tagen heimkehren, da mich hundertfünfzehn Wegrasten von Aachen trennen?" fragte Karl.

„Was der himmlische Vater will, kannst du", entgegnete der Engel, und er schloß: „Das stärkste Roß im Lager gehört deinem Schreiber. Kauf's ihm ab, koste es, was es wolle. Es wird dich sicher durch Steppen, Moor und Felder bis Wien an einem einzigen Tage tragen. Dort rast und stift als Angebind zum guten Gelingen deiner Fahrt eine Kirche!

Am andern Morgen reit den zähen, nimmermüden Schimmel die Donau aufwärts bis Passau weiter. Das sei die zweite Tagreise.
Im Hofe deines Hauswirts wirst du einen jungen Hengst finden. Handle ihn dem Manne ab. Das Feuerroß, schnell wie der Wind, trägt dich sodann den dritten Tag bis vor Aachen, deine weitberühmte Stadt und Residenz."
Karl tat, wie ihm der Engel geheißen.
Er handelte seinem Schreiber den starken Schimmel ab und ritt den ersten Tag bis Wien, den zweiten bis Passau. Als abends die Viehherde seines dortigen Quartiergebers von der Weide kam, fing er daraus ein schwarzes Fohlen, das er unbedingt zu erwerben verlangte.
„Nicht, Herr", sprach der Wirt, „das Tier ist zu jung und viel zu schwach, als daß es einen stattlichen Reiter, wie ihr einer seid, tragen könnte!"
Der Kaiser wiederholte seine Bitte.
„Wenn das Hengstlein wenigstens zugeritten wäre, könntet ihr es haben", sprach der Mann endlich, ein großer Pferdefreund, den Karl bereits erbarmte.
Der Kaiser bat zum dritten Male.
„Nehmt das Tier, ich will zufrieden sein", entgegnete der Eigner.
Und der Kauf ward beschlossen.
Der Kaiser bezahlte und gab seinen braven Schimmel als Draufgeld, weil er das Tier fortan in guten Händen wußte.
Dann ritt Karl unaufhaltsam heim durch viele Länder und hielt erst an vor Aachen.
Beim Weinwirt in der Nähe des Burgtors machte er Rast, um ein anständiges Bad und ein ergiebiges Mahl zu nehmen, wie es sich nach langer und anstrengender Fahrt für einen königlichen Herrn geziemte. Von jenseits der Mauern drangen laute Gesänge und Tanzweisen an sein Ohr.
„Was begibt sich dort?" wollte der Kaiser wissen.
„Morgen muß sich", sprach der Wirt, „unsere allerliebste Frau, die Kaiserin, gegen ihren Willen einem reichen König anvertrauen. Gott erbarme sich ihrer! Macht euch auf in die Feste, Herr! Gute Kost und Wein werden dort seit gestern auch Leuten aufgewartet, die nichts im Beutel haben."
„Dieses Geschenkes kann ich entbehren", antwortete Karl unwirsch, warf einen Goldgulden auf den Tisch und begehrte das Beste aus Küche und Keller.
Als der Wirt das viele Geld sah, wußte er, daß er einen Edling besonderen Schlags an der Tafel hatte.
Der Kaiser lud alles, was gerade im Hause weilte, ein, Gast zu sein. Und das Mahl fiel üppiger aus, als je eines im Frankenland bis zu dieser Stunde üppig war.
Dann verpflichtete er einen Wächter, zu dem sprach er, sich auf sein Lager streckend: „Merk, Freund, folgendes: Wenn morgen im Dome

zur Frühmette geläutet wird, weckst du mich sofort auf. Diesen güldenen Ring gebe ich dir dafür zum Lohne!"

Und so geschah es.

Der Kaiser wurde geweckt, erhob sich, legte eilends reiches Gewand an und schritt vors Burgtor, das mit starken Riegeln versperrt war. Erst als der Wirt, der ihn begleitet hatte, ein Schlupfloch fand, gewann Karl unbemerkt Einlaß.

Da es noch zeitig am Morgen war, lagen die Straßen menschenleer vor den Augen des Kaisers.

Karl begab sich schnurstracks in die Kirche, nahm auf dem Königsstuhle Platz, das Schwert über die Knie gelegt, und harrte der Dinge, die da kommen sollten.

Bald schritt der Mesner daher, die gottesdienstlichen Bücher herbeizutragen und zur Hochzeit aufzulegen. Als er den Kaiser, den er nicht erkannte, auf dem Königsstuhle sitzen sah, befiel ihn arge Seelennot, und er eilte zu den Priestern in die Sakristei: „Schreckliches bereitet sich im Dome vor", angststotterte er. „Dort sitzt ein Mann mit langem Bart, ein furchterregendes Schwert im Schoße!"

Die Pfarrer und ihre Kapläne glaubten ihm nicht. Als der, der beim Nachschauen voranschritt, die vermeintliche Erscheinung vor dem Altare erblickte, warf er schreiend die Fackel weg und lief zum Bischof. Dieser ließ sich sofort in die Kirche leuchten. Im Angesichte der mächtigen Gestalt redete er Karl folgendermaßen furchtsam an: „Ich beschwöre dich, bei Gott zu sagen, Fremder, ob du geheuer oder ungeheuer bist!"

Der Kaiser antwortete in eisiger Ruhe: „Als ich Kaiser Karl hieß, war ich dir gut bekannt, Bischof!"

Da fiel der Mann Gottes vor seinem Herrn nieder und hieß ihn unter heißen Tränen daheim willkommen.

Karl erhob sich, umarmte und beruhigte den Weinenden, worauf ihn dieser zum Frühstück lud.

Als dann auf des Bischofs Geheiß alle Glocken der Stadt zu läuten anfingen, fragten die Hochzeitsgäste erstaunt, was das zu bedeuten hätte.

„Kaiser Karl ist wieder da!" rief es ihnen selbst aus den letzten Gäßchen entgegen.

Da stoben sie wie Spreu im Winde auseinander, und wer kein Roß hatte zu enteilen, floh über die Mauern, sich im Walde zu verstecken. Kurz darauf schloß der Kaiser seine treue Gemahlin Hildigard in die Arme und war wie zuvor der beste und mächtigste Herr, den sein Reich je gehabt.

Die österreichische Überlieferung hält Karl den Großen im Salzburger Lande fest, umgeben von vielen edlen Herren: Grafen, Fürsten und geistlichen Würdenträgern, allesamt in kostbarste Gewänder gekleidet und, in glänzende Rüstungen gegürtet, der Stunde entgegenschlummernd, da die Raben aufhören, das stolze Haupt des karfunkeldurchsetzten Untersberg zu umkreisen. Dort harrt der Kaiser seit über tausend Jahren der Auferstehung und Wiederkunft entgegen, sein Volk aus der Not zu erlösen und das Reich zum mächtigsten der Welt zu machen wie vordem, da es dies unter ihm gewesen.

Eine niederösterreichische Sage gedenkt des kaiserlichen Schwagers Gerold, Präfekts von Bayern, der als Graf der Awarenmark von Lorch aus die Besiedlung des in der Völkerwanderung verwüsteten Gebietes zwischen Enns und Wienerwald mit deutschen Kolonisten betrieben haben soll.
Gerold gehörte zu den wichtigsten Beratern Karls. Der Historiker Felix Dahn vermutete, daß der Markgraf in der Sagengestalt des Herrn Naims von Bayerland fortlebe, der in der Volksüberlieferung neben Roland, Ogier und Oliver zu den bedeutendsten Paladinen des großen Kaisers zählt.
Gerold residierte, wird hierzulande erzählt, in einem prunkvollen Schlosse inmitten des Prackerberges, einem Ausläufer des Dunkelsteinerwaldes vor Melk.
Bei einem Aufstande der Awaren um das Jahr 800 verlor Gerold das Leben. Sein Palast versank alsbald in einem Weiher, wo sich seither seine Töchter singend und spukend umhertreiben, Wanderer, die vorbeiziehen, betörend.
Im Dorfe Gerolding, nach dem Markgrafen benannt, sei, behauptet man, deren Schabernack in stürmischen Nächten oft auch heute noch zu hören.

Die neun Awarenringe, von denen die Geschichtsschreibung Österreichs bis etwa 1940 mit Vorliebe sprach, sind – sollte ihre Zahl auch stimmen – außerhalb unserer Heimat, mit ziemlicher Sicherheit in der Großen Ungarischen Tiefebene zu suchen.

Der Chring, der größte der Awarenringe, der die hölzerne Königsburg umschloß, lag zweifelsohne irgendwo in Pannonien. Wie dieser, nur entsprechend kleiner, werden wohl auch die Wohnsitze der Unterfürsten ausgesehen haben. Da unser damaliges Niederösterreich aber kaum oder nur am Rande awarisches Siedlungsgebiet war, konnte es hier keine Awarenringe gegeben haben. Das, was die Chronisten gemeiniglich als feste Plätze daselbst bezeichnen, dürften in der Eile errichtete Sperren gewesen sein. Ein solches Hindernis glaubte man am Kamp, den entlang einer der wenigen Nordwaldpfade führte, ein anderes am Wienerwald, an der alten Römerstraße, die die ehemaligen Limeskastelle und Grenzwehren miteinander verbunden hatte, und nicht bei Tulln, wie mancherorts auch heute noch zu lesen ist, gefunden zu haben. In diesem Zusammenhang verdient schließlich ausdrücklich vermerkt zu werden, daß es eine ganze Reihe ernstzunehmender Historiker gibt, die das Vorhandensein von Awarenringen entschieden bestreitet.

Im damaligen Niederösterreich dürfte es awarische Provinzialgouverneure gegeben haben, die namentlich den Grenzwächtergürtel durch ihnen unterstellte militärische Führer zu überwachen hatten. Diese Mitte des 8. Jahrhunderts hierzulande errichteten bzw. organisierten primitiven Verteidigungslinien zum Schutze des pannonischen Reichskernes waren an jenen Orten zu finden, wo alte Straßen in den Herrschaftsraum der Chagane traten: bei Horn im Waldviertel etwa sowie am Fuße des Wienerwaldes bei Klosterneuburg-Heiligenstadt.

Ein serbisches Sprichwort behauptet, die Awaren seien bald nach ihren schweren Niederlagen durch die Franken bzw. Slawen in den Jahren 791, 797, 799, 803 und 811 spurlos verschwunden. Dort heißt es nämlich wörtlich: „Nicht Sohn, nicht Neffe, nicht Erbe ist von ihnen übriggeblieben“, was stimmen mag, sieht man von der Tatsache ab, daß die Ortsnamensforschung die Dörfer Hain bei Herzogenburg, Hain bei Spitz und Haindorf bei Langenlois als Siedlungen der Heunen, die in der Gelehrtensprache Awaren genannt werden, erkennen zu dürfen glaubt.

In jüngster Zeit hat man am östlichen Steilhang des Frauensteins bei Mödling den wohl größten bisher bekanntge-

Awarenringe mit vier Befestigungsgürteln

wordenen Awarenfriedhof Europas gefunden, 500 enggereihte Gräber bergend. Von dort aus wird die Wissenschaft sicherlich neue Erkenntnisse nicht nur in die Geschichte des niederösterreichischen Frühmittelalters tragen und mancherlei geistig zu erhellen vermögen, was heute noch in unenträtseltem Dunkel liegt.

Sobald Pippins Ostzug des Jahres 797 zu Ende war, hatte Karl den reichen Awarenschatz – der Sage nach 15 beladene Ochsenwagen – nach Aachen bringen lassen. Im eroberten Grenzland aber errichtete er zum Schutze seines Reiches eine neue Mark, die man als die Karolingische Ostmark bezeichnet, obwohl sie keinen bestimmten Namen führte. Sie umfaßte das eben eroberte Pannonien sowie Karantanien, das bereits nach Tassilos Sturz im Jahre 788 an das Fränkische Reich gekommen war. Zu Pannonien zählten damals neben dem Traungau das norische Unterland von der Enns an bis zum Wienerwald, angeblich in drei Grafschaften mit den Zentren Wels, dem nach der Zerstörung durch die Awaren wiedererstandenen Lorch sowie Treisma gegliedert. In diesem Orte wird bald das älteste St. Pölten, bald Traismauer vermutet. An der Spitze der Mark, die nach dem fränkischen Recht Eigentum des Königs war, stand Karls Schwager Gerold. Da Karl aber nicht genug Menschen und Mittel besaß, das ganze Land persönlich in Besitz zu nehmen, vergab er große Teile davon als Schenkungen und Lehen an seine Grafen sowie an bayerische Bischöfe und Klöster. Besonders reich bedacht wurden das Erzbistum Salzburg, die Bistümer Regensburg, Passau und Freising sowie die Klöster Kremsmünster, Mondsee, Metten, Mossburg und Niederaltaich. Diese enorm reichen Großgrundbesitzer jener Tage schickten ihre Hörigen in die neue Mark, wo man die ersten Urwälder der nachrömerzeitlichen Heimat zu roden begann. Eigenständige Bauern dürften zu

Anfang nur in geringerer Zahl ins Land gekommen sein, wenngleich die freie Besitzergreifung gestattet war.

Die Verteilung des Bodens erfolgte nach dem fränkischen Huben- oder Hufensystem. Zur Entwicklung freier Dorfgemeinden im heutigen Sinne kam es nicht. Jedermann erhielt soviel Land, als er benötigte, seine Familie ernähren zu können. Die Größe hing von der Qualität des Bodens ab. Wald und Wiesen blieben gemeinsamer Nutzung vorbehalten.

Der Umfang eines solchen Gutes bildete seit Kaiser Karl die Grundlage der karolingischen Heeresverfassung: Zum Waffendienst war jedermann verpflichtet, der mehr als vier Hufen Landes sein Eigen nannte. Inhaber kleinerer Güter sanken daher immer mehr in Abhängigkeit, ja Unfreiheit. Die Wehrhaftigkeit des Landes erhellt aus der damals erfolgten Errichtung befestigter Anlagen, insbesondere in Wien, Tulln, Herzogenburg und Wilhelmsburg.

Aus den spärlichen Nachrichten über die soziale Lage der damaligen Kolonisten, sagt der Historiker Erich Zöllner, gehe hervor, daß der Großgrundbesitz überwog. Er wurde von unfreien Knechten sowie halbfreien Hintersassen bewirtschaftet. Freier Kleinbesitz war seltener als im bayerischen Hinterland etwa. Die bäuerliche Bevölkerung hatte man verpflichtet, als Wehrbauern Kriegsdienste zu leisten. Zu Ende der karolingischen Epoche, als das Reiteraufgebot zu überwiegen begann, verschlechterte sich die Lage der Wehrbauern immer mehr, bis sie schließlich unter den Schlägen bulgarischer, mährischer und besonders ungarischer Einfälle gänzlich unhaltbar geworden war.

Die karolingische Besiedlung des Landes dürfte zunächst ungleichmäßig und von verschiedener Dichte gewesen sein. Am augenfälligsten zeigte sie sich an den Unterläufen der Erlauf, Pielach, Traisen und des Kamp, wo nämlich die Verhältnisse für den Ackerbau der Vorarbeiten wegen, die die

Bauer beim Eggen

Römer und nach der germanischen Völkerwanderung die dort heimischgewordenen Altbayern und Slawen geleistet hatten, am günstigsten waren.

Die Frage, warum im Norden der Donau weniger kolonisiert wurde als im Süden, findet in den damals im Weinviertel ansässigen Mährern bzw. im dichten Nordwald ihre Antwort.

Die Ortschaften der Karolingerzeit, aus Großweilern und Dörfern bestehend, lagen inmitten des besten niederösterreichischen Ackerbodens seit eh und je: im Alpenvorland und in der Wiener Bucht.

Daß unter den altdeutschen Neubesiedlern Niederösterreichs jener Tage fast ausnahmslos Bayern anzutreffen waren, hatte seinen guten Grund: Die fränkischen Großen – nach dem Könige die wichtigsten Machthaber in Karls Reich – lehnten den Streubesitz ab, weil er allzuleicht aus den Händen glitt und keine einheitliche Bewirtschaftung und Verwaltung zuließ.

Im übrigen sind wir über die damaligen Besitzungen weltlicher Herren in Niederösterreich nur unzureichend informiert. Zu den reichsten und bedeutendsten der Mark in jenen Tagen zählten zweifellos die Grenzgrafen Wilhelm und Engelschalk, über die an anderer Stelle noch Gewichtiges zu sagen sein wird.

Die neueste Forschung zeichnet heute folgendes Bild von der volklichen Zusammensetzung Niederösterreichs zur Karolingerzeit:

Im Alpenvorland siedelten vornehmlich Bayern, hie und da von Slawen durchsetzt.

An der unteren Enns lebten beide Völkerschaften nebeneinander.

Im oberen Erlauf- und Ybbstal überwogen die Slawen.

Im Gebiet von Pöggstall, im Horner Becken und in der Raabser Bucht hatten sich germanische Reste erhalten. Im übrigen hieß unser Waldviertel damals Rugiland.
Um Raabs und im Weinviertel gab es zahlreiche Slawensiedlungen, hier auch Splitter verschiedener Germanenstämme.
Die Bodenfunde im Wiener Becken weisen eine dichtverzahnte Mischung germanischer, slawischer sowie awarischer Volkselemente auf.
Nördlich der Donau bildeten die Schmida und der Mittelkamp, südlich der Wienerwald die Grenze der Karolingischen Ostmark. Außerhalb dieser Linie bestand eine ganze Reihe slawischer Kleinfürstentümer, die fränkische Satelliten waren. Sie werden sich später zusammenschließen und im zweiten Großmährischen Reiche aufgehen.

Das wirtschaftliche Fundament der Besiedlung, die anfangs kaum geordnet vor sich gegangen sein dürfte und erst unter Ludwig dem Deutschen, einem Enkel Karls des Großen, in ein System gebracht wurde, bildete der Ackerbau. Weinkulturen sind für die Gegend von Melk, die Wachau, das Tullnerfeld bezeugt.
Ende des 9. Jahrhunderts hörten die Neubelehnungen auf: Das Krongut dürfte damals restlos vergeben gewesen sein. Die ersten Besitzwechsel und planmäßigen Rodungen des Waldes, der vornehmlich aus Buchen und Eichen bestand, setzten ein.
Über den Handel in der Ostmark unterrichtet die Zollordnung von Raffelstätten an der Traun aus dem Jahre 905 etwa. Wenngleich niemals in Kraft getreten, vermittelt sie dennoch wertvollen Einblick in das Leben jener Zeit. Verfaßt wurde sie auf Betreiben des bayerischen Adels, der sich wegen willkürlicher Zolleinhebungen seitens einzelner Herren beim König beschwert hatte und damals hierzuland

namentlich das Gebiet des heutigen Westniederösterreich beherrschte.

Dank dieser Zollordnung erfahren wir, daß Salz, Honig, Wachs, Lebensmittel, Hausgeräte, Pferde, Ochsen und Sklaven eingeführt wurden. Der Handel mit Sklaven ist heute zweifellos als anrüchig zu bezeichnen. Damals war er es nicht, weil der Sklave als Beutegut des Krieges nicht mehr Wert besaß als irgendein anderer marktgängiger Gegenstand jener Tage, was sich seit den Rugiern, wo wir damit zum ersten Male konfrontiert wurden, hierzulande genauso wie anderswo in der damaligen Welt nicht geändert hatte.

Die Einfuhr von Waren, die auch von ansässigen Handwerkern erzeugt wurden, läßt schließen, daß die heimische Produktion den Bedarf nicht deckte.

Maßgeblichen Anteil am hiesigen Wirtschaftsleben jener Tage hatten die Slawen, die Wachs, Honig und Vieh lieferten. Große Bedeutung kam dem Salzhandel mit Böhmen und Mähren zu, was aus der Tatsache erhellt, daß schon Jahrzehnte vor Niederschrift der Raffelstätter Zollordnung eine Gesandtschaft der Bulgaren – deren damaliger Staat war Kaiserreich, das sich bis in die unmittelbare Nachbarschaft der Ostmark erstreckte – die Einstellung der Salzlieferungen an die Mährer, mit denen ihr Volk im Streite lag, forderte.

Der Verkehr bewegte sich in der Hauptsache zu Schiff auf der Donau oder mit Fuhrwerken entlang des Stromes und ging nach Böhmen, Mähren, ja sogar nach Kiew, der ersten und bedeutsamsten Stadt Osteuropas jener Tage. Neben der Donau, der Pulsader auch unserer Mark, gab es eine ganze Reihe von Landwegen, die dem Flusse an Bedeutung nicht nachstanden. Von erstrangiger Wichtigkeit waren die Straßen der Nord-Südrichtung, z. B. die „Bernsteinstraße". Ein ungarischer „pleketer" Weg kam aus dem Marchfelde, verließ bei Straß das Kamptal und führte gegen Hohenwart. Die „Böhmstraße“ zwischen Rodingersdorf und Sigmundsherberg ging über die Thayaschlinge bei Drosendorf ins Unbekannte. Die „Hochstraße“ begann im Schmidatal und zog an Eggenburg und Horn vorbei nach Schwarzenau. Eine andere Straße wieder verband die heutigen Orte Korneuburg, Mistelbach, Nikolsburg und Brünn. Von Auspitz in Südmähren fuhr man über Lundenburg und Preßburg, um Neunkirchen und den Semmering zu erreichen.

Der Wiener Sozial- und Wirtschaftshistoriker Michael Mitterauer sagt, daß der wichtigste Handelsweg der Heimat das ganze Mittelalter hindurch die Donau, die bedeutsamste Verkehrsmöglichkeit Österreichs in west-östlicher Richtung, war. Die Warenfracht zu Wasser ging schneller und billiger vonstatten. Daß der Fluß schon zur Zeit Karls des Großen oberhalb von Regensburg als schiffbar angesehen wurde, geht aus dem Projekt des Kaisers hervor, durch einen Kanal zwischen Altmühl und Rezat eine Verbindung nach dem Rhein und dem Main zu schaffen. Im Bereiche der österreichischen Donau stellte damals allein der Greiner Strudel ein Hindernis dar. Er wurde häufig von Enns oder Ardagger aus auf dem Landwege umgangen.

Über den Zustand der eben genannten Straßen ist nicht viel verbrieft. Wenn wir aber lesen, daß die gewichtigsten Verkehrsadern des Mittelalters (Heer- oder Königs- bzw. Reichsstraßen) in Wirklichkeit nur Landwege, oft sogar nur ausgefahrene Wagenspuren waren, kann man sich unschwer ein Bild von ihrer Beschaffenheit machen.

Zu den besten Straßen jener Epoche zählten nach wie vor die Römerstraßen. Sie waren breit, hatten einen festen Unterbau und vermieden jede unnötige Krümmung. Daß dieses Beispiel keine Schule machen konnte, lag an den Grundherren. Sie hatten nämlich bald den Nutzen erkannt, den verwahrloste Straßen zu bringen vermochten.

Waren die Wege schlecht und unsicher, sah sich der Kaufmann genötigt, Vorspann, freies Geleit und Bedeckung von dem Eigentümer, in dessen Gemarkung er sich bewegte, zu erbitten, was nicht billig kam und bedeutsame Einnahmen verschaffte. Je länger folglich eine Ware unterwegs war, desto höher stellten sich besonders genannter Umstände wegen ihre Kosten, desto größer freilich wurde auch der Gewinn derer, die ihr Brot im Transport, in der Beherbergung und in den damit verbundenen Gewerben verdienten. Um aber schließlich noch mehr Nutzen aus dem Los der Händler und Reisenden schlagen zu können, erfand man in deutschen Landen die „Grundruhr“: eine Verordnung, nach der beim Umstürzen eines Wagens jene Ware, die den Boden berührte, an den Grundherrn fiel. Weil die Händler deshalb die besseren Straßen, waren diese auch die längeren, benützten, wurde der Straßenzwang eingeführt. Danach durften nur bestimmte, den Durchreisenden vorgeschriebene Straßen befahren werden – solche nämlich, die durch eine hinreichende Zahl von Zollhäuschen gesichert waren. Die Frächter zahlten dort ihre Abgaben: für mit Salz beladene Wagen je ein Scheffel, für Salz befördernde Schiffe drei Scheffel. Jede Einfuhr war mit dreifacher Gebühr zu belegen. Der Besuch fremder Märkte zog ebenfalls Abgaben nach sich. Von einer Saumlast Wachs etwa zwei Mäßel. Das war eine Menge, die eine mittlere Mannesfaust, dreißigmal gefüllt, aus den Fracht- oder Ladesäcken hob. Für einen Hengst oder eine Sklavin mußte man vier Denare, für eine Stute oder einen Sklaven einen Denar Marktgebühr berappen.

Zollstationen in Niederösterreich von damals waren Ybbs und Mautern.

Wieweit die obigen kultur- und wirtschaftsgeschichtlich äußerst interessanten Angaben für den heimatlichen Bereich zutreffen, entzieht sich unserer Kenntnis. Dennoch können wir zusammenfassend feststellen, daß die Raffelstätter Zollordnung die Bewohner der Karolingischen Ostmark auffallend zu begünstigen und ihnen reichen Vorteil zu bringen versprach. Das Land schickte sich an, einer scheinbar glänzenden Zukunft entgegenzugehen.

Da die Kolonisatoren jener Tage aber über beträchtliche Mittel verfügen mußten, um ihren Bauern über die schweren Jahre des Anfangs hinweghelfen zu können, durfte für das damalige Niederösterreich zugetroffen sein, was als geflügeltes Wort der Theresianischen Besiedlung des Temescher Banats, der Landschaft zwischen Theiß, Marosch und den Südkarpaten, in der zweiten Hälfte des 18. Jahrhunderts voraneilte:

Die ersten fanden den Tod,
die zweiten litten Not,
den dritten erst ward Brot.

Die Weltliche Schatzkammer in Wien, diese Sammlung einmaliger historischer Kostbarkeiten, bewahrt in den Reichskleinodien: den Kroninsignien, wertvollen Reliquien sowie erlesenen Gewändern auch drei der bedeutsamsten Erinnerungen an Karl den Großen: das Reichsevangeliar, die „Stephansbursa" sowie den „Säbel" des Kaisers. Als Gegenstände aus seinem angeblichen Besitze verehrt, tauchen diese zuerst im Münster von Aachen auf. Die Legende berichtet, daß Kaiser Otto III. (983 - 1002) sie dort gefunden, als er Karls Gruft öffnen ließ.

Karl der Große wurde auf Betreiben Friedrich Barbarossas heiliggesprochen. Seither durfte keine der drei genannten „Reliquien" des Kaisers, die ein Aachener Gesandter stets an den jeweils erwählten Ort zu überbringen hatte, bei Krönungen fehlen. Auf das bei der feierlichen Inthronisierung des neuen Herrschers aufgeschlagene Evangeliar legte der König seine Schwurfinger, den Krönungseid sprechend. Spuren jener oftmaligen Benützung sind deutlich sichtbar geblieben. Mit dem aus Osteuropa (möglicherweise aus Ungarn) stammenden „Säbel Karls des Großen" wurde der Gesalbte umgürtet. Die Stephansburse soll vormals Erde enthalten haben, die vom Blute des Erzmärtyrers Stephanus getränkt war.
Das historisch wertvollste Stück der Sammlung ist zweifelsohne die Reichskrone, die angeblich der Papst zu Weihnachten 800 in Rom Karl aufs Haupt gesetzt, womit symbolhaft das Imperium Romanum der Cäsaren in der Überlieferung für weitere Jahrhunderte erneuert erscheint. Die in Wien zu sehende Reichskrone, ein einmaliges Kleinod, ist in Wirklichkeit eine altdeutsche Goldschmiedearbeit der zweiten Hälfte des 10. Jahrhunderts mit später hinzugekommenen Ergänzungen – möglicherweise für die Krönung Ottos des Großen 962 bestimmt gewesen.
Der in Wien zur Schau gestellte Krönungsmantel entstammt der königlich-normannischen Werkstatt in Palermo und kam durch Friedrich II. von Hohenstaufen zum Reichsschatz.
Nicht mindere Bedeutung wurde den sogenannten großen „Reichsreliquien" beigemessen: der Heiligen (Langobarden-) Lanze, in deren Mitte ein Nagel vom Kreuze Christi befestigt sein soll, sowie einer Kreuzpartikel. Seit dem 13. Jahrhundert sah man in der Lanze jene Waffe, mit der ein römischer Soldat den Sohn Gottes auf Golgatha durchbohrt hatte.
Die Insignien eines Kaisers waren nicht nur Ausweis, Kennzeichen seiner Würde und Macht, sondern rechtschaffende Symbole. Im Mittelalter freilich mußte der Papst die Krönung des Erwählten durchgeführt haben. Erst dadurch war dieser Kaiser geworden.

Jeder Kaiser wachte über den ihm anvertrauten Kronschatz in der Regel mit größter Sorgfalt. In Zeiten der Gefahr verwahrte er ihn daher in einer der festen Pfalzen seines Landes. Angesichts dieser Tatsache verwundert es, daß Kaiser Sigismund 1424 die aufgezählten Reichskleinodien der freien Reichsstadt Nürnberg überließ.
Die funktionelle Verbindung von Kaisertum und Kronschatz wurde seither immer lockerer. Daher konnte man den durch lange Übung geheiligten Schatz auch einer Reichsstadt, Nürnberg z. B., anvertrauen, die fürderhin für die Überbringung an den jeweiligen Krönungsort Sorge zu tragen hatte. Im übrigen ließ die Stadt im Rahmen liturgischer Feierlichkeiten dem zahlreich herbeigeströmten Volke den Schatz als kostbares religiöses Besitztum des deutschen Volkes jährlich einmal zeigen. 1523 entschied Nürnberg, sich der Reformationsbewegung anzuschließen. Seither unterblieb die öffentliche Schaustellung, „Heiltumsweisung“ genannt.
Aus dem beschriebenen Kronschatz wurde nach und nach ein Hort der Nation, sagt Hermann Fillitz, einer seiner besten Kenner. Die Krönungsinsignien kamen 1813 in die Hofburg nach Wien, wo sie seither – 1938 bis 1945 ausgenommen, da man sie nach Nürnberg zurückgebracht hatte – für die Zukunft aufbewahrt werden.
Eine der beiden weithin sichtbaren Kuppeln des Stiftes Klosterneuburg trägt die Abbildung der sogenannten Reichskrone Karls des Großen. Daneben ist die des österreichischen Erzherzoghutes zu sehen. Den Erzherzoghut hat Erzherzog Maximilian im Jahre 1616 als Schmuck der Kopfreliquie des Heiligen Leopold anfertigen lassen – heute in der Schatzkammer der dortigen Chorherren als stolzes Stück österreichischer Vergangenheit aufbewahrt.

An der mährisch-ungarischen Grenze

Vom Schicksal an der mährischen Grenze der Karolingischen Ostmark berichtet eine Legende, die das Martyrium und den Tod des heiligen Koloman zum Inhalte hat. Sie erscheint untrennbar mit den Anfängen der Stadt Stockerau verbunden, die erstmals im Jahre 1012 urkundlich als eine Ansiedlung von Holzabstockern, die in den dortigen Donauauen ihr karges Brot verdienten, erwähnt wird.

Der gelehrte Bischof Thietmar von Merseburg (975 - 1018), unser Gewährsmann als Berichterstatter jener Zeit, erzählt in einem der acht Bücher seiner Chronik, die Geschichte seines Bistums mit der des Reiches seit Heinrich I. verbindend, daß damals der irische Pilger Koloman anläßlich seiner Heimkehr aus dem Heiligen Lande bei Stockerau den Tod am Galgen gefunden. In jenen Auen habe sich auch das Wunder vollzogen, daß sein den Raben preisgegebener Leichnam unversehrt blieb, ja der dürre Baum, an dem dieser gehangen, Blätter und Blüten zu treiben begann und alle in Staunen versetzte, die bislang an Kolomans Schuld als Spion der Mährer geglaubt. Und als gar das bald einsetzende Hochwasser des Stromes das Grab des Märtyrers verschonte, wurde die Leiche, noch immer lebensfrisch und himmlischen Duft verbreitend, auf Anordnung des Markgrafen Heinrich (994 - 1018) nach Melk übergeführt und dort zur ewigen Ruhe bestattet.

An der Stelle, wo einst die Wunder geschehen sein sollen, erhebt sich heute das St. Koloman-Kloster der Dienerinnen des Heiligen Geistes, die sich in Stockerau, hart am Rande der Donauau gelegen, auf ihre entsagungsreiche Missionstätigkeit in fremder Herren Ländern vorbereiten.

Das Gebiet des heutigen Stockerauer Gerichtsbezirkes war bereits 150 Jahre vorher in das Licht der Geschichte des Mittelalters getreten:

864 nämlich bestätigte König Ludwig der Deutsche (843 - 876), der genannte Enkel Kaiser Karls, den Mönchen der 731 gegründeten Benediktinerabtei Niederaltaich, im heutigen Regierungsbezirk Niederbayern gelegen, die Nutzung einiger Güter, die ihnen ihr Abt Otgar zum Eigenbedarfe zugewiesen hatte. Eines dieser Güter wurde „Schmidaha“ genannt und lag am niederösterreichischen Schmidabach, der bei Hippersdorf den Wagram durchbricht und zwischen Zaina und Unterzögersdorf mehrfach verzweigt in einen Seitenarm der Donau mündet. Die 1011 und 1019 erfolgten neuerlichen Schenkungen in diesem Gebiete sind insofern leichter zu lokalisieren, als sie den in Frage stehenden Besitz genau umschreiben. Einer davon befand sich zwischen der Donau im Süden, dem Wagram im Norden, dem heutigen Altenwörth im Westen und der „Felbermais-Flur“ bei Oberabsdorf im Osten. Dieser Ort wurde in der ersten Hälfte des 9. Jahrhunderts gegründet und deckte sich mit dem erwähnten „Schmidaha“.

Neben Niederaltaich spielte in dem eben genannten Landstrich auch das Kloster Kremsmünster eine Rolle. 877 nämlich, 13 Jahre nach der oben erwähnten ersten Schenkung an Niederaltaich, gab König Karlmann (+880), der Sohn Ludwigs des Deutschen, Kremsmünster ebenfalls Besitz in der Nähe von „Schmidaha“. Diese Schenkung lag zwischen dem Schmida-Strang bei Zaina und dem Wagram, deckte sich folglich mit dem heutigen Gebiete von Hausleiten.

Der Gau- und Grenzgraf jener Zeit hieß Wilhelm. Er und sein Bruder Engelschalk fielen 871 im Kampfe gegen das damals im neuen Werden begriffene Großmährische Reich. Von dorther nämlich war für die Mark, im besonderen für ihre nördlichen Bezirke, um 830 herum ernste Gefahr entstanden. Damals gelang dem tatkräftigen Slawenfürsten Moimir, das untergegangene Reich König Samos nach Verjagung seines Bruders Priwina abermals aufzurichten. Mähren und das Gebiet des heute niederösterreichischen

Weinviertels samt den vorgelagerten wendischen Kleinfürstentümern im Osten der Mark, Karl dem Großen und seinem Sohne Ludwig noch tributpflichtig, lösten sich aus dem karolingischen Staatsverbande. Mit Kaiser Arnulf, dem Enkel Ludwigs des Deutschen, bis 887 Herrscher in Kärnten, setzte die Rückgewinnung des verlorengegangenen Gebietes ein. Unser Weinviertel kehrte damals in den Verband der Ostmark wieder heim, Mähren jedoch blieb trotz deutscher Besiedlung, wie an anderer Stelle angedeutet, für immer verloren. Die zu jener Zeit bereits in Gang gewesene Eindeutschung des heutigen Waldviertels, wo verschiedenartige Siedlergruppen noch aus den Tagen der Völkerwanderung neben slawischen lebten, gelang restlos vornehmlich dank der volklichen Zähigkeit der dort verbliebenen germanischen Splitter.

Über die Lebens- und Wirtschaftsweise des Adels und der Mönche bzw. der Freien sowie der hörigen Bauern im damaligen Niederösterreich bis zur Jahrtausendwende wissen wir zuwenig, als daß wir von ihrem Tun und Lassen, dem gewichtigsten Inhalte der frühmittelalterlichen Landesgeschichte, berichten könnten. Wir müssen uns daher mit allgemeinen Feststellungen mitteleuropäischer Provenienz begnügen:
Von einem eigentlichen Bauerntume kann bis ins Zeitalter der Babenberger kaum gesprochen werden. Bis dahin nämlich betrieb alles Landwirtschaft, für deren allmähliche Ausbreitung namentlich das ganze 11. Jahrhundert hindurch weithin Wälder gerodet und Sümpfe trockengelegt wurden. Sowohl Grundherr als auch Hörige und Mönche lebten ausschließlich vom Ackerbau und der Viehzucht, und sie waren in ihrem Verhältnis zueinander besonders im täglichen Umgang fast gleichwertig, will uns scheinen.

Um den Mönch, den eigentlichen Meister auch in Fragen der Landwirtschaft jener Zeit, besser verstehen zu können, bedarf es eines Ganges in sein Kloster. Beide, Mönch und Kloster, waren in der von uns behandelten Geschichtsepoche in allen Anliegen des zivilen Tages sowie der materiellen und geistigen Kultur miteinander untrennbar verbunden. Die Auswüchse des mönchischen Lebens der Frühzeit abgeschafft zu haben, ist das Verdienst des heiligen Benedikt von Nursia durch die Gründung des nach ihm benannten Ordens. Im Vergleich zur Mönchs-

gemeinschaft Kolumbans des Älteren, des Glaubensapostels der Germanen, der auf einer der schottischen Küste vorgelagerten Insel sein berühmtes Kloster Jona gegründet und die Bekehrung seiner Landsleute sowie Nordenglands bewerkstelligt hatte, sind Benedikts Klosterregel geradezu human zu nennen.
Der Heilige, Begründer der berühmten klösterlichen Gemeinschaft Monte Casino, der um das Jahr 500 in Italien gewirkt, suchte das Mönchtum jener Jahre auf ein gesundes Fundament zu stellen und den Tag so zu gestalten, daß die geistlichen Übungen, auf sieben Gebetszeiten (Horen) verteilt, die bereits um zwei Uhr nachts begannen, mit körperlicher Arbeit sowie Meditationen und Lesungen der Heiligen Schrift abwechselten.
Die Regel Benedikts setzte sich so erfolgreich durch, daß das abendländische Mönchtum bis ins 12. Jahrhundert benediktinisch war. Seit dem 10. Jahrhundert schlossen sich die Einzelklöster unter Wahrung ihrer Selbständigkeit zu Verbänden zusammen. Aus diesen gingen mehrere neue Orden: die Kamaldulenser, die Zisterzienser u. a. hervor.
Durch ihre Bauten und ihre Rodungen, durch ihre Leistungen in der Landwirtschaft, im Handwerk, im Schulwesen, in Literatur und Kunst wie durch ihre Frömmigkeit wurden die Benediktiner die Erzieher Europas bis tief ins Mittelalter hinein.

Die Klosterschulen jener Epoche trugen geistige und materielle Kultur weit über den unmittelbaren Ausstrahlungskreis der Ordensgemeinschaft hinaus. Dort wurden die Kenntnis des Lateinischen und die sieben Freien Künste, das berühmte Trivium (Grammatik, Rhetorik, Dialektik) sowie das Quadrivium (Arithmetik, Geometrie, Musik und Astronomie), gelehrt.
Germanische und christlich-deutsche Dichtung sowie Überlieferung der Frühzeit fanden in den Klöstern nach der Vernichtung, die sowohl Bonifatius als auch Kaiser Ludwig (814 - 843) des heidnischen Ruches wegen bewirkt, Konservierung, ja Pflege und somit den Weg in die Zukunft.
Den Klöstern verdanken wir das Wissen über die Kultur der Antike. Sie schrieben ab, was ihnen erhaltungswürdig schien. Dabei ging man äußerst weitherzig vor.
Die in der klösterlichen Landwirtschaft tätigen Laienbrüder führten Beil und Erdhacke mit nahezu unermüdlicher Ausdauer, um der von der Ordensgemeinschaft in Besitz genommenen Landschaft ein bewohnbares Gepräge zu geben.
Karl der Große, von Klosterbrüdern gut beraten und belehrt, widmete dem Ackerbau durch Gesetz und Verordnung eine nie erlahmende Aufmerksamkeit. Er hob die Viehzucht und ließ Mustergüter einrichten. In seinen Verfügungen über die Bewirtschaftung des eigenen Besitzes, bald Vorbild für das ganze Reich geworden, wird von der Pflege der Getreidefelder, der Wiesen und Wälder, der Pferde, Rinder und Schafe, der Bienen und bis in die kleinste Einzelheit vom Gartenbau, der ihm besonders warm auf dem Herzen gelegen zu sein schien, gesprochen.

Daraus erfahren wir zum Beispiel, daß man allseits Lilien, Rosen und andere Ziersträucher zog, Kümmel, Fenchel, Petersilie, Kresse, Gurken, Bohnen, Karotten, Zwiebeln, Lauch, Kerbel, Rübenkohl und anderes Gemüse, verschiedenes Stein- und Kernobst sowie den Freuden- und Leidbringer Wein pflanzte.
Die damals übliche Dreifelderwirtschaft ist als jährlicher Wechsel von Winter- und Sommergetreide sowie Brache zu charakterisieren.
Auf Diebstahl von Flachs – aus dessen Haar fertigte man die seit der Germanenzeit beliebte Linnenkleidung an – stand grausame Bestrafung.
Mit dem Fortschritt der Landwirtschaft ging der Fortschritt im Häuserbau, sicherlich durch Besinnung auf die den Römern bereits bekanntgewesenen Errungenschaften, Hand in Hand. An Stelle der germanischen, aus rohen Baumstämmen aufgeblockten, mit Lehm verschmierten, rohrgedeckten fenster- und treppenlosen Hütten, in denen Mensch und Tier zusammenwohnten, besser: zusammenstallten, traten in der Karolingerzeit das Wohnhaus, Scheune und Viehstall als Anwesen des Hörigen, das Herren-, Keller- und Badhaus sowie Speicher, Kornboden, Pferde-, Rinder-, Schaf- und Schweinestall des Grundbesitzers, auf den meisten Gütern auch eine überdachte Arbeitsstätte hinzu, wo die Frauen, selbst Königinnen, Spindel und Webstuhl handhabten, um mitzuhelfen, die Kleider der Sippe zu erzeugen.
Zu Beginn des 9. Jahrhunderts begann neben den Holz- der Steinbau zu treten. (Unter festen Häusern, also Steinbauten jener Tage, sind in der Regel Burgen zu verstehen.) Ein solcher neuartiger Besitz Karls des Großen irgendwo auf dem Lande, also nicht in einer seiner berühmten Pfalzen, bestand aus drei Wohnzimmern, elf Arbeitsstuben, zwei Vorratskammern und einem Keller. Das ganze Haus war mit Söllern umgeben und hatte zwei gedeckte Gänge. Als dazugehöriger Hausrat werden aufgezählt fünf Federbetten mit Matratzen, zwei kupferne und sechs eiserne Kessel, ein eiserner Leuchter, Servietten zu einem Tischgedeck, ein Handtuch, ferner eisenbeschlagene Zuber, Sicheln, Hacken, Äxte und Bohrer.
Die vom Mönchtume der Epoche Karls des Großen begründete christlich-germanische bzw. altdeutsche Kultur ging in hohem Maße während des Kampfes gegen die Normannen, Slawen und Madjaren zugrunde, restlos vernichtet freilich wurde auch sie nicht.

Die Klosterneugründungen jener Tage erfolgten stets von einem Mutterkloster aus, das Boten ausschickte, einen passenden Bauplatz im Besitzbereiche des Stifters zu finden. Dabei mußte an mancherlei gedacht werden: Es durfte kein anderes Kloster in der Nähe sein; es sollte in eine Gegend zu liegen kommen, die noch unkultiviert war; Orte, an denen sich heidnische „Dämonen“ umhertrieben, wurden bevorzugt.
War der Platz gefunden, umschritten ihn die Mönche betend und singend, Gottes Segen zu erflehen. Sodann wurde der Baugrund mit Pflöcken ab-

gesteckt. An der Stelle, die zur Errichtung des Altars bestimmt worden war, pflanzten die Brüder eine heilige Fahne auf. Nach der Weihe des Klostergrundes durch den Bischof begann die Arbeit.

Da unter dem Altare Reliquien eines Heiligen liegen mußten, machte man sich auf den Weg, solche zu finden. Waren sie im eigenen Lande nicht aufzutreiben, pilgerte man nach Rom, sie dortselbst zu erbitten. Der Papst entsprach dem Wunsche und ließ heilige Überreste aus den Katakomben herbeiholen.

Von gaffenden und abenteuerlustigen Menschen begleitet, trat die Reliquien-Prozession den Heimweg an. Dabei geschah es öfter, daß die heiligen Knochen und Mitbringsel unterwegs gestohlen wurden. Sie waren nämlich gute Handelsobjekte. Wir wissen zum Beispiel, daß ein Kaufmann König Ludwig dem Deutschen den ganzen Körper des Apostels Bartholomäus zum Erwerb anbot. Ein anderer wieder gab vor, den Finger des heiligen Petrus zu besitzen. Nägel vom Kreuze Christi waren massenweise im Umlauf. Da es aber darauf ankam, auch die Wunderkraft solcher Reliquien zu beweisen, mieteten die Gauner Leute, die sich krank und gebrechlich stellten und daher „wundersam" geheilt werden konnten. Bei Gefahr der Entlarvung machten sich die Betrüger beizeiten davon. Aus jenen Tagen stammen zum Beispiel die Kaiser Karl zum Geschenk dargebrachten „vier großen Heiligtümer der Christenheit": ein Kleid der Jungfrau Maria, die Windel und das Lendentuch Christi sowie das „Johannestuch". Diese sonderbaren Kostbarkeiten, die man für echt hält, sind in Aachen seit langem jedes siebente Jahr bis in unsere Tage öffentlich zu sehen.

Hatte die Prozession die Nähe des Heimatklosters erreicht, zogen ihr die Mönche mit Weihrauch und Kerzen entgegen, um die Reliquie in Empfang zu nehmen. In der Kirche angekommen, stellte man den kostbaren Schatz auf dem Altare aus, und ein großes Fest begann. Gesang und Gebete währten die ganze Nacht hindurch. War die Andacht am nächsten Morgen dann vorbei, durfte sich die Kirche eines Schutzheiligen rühmen. Der Bestand des Klosters schien für alle Zukunft gesichert.

Die kulturellen Taten der Orden gehören zu den großartigsten Leistungen des Mittelalters. Die spätere Kultivierung weiter Strecken Niederösterreichs ging vielfach unter Mönchsaufsicht und -anleitung, wie erwähnt, vor sich. Als vorzügliche Gärtner bereicherten die Patres überdies die gesamteuropäische Wirtschaft unter anderem durch die Aufzucht und die Verwertung von Gemüse. Ihre Höfe waren Musterbetriebe.

Hinsichtlich der Benediktiner um die Jahrtausendwende ist es in diesem Zusammenhang zweifellos interessant und von kulturgeschichtlicher Bedeutung zu erfahren, daß sie durch das in ihren Klöstern eingeführte Glockengeläute mit beigetragen haben, Rittern, Bauern und dann den Bürgern die ungefähre Tageszeit zu verkünden. Der Mensch schaute wohl seit jeher auf den Chronometer des Himmels – die Sonne, dort die ungefähre Zeit abzulesen. Diese Uhr aber versagte leider nachts und nicht minder regelmäßig bei trübem Wetter.

Neben dem vom heiligen Rupert begründeten St. Peter bzw. der dank seiner Nichte gleichzeitig auf dem Salzburger Nonnberg ins Leben gerufenen klosterlichen Frauengemeinschaft spielten damals im heute österreichischen Landschaftsbereich zur vorkarolingischen Zeit außerdem Mondsee, das bereits genannte Kremsmünster sowie ein zweites von Herzog Tassilo III. gestiftetes Kloster, St. Michael in Mattsee, hervorragende Rollen.

Der karolingischen Reichs- und Kirchenpolitik Karls des Großen ganz und gar verschrieben war Erzbischof Arn von Salzburg (785 - 821), ein aus bayerischem Hochadel stammender Benediktiner, Freund des gelehrten kaiserlichen Beraters Alkuin und Teilnehmer an den Awarenfeldzügen Karls.

Auf Karls Weisung hin hatte Papst Leo III. im Jahre 798 Salzburg zum Erzbistum und Arn zu dessen Erzbischof erhoben, der damit Oberhaupt der gesamten bayerischen Kirchenprovinz und in dieser Eigenschaft zum Urheber der versunkenen karolingischen Geisteskultur auch Niederösterreichs geworden war.

Arn zählt überdies zu den wenigen verbrieften Zeugen, die zu Weihnachten des Jahres 800 der Kaiserkrönung Karls in Rom beigewohnt haben.

Zu den spärlich erhaltenen karolingischen Baudenkmälern Österreichs gehört die Linzer Martinskirche, die, aus römischem Material errichtet, in frühkarolingischer Zeit umgebaut und Karls Schwager Markgraf Gerold durch Bischof Waltrich von Passau in Treisma (St. Pölten soll diesmal gemeint sein) geschenkt wurde.

Um das Jahr 800 scheint St. Florian – wo der Märtyrer des 4. Jahrhunderts laut einem erwähnten Heiligenkalender des 5. Jahrhunderts dem Leibe nach bestattet liege –, eines der ersten Klöster im Einzugsbereiche Niederösterreichs, bereits bestanden zu haben. Es wird dann in den Feldzügen gegen die Mährer 818 und abermals 888 genannt, als König Arnulf seinen dortigen Aufenthalt benützte, eine Schenkung an Kremsmünster zu machen.

Gleich alt und aller Wahrscheinlichkeit nach ebenfalls in die karolingische Zeit zurückreichend, dürfte das dem hl. Hippolyt geweihte Kloster – St. Pölten nämlich – gewesen sein. Der Translationsgeschichte der Hippolytreliquien entsprechend, die besagt, daß kurz nach der Mitte des 8. Jahrhunderts aus Rom Überreste des Heiligen durch Abt Fulrad nach St. Dénis, dem berühmten fränkischen Dionysiuskloster, von dort zum Teil nach St. Pilt im Elsaß, zum Teil nach Salzburg und Tegernsee, von da zum Teil nach St. Pölten kamen, war dieses eine Tochtergründung Tegernsees und somit möglicherweise das älteste karolingische Kloster unseres Heimatlandes.

In den kriegerischen Auseinandersetzungen der Karolinger mit dem Mährischen Reiche spielte König Karlmann zweifellos eine verhängnisvolle Rolle.

Die Enkel Karls des Großen, Ludwigs des Frommen Söhne Lothar, Karl der Kahle und Ludwig der Deutsche, hatten nach vielen Kämpfen das einst so mächtige Frankenreich im Vertrage von Verdun 843 aufgeteilt: Lothar erhielt dabei Italien und Burgund – das spätere Lothringen sowie die Kaiserkrone, Karl der Kahle das im wesentlichen dem heutigen Frankreich entsprechende Gebiet, Ludwig der Deutsche die Lande östlich von Rhein und Aare.

Der Vertrag von Verdun kann als eines der wichtigsten Ereignisse der europäischen Geschichte betrachtet werden, zumal die Kämpfe und Auseinandersetzungen der Deutschen, Franzosen und Italiener, seit damals bald freundlich, bald feindlich zueinander eingestellt, einen der Hauptinhalte nicht nur der mittelalterlichen Geschichte Europas ausmachen.

Ein sprachliches Denkmal jener Tage sind die „Straßburger Eide" aus dem Jahre 842: Als sich nämlich Ludwig der Deutsche und Karl der Kahle gegen die Alleinherrschaft Lothars verbündeten, beschworen beide und ihre Heere die Einigkeit in des anderen Landessprache. Ludwig der Deutsche gelobte: „Pro deo amur et pro christian poblo et nostro commun salvament . . . ", Karl der Kahle sprach: „In godes minna ind in thes christianes folches ind unser bedhero gehaltnissi . . . ", was ins heutige Deutsch übersetzt etwa lautet: In Gottes Liebe und zu des christlichen Volkes und unser beider Wohlfahrt . . .

Der geschlossene Bund freilich war nicht von langer Dauer. Bald begann das offene Zerwürfnis. Dieses ausnützend, war Karlmann bestrebt gewesen, die östlichen Landesteile, die er im Namen seines Vaters Ludwig verwaltete – folglich auch das Gebiet des heutigen Niederösterreich –, unabhängig zu machen. Sein Ziel zu erreichen, schreckte er nicht zurück, mit dem Mährerfürsten Rastislaw, dem Nachfolger Moimirs, ins Einvernehmen zu treten.
Ludwig der Deutsche freilich war nicht gewillt, dieser Entwicklung ruhig zuzusehen. Er ergriff strenge Maßnahmen gegen den Sohn und dessen Umtriebe. Da sich Karlmann weigerte einzulenken, wurde er von Ludwig bekriegt. Weil die versprochene Hilfe der Mährer ausblieb, mußte Karlmann fliehen, begab sich schließlich aber freiwillig in Haft nach Regensburg. Um im Deutschen Reiche Frieden unter den eigenen Söhnen zu stiften, verzieh Ludwig Karlmann und setzte ihn bei seiner Reichsteilung als Erstgeborenen in königlicher Würde an die Spitze Bayerns und der Marken im Osten, womit sich sein fast unabhängiges Reich von der Mündung des Inn bis zur Mündung der Save in die Donau beim heutigen Belgrad erstreckte. Eine Machtfülle sondergleichen! Unser Niederösterreich war darin Mittelpunkt.

Karlmanns vorhin genannte Schenkung an das Stift Kremsmünster aus dem Jahre 877 verfolgte nicht den Zweck – wie es aus dem vorhin Gesagten leicht abgeleitet werden könnte –, sich für seine ehrgeizigen Pläne im Klerus Beistand zu verschaffen. Der Verrat des Sohnes am Vater nämlich fällt schon in das Jahr 861. Mit der Beschenkung Kremsmünsters wollte Karlmann, dem Geiste der Zeit folgend, etwas für sein Seelenheil und für sein Prestige tun.

Der Mensch des Mittelalters war nicht besser als der heutige, fürchtete die Rache des Himmels aber mehr als gegenwärtig und trachtete daher, vor dem Scheiden alle Schuld, besaß er hiezu die nötigen Mittel, in der Form von Kloster- oder Kirchengründungen bzw. in verschiedenartigen religiösen Dotationen getilgt zu haben.

Die genannte Schenkung Karlmanns entspricht dem Gebiete des heutigen Hausleiten. Landstrich und Siedlung hießen bis ins 14. Jahrhundert St. Agatha am Wagram. Dazu zählten auch die gegenwärtigen Gemarkungen der Dorfschaften Zaina und Schmida. Das umgrenzte Gebiet gehörte zunächst dem Kloster Kremsmünster und wurde erst unter Karlmanns unehelichem Sohne Kaiser Arnulf (888 - 899) Passau übertragen. In Anbetracht der Tatsache jedoch, daß sich die Bischöfe jener Zeit, in vielen Fällen zugleich Reichsfürsten, öfter als einmal wegen weltlicher Privilegien und Lehen befehdeten, darf die Annahme nicht von der Hand gewiesen werden, Passau habe Arnulfs Tod benützt, widerrechtlich in den Besitz Kremsmünsters und des genannten wiennahen Gebietes zu kommen. Dies konnte umso leichter geschehen, als damals an der Ostgrenze der Karolingischen Ostmark ein neuer gefährlicher Feind aufgetaucht war, der ganz Europa zu verschlingen drohte: die Madjaren oder Ungarn.

Zuvor freilich wurden die Endkämpfe gegen das Mährische Reich bestritten. Das Herzstück Niederösterreichs beiderseits der Donau dürfte dabei besonders arg in Mitleidenschaft gezogen gewesen sein.

Die karolingische Ostmission zur Verbreitung des Katholizismus bei Awaren und Slawen scheint im heute niederösterreichischen Land ohne besondere Bedeutung und sichtbaren Niederschlag geblieben zu sein.

Anders die Bekehrungen im erstarkten Großmährischen Staate, der im Osten bis zum Plattensee reichte und im heute slowakischen Neutra seinen Mittelpunkt hatte.

Als Fürst Moimir 847 gestürzt wurde, kam dessen Neffe Rastislaw, der schon Christ war, an die Regierung. Er erbat vom byzantinischen Kaiserhofe slawische Religionsverkünder, weil er politisch den damals einzig richtigen Schluß aus mährischer Sicht zog: daß nämlich zur Unabhängigkeit vom Fränkischen Reiche auch die kirchliche gehörte. In Glaubensfragen unterstanden die Mährer jener Tage dem Hochstifte Passau.

Der Machtbereich Priwinas, des zeitgenössischen Fürsten Pannoniens, eines von Moimir, wie erzählt, der Herrschaft in Neutra entsetzten Mährers, der samt Sohn Kozel unter fränkische Oberhoheit geflohen und von der Moosburg am Plattensee aus, wo er Zuflucht gefunden, sein neues Lehen regiert und im niederösterreichischen Treisma (Traismauer) die Taufe empfangen hatte, gehörte zum Missionssprengel Salzburgs.

Nach einer Zusammenkunft zwischen Ludwig dem Deutschen und dem Bulgarenfürsten Bogoris, die 864 nahe der heutigen Stadt Tulln in Szene ging, wurde Passau mit der Aufgabe betraut, die Lehre Christi auch dort

zu verbreiten. Papst Nikolaus I. wird unserem Hochstifte darin aber zuvorkommen.
Rom hintertrieb damals auch die deutsche Mission bei den Slawen Mährens und Pannoniens, wo Cyrill und Method, zwei Griechen, die Rastislaw als Glaubensboten erbeten hatte, in der Volkssprache lehrten und tauften. Mit beider Tod obsiegte abermals der lateinische Ritus. Nach dem Untergange des Großmährischen Reiches zufolge des Ungarnsturms kam die deutsche Glaubensmission vollständig zum Erliegen. Mitte des 10. Jahrhunderts wurden Böhmen und Mähren dem kirchlichen Regimente Regensburgs, nach der Errichtung des Bistums Prag dessen Jurisdiktion unterstellt.

Nachdem sich Karlmann mit seinem Vater Ludwig dem Deutschen versöhnt hatte, ging jener sofort daran, Rastislaw, den bundbrüchigen Genossen von gestern, zu bestrafen. Dabei kam ihm Swatopluk, der ehrgeizige Neffe Rastislaws, insofern entgegen, als es diesem gelang, den Oheim gefangenzunehmen und an Karlmann auszuliefern. Um seine Stellung zu sichern, unterwarf sich Swatopluk dem Reiche. Rastislaw wurde als Verräter am deutschen König, seinem Land- und Lehensherrn, zum Tode verurteilt. Ludwig schenkte dem Unglücklichen zwar das Leben, ließ ihn aber, um seiner in Zukunft sicher zu sein, blenden und in ein Kloster sperren.
Seinem bösen Verrate am Onkel fügte Swatopluk bald einen zweiten, diesmal am Reiche begangen, hinzu. Er stand wider den König auf, weil er nicht bereit war, sich mit der Rolle eines abhängigen Vasallen zu begnügen. Der Untreue angeklagt, wurde er gefangengenommen und in Haft gesetzt.

Die Mährer zettelten daraufhin einen Aufstand an, den sie mitten in die Ostmark trugen. Nur mit Mühe und Not gelang es den Grenzgrafen Wilhelm und Engelschalk, die äußerst bedrohliche Lage zu meistern. Karlmann aber war großzügig oder unklug genug, Swatopluk von aller Schuld der Untreue in einem Gerichtsverfahren freisprechen zu lassen und an die Spitze eines bayerischen Heeres zu stellen, das gegen die slawischen Rebellen ins Feld zog. Wieder in Freiheit, hatte Swatopluk nichts Eiligeres zu tun, als sich von den Mährern zum Herzog erwählen zu lassen. Die Bayern erlitten 871, wie zuvor vermerkt, eine furchtbare Niederlage. Wer nicht fiel, geriet in Gefangenschaft. Unter den Toten fanden sich auch die bereits genannten tapferen

Grenzgrafen Wilhelm und Engelschalk. Trotz eines bald danach geführten zweiten königlichen Feldzuges, der ebenfalls mit Karlmanns Niederlage endete, war an dem neuen Rechtszustand nichts mehr zu ändern: Mähren hatte sich aus dem deutschen Reichsverbande für immer gelöst.

Wenn sich Swatopluk zwei Jahre später freiwillig verpflichtete, dem deutschen König abermals Zins zu zahlen, deutet dieser Umstand auf große diplomatische Fähigkeit des Herzogs hin. Seine Macht auszubauen, benötigte er den äußeren Frieden, auf die Zeit hoffend, da es möglich sein wird, den König ins Verderben zu stürzen und dessen Stelle einzunehmen. Mit dem Tode Ludwigs des Deutschen, der kurz danach eintrat, schien es soweit. In der Ostmark entbrannten innere Kämpfe.

Die Söhne der Grenzgrafen Wilhelm und Engelschalk hatten damals verlangt, in die Würde ihrer Väter eingesetzt zu werden und sich gegen Aribo, den neuen Markgrafen, erhoben. Aribo vergaß seines Amtes, floh vor der Übermacht zu Swatopluk und schloß mit diesem einen Beistandsvertrag. Swatopluk fiel in die Mark ein und verwüstete die flächenweiten Güter der Wilhelm-Engelschalk-Sippe. Zugleich nahm er Werner, den zweiten Sohn Engelschalks, gefangen und ließ ihn grausam verstümmeln. Die übrigen Kinder der gefallenen Grenzgrafen suchten Schutz bei Arnulf von Kärnten, dem ehrgeizigen unehelichen Sohne König Karlmanns und der Edlen Liutswind. Arnulf nahm sich ihrer an, unterlag Swatopluk aber in einer Schlacht an der Raab.

Kaiser Karl der Dicke, Sohn und Nachfolger Ludwigs des Deutschen, besaß, so will es scheinen, weder Mut noch Grund, gegen Swatopluk vorzugehen, da ihm dieser den Lehenseid geschworen. Sein dem Mährer weitherzig erwiesenes Wohlwollen war sicherlich durch die Angst begründet, die der Dicke Karl vor dem Neffen hatte, der offen nach dem deutschen Throne strebte. Dank Swatopluks Sieg behielt Aribo die Mark, wenngleich er auch weiterhin von Arnulf und dessen niederösterreichischem Anhang heftig bekämpft wurde.

Den Plan vor Augen, selber König zu werden, schloß Arnulf kurz darauf mit Swatopluk Frieden.

Da Karl der Dicke (876 - 887) nicht fähig war, die Normannen, die 881/82 von Dänemark aus bis zum Mittelrhein vordrangen, die Städte Neuß, Köln, Bonn und Trier in Asche legend, abzuwehren, ja in die Schranken zu weisen, setzten ihn die Reichsfürsten ab und erhoben Arnulf an seiner Statt zum Herrscher. Arnulf verließ Kärnten, das er Rudpert, dem jüngsten Sohne des gefallenen Grenzgrafen Wilhelm, verlieh. Engelschalk, der jüngste Sohn des Grenzgrafen Engelschalk, erhielt im Bereiche des heutigen Ungarn Besitz. Auf den Hausgütern der genannten Grenzgrafensippen scheint Rudperts älterer Bruder Wilhelm letztlich wieder Fuß gefaßt zu haben.

Als es Kaiser Arnulf gelungen war, die Normannen zu besiegen, wandte er sich Swatopluk zu, mit diesem endgültig abzurechnen.

Damals ließ sich der junge Engelschalk verleiten, Grausamkeiten an bayerischen Großen zu begehen, worauf diese seiner habhaft wurden und ihn blendeten. Vetter Wilhelm, mit dem Unglücklichen im Einverständnis, nahm, um einem ähnlichen Schicksale zu entgehen, Verbindung zu Swatopluk auf. Das Komplott wurde aber entdeckt und Wilhelm wegen Hochverrates enthauptet. Rudpert von Kärnten, der Mitwisserschaft angeklagt, rettete sich in den vermeintlichen Schutz des Fürsten der Mährer, der den Kärntner samt Begleitung hinrichten ließ, weil es ihm damals ungelegen erschienen sein dürfte, gegen Arnulf einen neuen Waffengang auszutragen.

Auf diese Weise hatte das Haus Wilhelms und Engelschalks, das in der Geschichte Niederösterreichs immer genannt werden sollte, ein blutiges Ende gefunden.

Mit den Gütern der unglückseligen Grafen beschenkte Arnulf das Hochstift Passau.

Aus dem Gesagten gilt zusammenfassend festzuhalten, daß das Slawenproblem am Beginn der germanisch-deutschen Landnahme an der Donau genauso wie am Ende der Österreichisch-ungarischen Monarchie stand. Die Macht des Reiches über Böhmen, Mähren und die Slowakei, zur Zeit Karls des Großen noch unbestritten, was aus der Übernahme seines Namens als Inbegriff königlicher Würde und Machtvollkommenheit erhellt (Karl = král, kralj = König), war endgültig vorbei.

Der vormals mächtigen Wilhelm-Engelschalk-Sippe an Bedeutung im Wiener Umland nicht viel nachstehend und benachbart waren die Sighardinger, die Rapotonen und die Lengenbacher – verewigt etwa in den Ortsnamen Sieghartskirchen und Rapoltenkirchen. An die damals mächtigen Grafen von Ebersberg erinnert das Dorf Ebersberg bei Neulengbach, Engelschalksfelden, das heutige Enzersfeld nördlich des Bisamberges, möglicherweise an den Grenzgrafen Engelschalk. Die Sighardinger scheinen Verbindungen zu den ersten Babenbergern in Österreich gehabt zu haben. 1104 berichtet man nämlich von dem mächtigen Grafen Sighard von Burghausen, der gegen Kaiser Heinrich IV. einen Aufstand angezettelt und während der Belagerung seines Hauses in Regensburg ermordet worden sein soll. Graf Rapoto hingegen war einige Jahre früher an der Seite Kaiser Heinrichs im Kampfe gegen die Sachsen an der Elster gefallen.

Die Frage, was aus den genannten Geschlechtern während der Ungarnflut geworden sein mag, ist leicht zu beantworten: Soweit sie am Leben geblieben, waren sie auf ihre weiter im Westen gelegenen Güter verzogen. Die Grenzgrafen und Adelsgeschlechter der Karolingischen Ostmark besaßen nicht allein hier, sondern auch anderwärts Eigenbesitz und Lehen.

Karolingische kirchliche Mittelpunkte östlich der Enns waren etwa die Martinskirche in Aschbach, die Ruprechtskirche in Winklarn sowie St. Martin am Ybbsfelde, des weiteren Pöchlarn, Melk, St. Pölten, Mautern und Abstetten sowie die an anderer Stelle genannten Wiener Kirchen der vorangegangenen Epoche.

Eine Kirche an der Fischa – entweder die Martinskirche zu Fischa oder die Michaelskirche zu Fischamend, wo ein

Awarenfürst als Abraham im Jahre 805 die Taufe empfangen – dürfte der gleichen Geschichtsperiode angehört haben.

Unter ihrem Fürsten Arpad (- 907) angeblich 896 aus Bessarabien und aus der Walachei nach der Pannonischen Tiefebene eingewandert, trafen die Ungarn ein zerrüttetes Westeuropa an, dessen undisziplinierte Aufgebote von Kämpfern keinen nennenswerten Widerstand zu leisten vermochten. Hinzu kam die Tatsache, daß unserem Kontinente Reiterheere damals fremd waren. Die Ungarn hingegen stellten sich als vorzüglich geübte Schützen zu Pferde vor. Mit der Waffenerzeugung der südrussischen Steppe, der Arpads Volk Jahrhunderte hindurch angehört hatte, konnten sich die Speer- und Schwertschmiede des Fränkischen Reiches jener Tage nicht messen – ein weiterer Nachteil, der bedeutsam ins Gewicht fiel.

Im Jahre 881 hatten Franken und Bayern zum ersten Male im Raume der vindobonensischen Ruinenstadt, nach den Annalen des Erzbischofs Hinkmar von Reims Wenia geheißen, madjarische Reiterscharen abzuwehren. Man nahm die neue Gefahr zunächst aber nicht allzu ernst. Erst als sich die Ungarn, wie gesagt, 896 in der „Awarenwüste" zwischen Donau und Theiß endgültig niedergelassen und damit Nachbarn des Ostfränkischen Reiches geworden waren, organisierte Kaiser Arnulf die dringend gebotene Abwehr ihrer Angriffe:

Den Schutz der Moosburg am Plattensee übertrug er Herzog Brazlawo von Slawonien, an die Spitze Karantaniens trat Graf Otakar, die Leitung Krains übernahm der kriegserfahrene Ratold von Sempt-Ebersberg. Des weiteren versöhnte er sich mit Aribo, dem Herrn unserer Ostmark, und ließ ringsum feste Plätze errichten: Aus dem Schleifmaterial der einstigen römischen Lagerfestung Lauriacum wurde die Ennsburg erbaut, die Ruinenstadt Carnuntum dürfte das Material zur Heimburg (Deutsch-Altenburg), die der Edle Heimo, Arnulfs Mundschenk, errichtete, geliefert haben.

Kraft ihrer besonderen Taktik gelang den Ungarn dennoch, mehrere Jahrzehnte hindurch unangefochten Sieger über die heimgesuchten Länder zu bleiben, deren Führer seit dem Untergange des Römischen Reiches verlernt hatten, Kriegszüge richtig zu planen und auf bestimmte Ziele hin auszurichten und zu führen. Die ungarische Kampfweise jener Tage bestand darin, die Mannschaft des Feindes durch laufende Täuschungsmanöver auf kleine Haufen auseinanderzureißen und dann nacheinander niederzumachen.

Das eroberte Gebiet nahmen die Madjaren aber nicht in Besitz, sondern verwüsteten es auf drei bis fünf Tagesritte hinaus. Dadurch legten sie um ihren Stamm- und Herrschaftsbereich einen nahezu unüberwindlichen Schutzgürtel „verbrannter Erde", durch Gyepü (Grenzwächter-)-Siedlungen kontrolliert. Solche gab es z. B. im nördlichen Weinviertel, sicherlich aber auch südlich der Donau. In jenen Landschaften fand sich kaum zugängliches Trinkwasser und schon gar nicht Nahrung für kampflüsterne Abenteurer und ihre Tiere.

Die Frage, ob die Orte Ungerdorf bei Laa an der Thaya, bei Ebenfurt und Zistersdorf; Ungerbach, Ungerberg und Ungertal im Viertel unter dem Wienerwald, dann Fallbach, dessen Name vom ungarischen falva (=Dorf) herzurühren scheint, und endlich die beiden Schoderlee bei Laa und Altlengbach mit den Madjaren etwas zu tun haben, wird nicht leicht und eindeutig zu beantworten sein, wenngleich Schoderlee in der Sprache der Madjaren „bei den Zelten" heißt: Bei Altlengbach verlief um 1000 eine ungarische Verteidigungslinie gegen das vordringende Deutsche Reich.

Der Weg ins Herz unseres Kontinents war damals von zwei Mächtegruppen, wie dargelegt, versperrt gewesen: dem Reiche Kaiser Arnulfs sowie dem Herzogtume Swatopluks. Arnulf, bestrebt, die Mährer wieder unter seine Botmäßigkeit zu zwingen, vereinbarte mit den Ungarn schließlich einen darauf abzielenden Vertrag. In mehreren Feldzügen wurde der Widerstand Mährens gebrochen. Dann aber fielen die asiatischen Sieger, ohne sich an die getroffenen Abmachungen zu halten, über den deutschen Kaiser her. Ihr erster Schlag galt der Karolingischen Ostmark. Arnulf verlor Schlacht und Leben. Die Madjaren drangen bis zur Enns vor.

Arg zerstört wurde unser Land erst nach der Schlacht bei Preßburg am 4. Juli des Jahres 907. Die Blüte des bayerischen Adels mit Herzog Liutpold, dem Erzbischof Theotmar von Salzburg sowie den Bischöfen Zacharias von Säben und Udo von Freising an der Spitze soll damals auf der Walstatt geblieben sein. Unter den Hufen der ungarischen Pferde lagen die zertretenen Keime einer Saat, die christliche Kultur und Gesittung zu bringen berufen und nun, so schien's zumal, für alle Zeiten vernichtet worden war.

In jenen Jahren, da mit Ludwig dem Kind, Arnulfs minderjährigem Sohne, 911 der letzte männliche Sproß der deutschen Karolinger erloschen und der Herzog von Franken 918 als König ruhmlos aus dem Leben geschieden war, ging die Herrschaft im Reiche an die sächsischen Fürsten über, denen es schließlich gelang, die gefährliche Nomadenflut einzudämmen und die Ungarn zur Landnahme in der Pannonischen Tiefebene zu zwingen, wo sich diese alsbald in die europäische Völkergemeinschaft eingliederten.

In welchem Maße die Ungarn die Karolingische Ostmark tatsächlich zerstört haben, läßt sich kaum feststellen. Daß die südlich der Donau gelegenen Provinzen mehr zu leiden gezwungen waren als die nördlichen, dürfte aus der Tatsache zu schließen sein, wonach sich dort an den grundherrlichen Verhältnissen in den Jahrzehnten bis zur Gründung der Ottonischen Mark nichts Wesentliches geändert hatte, weil sich niemand um das vom Feinde eroberte Besitztum kümmerte, ja kümmern konnte.

Die Ungarn standen damals stets auf der Seite der Aufständischen, besonders der bayerischen Herzoge, mit welchen sie laufend Bündnisse gegen die Könige aus sächsischem Stamme schlossen. Dieser Umstand mag zur Schonung Bayerns und seiner Marken beigetragen haben. Die Tatsache, daß die historischen Quellen jener heißbewegten Tage über 60 Jahre schweigen, gibt ein beredtes Zeugnis von der Not, dem Jammer und den Verwüstungen, die in der Heimat nach 907 etwa geherrscht haben müssen, wenngleich dank neueren Forschungen feststeht, daß die Kontinuität sowohl der Siedlungen im Alpenvorland wie östlich des Wienerwaldes weiterhin fortbestand. Dort regierte möglicherweise ein deutscher Graf als ungarischer Vasall – das Nibelungenlied, die politischen Verhältnisse der geschilderten Tage widerspiegelnd, spricht von Rüdiger von Bechelarn.

Das in Trümmern darniedergelegene Wien dürfte damals ungarische Festung geworden sein. Die Bewohner der ehemaligen Mark, zufolge der vielen kriegerischen Auseinandersetzungen sicherlich dezimiert, dienten den neuen Herren, indem sie diese mit Proviant für deren Raubzüge nach dem Westen und Süden Europas versorgten.

Der Verkehr auf der Donau dauerte fort. Lebenswert freilich war das Dasein der Menschen jener Jahrzehnte hierzulande damals ebensowenig wie in den vielen nachfolgenden Besatzungszeiten Niederösterreichs.

Das Bild, das man sich in den Dezennien um 1000 unbegründeterweise von den Madjaren machte, war alles andere denn erbaulich: Ihr Äußeres soll Abscheu und Widerwillen eingeflößt, die tiefliegenden Augen, das bis auf drei Zöpfe abgeschorene Haupthaar, der niedrige Wuchs und der unverständliche Klang ihrer Sprache sie eher als Unholde denn als Menschen erscheinen haben lassen. Um ihre Wildheit noch weiter zu unterstreichen, dichteten ihnen zeitgenössische Quellen Hunger nach rohem Fleisch und Durst nach Blut an.

Unbeugsam im Willen, jede Schlacht für sich zu entscheiden, verfuhren die Ungarn in der Behandlung ihrer Gefangenen freilich konsequent barbarisch: Was Waffen tragen konnte, wurde ohne Erbarmen niedergemacht.
In ihren kriegerischen Tugenden stets groß, ging damals ihr einziges Bestreben dahin, sich im Kampfe mannhaft zu erweisen.

Sie haben die Germanisierung Pannoniens bereits zu einer Zeit verhindert, da noch niemand wußte, daß dereinst – rund 900 Jahre später nämlich – ein Josef II. aus ganz anderen Beweggründen freilich, als ihm der damalige madjarische Chauvinismus in die Schuhe zu schieben bemüht war, das Deutsche als die Amtssprache auch ihres im Latein erstarrten Reiches einzuführen befehlen wird.

Den Ungarn aus dem Geiste der Landnahme heraus halbwegs gerecht zu werden, vermag nur der dichtende Historiker. Ihm sei das Wort zu folgender Geschichte erteilt:

Beide Reiter sitzen einander schweigend gegenüber: Die Dämmerung bricht herein. Abendtau glänzt matt auf dem weiten Grasland. Das Holz, das im Feuer prasselt, fühlt sich feucht an. Arpad trocknet langsam und umständlich seine Finger.
Endlich spricht er: „Bringt den Priester!" verstummt und macht sich wieder am Feuer zu schaffen . . .
Der Priester kommt zögernden Schrittes auf den ungarischen Großfürsten zu. Sein Gesicht ist angstverstört. Um seine Mundwinkel zuckt tiefer Schmerz.
Dieser Mensch ist schön, denkt Arpad und verweilt einen Augenblick bei der Vorstellung, daß sein Volk als häßlich, von den Europäern sogar als sehr häßlich empfunden wird.
Arpad bleibt sitzen, um seinen niederen Wuchs zu verbergen. Ein über seinem Haupte herunterhängendes Weidengeäst läßt das bis auf drei Zöpfe abgeschorene Haar nicht erkennen. Und das ist gut so. Arpad ist ein Fürst und darf sich vor dem gefangenen Fremdling keine Blöße geben. Er wendet sich seinem Begleiter zu:
„Frag ihn, wie dieses Land heißt!"
Der Grieche Gregoras gehorcht und tut, was ihm sein Herr befohlen hat.
Der Priester faßt sich indessen. Seine blauen Augen blicken den Fürsten entschlossen an. Er spricht: „Seit ihr es beherrscht, hat es keinen Namen. Zur Zeit des Großen Karl hieß es die Awarenmark. – Früher wurde es Hunia, Gothia, Herolia, Awaria, Sklavinia genannt."
„Und morgen, wie wird's morgen heißen?" begehrte der Fürst zu wissen, nachdem ihm die Antwort verdolmetscht worden war.
„Graf Liutpolds bayerischer Heerbann wird trachten, sein Land zu halten! Ihr werdet es nicht weiterhin verwüsten. Euch sind die Step-

pen gegeben, die endlosen Sümpfe der pannonischen Ströme gehören euch . . . "
Arpad fällt dem Priester ins Wort, Sumpf und Steppe versteht er: „Ja, Sumpf und Steppe, Sumpf und Steppe gehören uns!"
Seine Gedanken wandern nach Bessarabien zurück, woher sein Volk im Jahre 896 ins mittlere Donauland eingebrochen ist. Auch dort gibt's Sumpf und Steppe, v i e l Sumpf und w e n i g Steppe.
Ein Wink seiner Augen beendet das kaum begonnene Verhör . . .
Bevor sich die Vögel im ersten Lichtschein des jungen Tages zu rühren beginnen, schwimmt die Leiche des Priesters donauabwärts dem Meere zu.

Lél, der junge, in ganz Europa gefürchtete ungarische Heerführer, reitet zwei Pferdelängen seinem Gefolge voraus. Der Himmel brennt. Gregoras bemüht sich, an die Seite seines neuen Herrn zu kommen, aber es gelingt ihm nicht.
Die silbergrauen Wellen der Donau rauschen nebelverhängten Fernen zu.
Die Schar verläßt das Tal und trabt die Hänge hinauf. Am Wege blühen Hunderte Apfelbäume. Durch das dichte Gras springen muntere Wasserläufe. Die Straßen im Bereiche der Trümmer des ehemaligen stolzen Römerlagers Vindobona sind nicht so grundlos, so staubig und eintönig wie in Pannonien. Sie ziehen zwischen üppigen, waldbestandenen Hügeln dahin – einem endlosen Bande gleich.
Lél hält das Pferd an. Er wartet, bis der greise Gregoras an seiner Seite ist:
„Siehst du das Gras hier, Gregoras? Wie heißt es?"
„Roggen und Weizen nennen es die Bauern, die du gestern zu ihren Göttern heimgeschickt hast."
„Sie bauen es an?"
„Es ist ihr Brot!"
„Bei uns wird Hirse gegessen!"
„Hirse gibt's auch hier. Roggen und Weizen aber sind ertragreicher!"
„Wir Ungarn sind keine Bauern, Gregoras! Wir ernten Gold und Silber. Wo Gold, wo Silber ist, ist Brot, ist Wein, sind Weiber, sind Sklaven!"
„Das Volk hier nennt den Ackerbau seine Wirtschaft."
„Unsere Wirtschaft ist die Beute, das Plündern! – Übrigens, Gregoras: Wieviel Sklaven dieser Gegend hast du nach dem Osten verfrachten lassen?"
„Eintausendneunhundert, Herr!"
„Hast du dem Ismaeliten, diesem sarmatischen Schurken – er führt das Weibervolk doch an, nicht wahr? –, auch Auftrag gegeben, mir bei Wiederkunft edelsteinbesetzte Waffen zu bringen?"
„Nein, Herr, im Westen kaufst du solche billiger!"

„Wo?"
„In Bayern, Schwaben, Sachsen, Franken, Lothringen, Burgund, Spanien, Norditalien – überall, wohin wir demnächst kommen werden."
„Die sarmatischen Waffen sind besser!"
Gregoras antwortet nicht. Er schweigt bedrückt. Ihm ist, als hätte er Verrat begangen an der alten, sterbenden Kultur, die auch ihn gezeugt und nun durch den Mund eines Barbaren herabgewürdigt wird. Von den Ungarn auf einem ihrer Streifzüge nach Syrmium gefangengenommen, lebte er schon mehrere Jahrzehnte bei ihnen, ohne Heimweh nach dem Süden und dem Meer, der Heimat seiner Väter, zu verspüren. Was rührt sich da plötzlich in seiner Brust?
Man reitet weiter; der Fürst zwei Pferdelängen voraus.
Lél singt. Seine Stimme klingt rauh, fast wie ein Gekrächze. Das Lied jedoch läßt die Ungarschar aufhorchen:

„Im Osten geht die Sonne auf,
vom Osten komm ich her,
ich wende der Geschichte Lauf,
mein wird die Welt, das Meer!"

Der Wind trägt das Lied fort. Ohne sich umzudrehen, spricht Lél:
„Gregoras, sorg, daß dieses Gras da – Roggen und Weizen hast du's genannt – auch bei uns daheim in Pannonien bald angebaut werde! Die Frauen und Kinder sollen davon pflanzen, je mehr, je besser! – Laß ihnen sagen, daß ich jede Menge mit Gold und Silber aufzuwiegen bereit bin. Laß ihnen sagen, daß es vom nächsten Sommer an in edelsteinbesetzten Schalen Tag für Tag auf meiner Tafel zu stehen habe!"
Lél singt weiter. Plötzlich unterbricht er sich:
„Gregoras, was hat Arpad wenige Tage vor seinem Tod gesagt, als er jenen lateinischen Priester nach dem Namen dieses Landes befragte?"
„Sumpf und Steppe gehören uns!"
Lél lacht schrill auf.
Gregoras ist's unheimlich zumute.
Armes Europa, dem bestimmt ist, zu einem uferlosen Sumpf, zu einer unendlichen Steppe zu werden!

Die Kriegszüge der Ungarn haben unermeßliche Schätze, gewaltigen Reichtum nach Pannonien fließen lassen. In der Ostmark, damals bereits gründlichst geplündert, verfolgen die ungestümen Reiterscharen aber einen anderen, nun taktischen Zweck: Durch die andauernden Verwüstungen verwandeln sie namentlich Ostniederösterreich und das benachbarte Grenzland in „verbrannte Erde", damit ihr Reich vom Westen her unangreifbar werde.

„Gregoras, hast du das Sachsenland jüngst brennen gesehen?"
„Nein, Herr!"

„Wieso nicht, Gregoras? Du warst doch dabei!"
„Der Feuer, die schon seit Wochen, Monaten, Jahren brennen, gibt es soviele, daß man glaubt, inmitten der Hölle zu sein!"
Ein spöttischer, vielsagender Blick des Fürsten streift den müden Griechen:
„Hölle ist doch jener sagenhafte Ort der Christen, wo man für seine Sünden bestraft wird, nicht wahr?"
„Ja, Herr!" Gregoras bebt.
„Ob auch wir dorthin kommen?"
„Du bist kein Christ, Herr!"
Lél nickt zufrieden und lenkt in den Hohlweg ein, der in das auf einer Anhöhe errichtete Lager im Bereiche der ehemaligen zivilen Römersiedlung oberhalb Vindobona führt. Des Griechen Pferd folgt, ohne daß es einer Nachhilfe des Reiters bedurft hätte.
Lél fragt abermals:
„Gregoras, was hat Arpad kurz vor seinem Tode zu jenem lateinischen Priester gesagt?"
„Sumpf und Steppe gehören uns!"
„Siehst du die mächtigen Sumpfarme der Donau unter uns?"
„Ja, Herr!"
„Siehst du die neue Steppe, den graugrünen, hügeligen Steppenboden ringsum, der noch vor kurzem Roggen und Weizen trug?"
„Noch nicht. Wenn in ein paar Wochen die Rauchschwaden auch dieses brennenden Landstriches verzogen sind, werde ich sie wohl sehen."
„Und wem gehören Sumpf und Steppe, Gregoras?"
„Dir, Herr!"
Lél nickt zufrieden. Langsam reitet er durch das Lager, dessen Feuer im Erlöschen sind. Sein Pferd lahmt. Er denkt, daß er es werde töten müssen.
„Gregoras", wendet sich Lél zum letztenmal an seinen Begleiter, „gibt es noch Weiber in diesem Land?"
„Nein, Herr, weder Weiber noch Männer! Diese liegen erschlagen in ihren Äckern und Wiesen, jene fahren bereits als Sklaven über das Pontische Meer!"
„Schade!"
Der Fürst wendet sich ab. Vor seinem Zelt hält er das Pferd an, springt auf die dampfende Frühlingserde und freut sich, daß es demnächst, wie seit Jahrzehnten üblich, weiter westwärts gehen werde — tausend Meilen tiefer ins Herz Europas hinein.

In der Nacht stirbt Gregoras, vom Schlag getroffen. Und des Großen Karl Ostmark brennt weiter. Schier unaufhörlich . . .

Die Ottonische Mark bis zur Schlacht bei Mailberg

Die Belehnung Leopolds I. aus dem Geschlechte der Babenberger mit dem alten Markengebiet an der Donau durch Kaiser Otto II. im Jahre 976 ist der Beginn der eigentlichen Geschichte Österreichs.

Die ehemalige Kultur und Zivilisation unseres Landes zur Römerzeit, die erste den Nachfahren faßbar gewordene Hochblüte der Heimat, fiel mehr der durch die Völkerwanderung entstandenen Desorganisation des öffentlichen Lebens denn der totalen Vernichtung anheim. Ähnlich dürfte es auch in den nachfolgenden Epochen der Heimatgeschichte gewesen sein. Bei historischen Umbrüchen gehen wohl zeitbedingte Güter, nie aber jene markanten Züge und Leitlinien zugrunde, die einer von Menschenhand gestalteten Landschaft dank der Urbarmachung im Besiedlungswerk etwa eingeprägt werden.

Die Babenberger hatten daher nicht ganz von vorne zu beginnen, sondern eher neu zu ordnen, auszubauen und wiederherzustellen bzw. zu festigen, was die ungarische Nomadenflut von den bayerisch-slawischen Ausformungen des Landes zur Karolingerzeit unter die Hufe genommen.

Die zuvor bewohnt gewesenen Gebiete des heutigen Niederösterreich waren ab dem 6. Jahrhundert zwar nur dünn, mancherorts äußerst dünn sogar, immerhin aber besiedelt. Zweifelsohne eine vornehmlich bayerische Leistung, da sich die heimischen Slawen jener Tage eher an der Viehzucht denn an der agrarischen Nutzbarmachung der Naturlandschaft interessiert zeigten – an der Viehzucht möglicherweise deshalb, weil die sich selbstbewegenden Tiere, um mit dem Wiener Sozial- und Wirtschaftsgeschichtler Alfred Hoffmann zu sprechen, leichter von Land zu Land gebracht, also verkauft werden konnten als Lebensmittel, die fast ausschließlich der Deckung des Eigenbedarfs ihrer Erzeuger dienten und als Handelsware im Mittelalter kaum ins Gewicht fielen.

Bedeutsam für das bereits vor der ottonischen Landnahme im heutigen Niederösterreich pulsierende Leben war die karolingische Ostkolonisation der Altbayern im 8. und 9. Jahrhundert. Damals wurde alles Land bis an den Plattensee als Awarenmark dem Machtbereiche Karls des Großen einverleibt.

Mit jener Landnahme Hand in Hand gingen die Anfänge der Christianisierung, deren Träger, wie bereits an anderer Stelle gesagt, die bayerischen Bistümer Salzburg, Regensburg, Freising und Passau waren. Sie alle bekamen in unserer Ostmark umfangreiches Eigentum, da die gewonnenen Gebiete nur durch Missionierung für das Reich gesichert werden konnten.

Diesseits der Raab war die Kolonisation der Mark dichter und von größerer Bedeutung. Hier hatte neben der Geistlichkeit bald auch der höhere Adel gewichtigen Anteil. Es scheine, sagt der Historiker Georg Stadtmüller, daß Karl der Große selbst schon Anordnungen über die planmäßige Besiedlung Westungarns gegeben: wenigstens erzählt eine Urkunde Ludwigs des Deutschen für Niederaltaich vom Jahre 863, Karl habe seinen Untertanen die Erlaubnis erteilt, sich in Pannonien Land anzueignen, was auch vielerorts geschehen sei.

Während der Madjarenflut hatte die Bevölkerung unendlich viel und blutig zu leiden, ihrer Religion wegen aber wurde sie weder bedrückt noch verfolgt.

Mit der Schlacht auf dem Lechfelde setzte der Sachse Otto der Große (936 - 973) den dauernden Einfällen der Ungarn in deutsche Lande, ja Westeuropa ein Ende. An Stelle der damals arg in Mitleidenschaft gezogenen und weithin zerstört gewesenen Karolingischen Ostmark errichtete der spätere Kaiser die nach ihm benannte Ottonische, wo ein Graf Burghard regierte.

Die Lechfeldschlacht zählt zu den gewichtigsten Begebenheiten unserer Geschichte. Ohne sie ist Österreich nicht denkbar. Ihre Kenntnis darf folglich der Gegenwart nicht vorenthalten werden.

Als der bayerische Herzog Heinrich, des Sachsenkönigs Heinrich erstgeborener Sohn, zu Regensburg krank darniederlag, erzählt der Chronist, erhielt er Kunde, daß die sieggewohnten Ungarn im fernen Pannonien auf Betreiben seiner Feinde zu einem neuen Kriegs- und Raubzuge rüsteten. Er schickte sofort Eilboten nach Sachsen, den dort weilenden, dank dem Einflusse seiner Stiefmutter zum König erhobenen jüngeren Halbbruder von der bevorstehenden Bedrängnis zu unterrichten.

König Otto gab die beabsichtigte Heerfahrt gegen die Wenden im Osten des Reiches sofort auf und zog, ohne zu zögern, in Richtung Bayern, dortselbst der augenblicklich größeren Gefahr zuerst die Stirn zu bieten.

Seine persönliche Anwesenheit an einem gefährdeten Orte war nie so nötig gewesen wie in jenem ereignisreichen Sommer des Jahres 955 in Süddeutschland.

Die Ungarn hatten sich indessen zu einem drohenderen und gewaltigeren Unternehmen als je zuvor vereinigt: Die verschiedenen Abteilungen ihres Heeres sollen damals hunderttausend Mann gezählt haben. Ihre Reiter ergossen sich sturmflutartig über das weite Bayernland, drangen sodann dichtgeschart in Schwaben ein und lagerten auf dem Lechfelde vor Augsburg. Einzelne ihrer leichtfüßigen Schwärme streiften gar bis in die Vorberge des Schwarzwaldes.

Die ersten Angriffe der Ungarn galten der nahegelegenen Stadt, wo sie in Bischof Udalrich (Ulrich) einen ebenso umsichtigen wie tapferen Verteidiger fanden, der mit einer Handvoll kühner Männer dem furchtbaren Andrange widerstand und seine kaum befestigte, lediglich von einer unscheinbaren Mauer umgebene Residenz mehrere Tage lang gegen alle Stürme hielt, ja dem Feind durch geschickte Ausfälle bedeutsamen Schaden zufügte. Ohne Helm und Panzer, bloß mit der Stola bekleidet, ritt der streitbare Kirchenfürst mitten durch den Pfeilregen in stolzer Sicherheit dahin, seine Waffengenossen unablässig anzufeuern und zu ermutigen.

Die Ungarn freilich zeigten damals nicht mehr den Ungestüm früherer Jahre und Jahrzehnte. Man erlebte sogar bis dahin nie Gesehenes: daß ihre vorrückenden Reihen durch wüstes Geschrei und Geißelhiebe der Unterführer zum Angriffe getrieben wurden.

Als ihr Feldherr Bulcsu, einer der ungarischen Stammesfürsten, gerade einen neuen Sturm zu befehlen im Begriffe war, meldete man ihm Ottos anrückende Heeresmacht.

Bulcsu gab die Belagerung Augsburgs allsogleich auf und rückte dem deutschen König eilends entgegen.

Dieser war nur mit einer geringen Zahl von Streitern aus Sachsen aufgebrochen, weil er die wendischen Grenzmarken nicht zusehr entblößen durfte. Unterwegs gottlob hatten sich ihm die Ritter Bayerns und Frankens, Schwabens und Böhmens sowie die Völkerscharen vom Rhein und endlich die heldenhaften Verteidiger des Bischofs zugesellt, von dem tapferen Grafen Diepold geführt.

Im Vergleich zu der des Feindes war die deutsche Kriegsmacht klein. Hätte das Fußvolk wie früher auch diesmal die Hauptlast zu tragen gehabt, wäre das Heer vor Augsburg unrettbar verloren gewesen. Dank dessen trefflicher Umrüstung durch Ottos Vater König Heinrich I. (919 - 936), den man seiner Freizeitbeschäftigung wegen gerne den Vogler nennt, aber stand diesmal den leichteren Reiterscharen der Madjaren erstmals die schwerbewaffnete Ritterschaft Ottos zu Pferd als unbeugsamer Kern gegenüber.

Nachdem die christlichen Streiter durch einen Bet- und Bußtag den Beistand Gottes erfleht und alle Krieger Gehorsam den Befehlsinhabern und Feldherren und sich gegenseitig Treue und ein brüderliches Herz gelobt, zog der Heerbann am Laurentiustage, dem 10. August, des Jahres 955 in acht nach Stämmen geordneten Abteilungen zu je 1000 Reitern samt Dienern und Troß wider den Feind.

Die drei ersten Züge bildeten die Bayern, von den Vertrauten des kranken Herzogs befehligt. Dann folgten die Franken unter Ottos Schwiegersohn Konrad, dem späteren Helden des Tages. In der Mitte stand der König selbst, umgeben von einer Rotte strahlender Jünglinge, die als die Tapfersten ihrer Stämme zu seinem Schutze ausgewählt worden waren. Ihnen flatterte das Banner mit dem Bilde des Erzengels Michael, des Überwinders der höllischen Mächte, voran. Den sechsten und siebenten Zug führte Herzog Burghard von Schwaben. Die Böhmen in glänzendem Schwertschmuck unter dem Oberbefehl ihres Fürsten beschlossen Ottos kleines, aber wohlgerüstetes Reiterheer. Weil man die Nachhut für den sichersten Ort hielt, wurden dort Gepäck und Armierung verwahrt.

Die ersten Scharmützel begannen ungünstig. Von einer feindlichen Abteilung, die im Schutze der Nacht den Lech unterhalb des deutschen Lagers durchritten hatte, unerwartet im Rücken angegriffen, gerieten die Böhmen bald ins Wanken. Proviant und Reservewaffen fielen in die Hände der Ungarn. In diesem Augenblick aber stürmte der kühne Konrad mit seinen todesmutigen Franken gegen den Feind, schlug ihn in die Flucht und gewann das verlorene Gut wieder. Nun setzte die Schlacht gegen das ungarische Hauptheer ein.

Nachdem der König in einer kurzen Rede seine Krieger ermutigt und mit den Worten geschlossen hatte: „Besser ist es, ruhmvoll im Kampfe zu fallen, als unter dem Joche der Feinde ein Sklavenleben zu führen“, trabte er hoch zu Roß nach vor. Sein Beispiel feuerte alle mächtig an. Dank der Wucht deutscher Ritterfäuste waren die feindlichen Scharen bald zersprengt. Die Ungarn stoben nach allen Seiten auseinander. Das christliche Racheschwert wütete furchtbar unter den verirrten und flüchtenden Heiden. Wer dem Tod in den Fluten des Lech entging, kam in den Flammen der weithin brennenden Dörfer um.

Aber auch in den Reihen der Deutschen hatte mancher tapfere Recke die Rettung des Vaterlandes mit dem Leben bezahlt. Der König beklagte den Fall seiner Helden schmerzlich, über keinen jedoch trauerte er so sehr wie über seinen hingeschiedenen Schwiegersohn, dem ein Pfeil die Kehle durchbohrt, als er mitten im blutigen Gemetzel die Helmbänder löste, um Luft zu schöpfen.

Den Leichnam des Tapfersten aller seiner Ritter ließ Otto nach Worms bringen, wo dieser unter Tränen und bitterem Leid der Franken beigesetzt wurde.

Auch Bischof Udalrich hatte herben Verlust zu beklagen: Bruder und Neffen, die in der Schlacht zu den herrlichsten Streitern gezählt.

Otto verfolgte die fliehenden Feinde bis hinab nach Regensburg. Dort hielt er strenges Gericht. Viele vornehme Ungarn, darunter die gefangenen Oberfeldherren Bulcsu und Lél, erlitten den schimpflichsten aller Tode: Sie wurden gehängt. Ist der Sage zu glauben, fanden nur sieben Mann lebend heim.

Damals schrieb unser Chronist, der sächsische Mönch Widukind von Corvey (um 925 bis 973), der in seiner Geschichte der Sachsen neben der Stammessage das lebendigste Zeugnis für die Zeit Heinrichs I. und Ottos I. gibt:

„Seit zweihundert Jahren hat sich kein König eines solchen Sieges zu erfreuen gehabt. Glorreich durch den herrlichen Triumph wurde Otto von dem Heere als Vater des Vaterlandes und Kaiser begrüßt. Er aber ordnete dem höchsten Gotte Preis und Lobgesänge in allen Kirchen an, sandte Boten mit der frohen Kunde an die geliebte Mutter und kehrte unter dem Jubel des deutschen Volkes als Sieger nach Sachsen zurück.“

Zu den wichtigsten Ereignissen in Ottos Leben zählt zweifellos die Erwerbung der Kaiserkrone im Jahre 962. Von damals an war die Würde eines römischen Kaisers meist mit der eines deutschen Königs verbunden, wodurch jene zu neuem Ansehen kam. Man sagt daher nicht ganz zu Unrecht, Otto I. habe das durch Odoaker zufolge der Absetzung des Romulus Augustulus 476 untergegangene Reich der römischen Cäsaren wiederhergestellt.

Otto der Große in der Lechfeldschlacht

Die Macht Kaiser Ottos und seiner Thronerben erstreckte sich freilich im wesentlichen auf Deutschland und Italien. Diese Gemeinsamkeit wurde in der Folgezeit, seit dem 15. Jahrhundert auch nachgewiesen, gern als das „Heilige Römische Reich Deutscher Nation“ bezeichnet.

Die von Otto I. hergestellte Verbindung der beiden genannten Länder gilt neben den Straßburger Eidschwüren und der Lechfeldschlacht als ein weiteres bedeutsames Ereignis der europäischen Geschichte des Mittelalters. Da die Italiener die fremde Herrschaft aber nur widerstrebend ertrugen, mußten in der Folgezeit die meisten Fürsten auf dem deutschen Königsthrone Kriegszüge nach dem Süden der Alpen führen, um das dortige Land in Gehorsam zu zwingen. Soviel Blut man deswegen auch vergoß, das Ziel, Italien dauernd in Besitz zu erhalten, wurde nicht erreicht. Dagegen aber wirkte die italienische Kultur, die der unseren weit voraus und seit langem schon im Bereiche des Mittelmeeres führend war, günstig auch auf die deutschen Stämme, am meisten sichtbar geworden namentlich auf dem Gebiete der Architektur, wo die Italiener die Lehrmeister ihrer kriegerischen Überwinder wurden. Im hochmittelalterlichen Niederösterreich zum Beispiel haben sie über Auftrag Herzog Leopolds VI. Wiener Neustadt erbaut.

Eine Urkunde Kaiser Ottos II. für das Kloster Metten nennt einen Liutpold, der anno 976 Markgraf unserer Heimat geworden.

Im Jahre zuvor hatte sich Herzog Heinrich II. von Bayern, der Zänker genannt, gegen Otto II. erhoben und in Burkhard, dem Markgrafen der Ostmark, sowie dem Grafen Sizzo, der auf Burg Melk saß, Bundesgenossen gefunden. Nach Niederringung des Aufstandes wurde Otto von Schwaben Herzog von Bayern, die Grenzlande gegen Ungarn erhielt, wie gesagt, Liutpold, dessen Nachfolger seit den Tagen Bischof Ottos von Freising die Babenberger geheißen werden.

Daß Liutpold I., den wir fortan Leopold nennen wollen, keinem unbekannten Geschlechte entstammte, geht aus seinen verwandtschaftlichen Beziehungen zu den führenden Adelsfamilien jener Zeit hervor. Enge Zusammenhänge zwischen Arnulfingern und Babenbergern dürften ebenso bestanden haben, wie nach einer gut fundierten Theorie der erste österreichische Babenberger Angehöriger des bayerischen Herzogsgeschlechts der Luitpoldinger, deren Ahnherr gegen die Ungarn in der Schlacht bei Preßburg 907 gefallen war, gewesen zu sein scheint.

Leopold I. mußte sich die Mark aller Wahrscheinlichkeit nach von Burkhard erobern. Damals dürfte er auch Graf Sizzo Melk abgerungen haben.

Die Mark Leopolds, gelegentlich einer Schenkung von 30 Königshufen zu Neuhofen an der Ybbs an das Bistum Freising im Jahre 996 erstmals Ostarrichi genannt, war zunächst ein recht unsicheres Gebilde, dessen Schwerpunkt östlich der Enns lag und bis zur Traisen, dann bis zum Wienerwald reichte.

Wie schwierig die Lage für Leopold gewesen sein muß, gehe, sagt der Landeshistoriker Karl Gutkas, auch daraus hervor, daß sich der heilige Bischof Wolfgang von Regensburg (gest. 994) zum Schutze seiner Untertanen gegen die Einfälle der Ungarn gezwungen sah, eine Befestigung, die Wieselburg, am Zusammenfluß der Großen und Kleinen Erlauf zu errichten.

Es wird angenommen, daß es Leopold I. war, dem eine Erweiterung der Mark bis zur Burg Greifenstein und dann über den Wienerwald hinaus gelang.

Über den erstmals urkundlich bezeugten Namen Ostarrichi als Bezeichnung für das babenbergische Herrschaftsgebiet an der Donau erfahren wir, daß eine entsprechende Benennung des Landes schon in karolingischer Zeit gebräuchlich war. Damals freilich hieß das gesamte Ostfränkische Reich gelegentlich Ostarrichi. In der Dichtung des 11. Jahrhunderts taucht der Name Osterlant auf, der sich lange hielt, bis er schließlich der Bezeichnung Österreich weichen mußte. Das lateinische Austria ist zuerst in einem Diplom Kaiser Konrads III. für Klosterneuburg aus dem Jahre 1147 verbrieft. Für das österreichische Landesbewußtsein liegen in der ersten Hälfte des 12. Jahrhunderts die ältesten schriftlichen Belege vor.

Die Sage erzählt Leopolds Belehnung so:
Als sich Kaiser Otto II. mit dem Babenberger eines Tages auf der Jagd erging, heißt es dort, stürzte unversehens ein gar wilder Riesen-eber aus dem Dickicht des Waldes den beiden Männern entgegen. Otto spannte flink den Bogen, um das mächtige Tier, das ihn bedrohte, niederzustrecken.
Weh aber: Die Waffe barst! Und der Kaiser glaubte sich verloren.
Im nächsten Augenblick jedoch sprang Graf Leopold hinzu, seinem Herrn den eigenen Bogen als Schutz und Wehr zu reichen.
Der Pfeil schwirrte fort und traf den Eber so gut, daß dieser im Nu zusammenbrach und allsogleich tot war.
Über die glückliche Rettung hoch erfreut, rief der Kaiser strahlend aus: „Deiner eben bewiesenen Besonnenheit, Graf Leopold, verdanke ich mein Leben. Ich will mich dir erkenntlich zeigen, sobald sich hiezu Gelegenheit findet. Hab' ich wieder ein Lehen, ein bedeutsames zu vergeben, sollst du es bekommen, verlangt dein Herz danach! Zum Andenken an diese Stunde und zum Beweis für deine eben vollbrachte mutige Tat, nimm, bitte, den zerbrochenen Bogen und verwahr ihn gut, soll er dir dereinst nützen!"
Kaiser Otto hatte bald Gelegenheit, sein gegebenes Versprechen zu erfüllen.
Als kurz danach der Markgraf der Ostmark verstorben und sein Land freigeworden war, versammelten sich viele Herren des Reiches, vom Kaiser den freigewordenen Besitz zu erbitten – auch Leopold von Babenberg darunter.
Den Grafen und in dessen Hand seinen zerbrochenen Bogen erblickend, rief der Kaiser laut aus: „Sei mir willkommen, Leopold, Retter und Freund! Eingedenk der treuen Dienste an deinem Kaiser belehn' ich dich mit der Mark im Osten des Reiches. Leit und lenk sie mit starker Hand zum Ruhme deines Geschlechts, dem ich Dauer wünsche, und deines Herrn, der dir dankbar bleiben wird zeit seines Lebens!"

Nach dem Tode Ottos des Großen belehnte also dessen Sohn Kaiser Otto II. Leopold I., wie berichtet, mit der Grenzmark im Osten, in welcher das genannte Geschlecht über ein Vierteljahrtausend ohne Unterbrechung mit Erfolg regieren wird.

Die damalige Neubesiedlung unserer Mark erfolgte in der Weise, daß man zunächst den Besitzstand zur Zeit der

Karolinger fest- und herzustellen sich bemühte. Dabei dürften Kirche und Klöster dem Adel gegenüber insofern im Vorteil gewesen sein, als sie an keine Person gebunden waren.

Die bedeutendste geistliche Gestalt in Niederösterreichs Landesgeschichte jener Tage war Bischof Pilgrim von Passau (971 - 991). Sein Streben ging dahin, Ordnung in die kirchlichen Verhältnisse der Heimat zu bringen, was vor allem, wie gesagt, eine Legalisierung alter Besitz- und Zehentrechte erheischte. Zu diesem Zwecke hielt Pilgrim drei Synoden in der neuerrichteten Mark ab: in Mistelbach bei Wels, in der Laurentiuskirche zu Lorch sowie der Agapituskirche zu Mautern.

Kremsmünster, St. Florian und St. Pölten waren damals Eigenklöster des Hochstiftes Passau.

Mit der in jenen Jahren erfolgten Wiederherstellung alter Besitzrechte Hand in Hand ging die Besiedlung und Kolonisation der in der Ungarnflut zerstörten Güter. Eine wesentliche Tat der Kirche um die Jahrtausendwende, deren Höhepunkt die anschließenden bedeutsamen Rodungen namentlich im Bereiche des heutigen Waldviertels waren — das stumme Werk bäuerlicher Fäuste, von dem kein zeitgenössischer Geschichtsschreiber in Worten kündet.

Damals dürfte sich auf natürliche Weise die Vermischung und Verschmelzung im Lande vorhandener Bevölkerungsreste germanischen und slawischen Ursprungs mit der Masse bayerischer Zuzügler vollzogen haben.

Über den weltlichen Besitz in der Mark zu jener Zeit sind wir weniger gut als über den geistlichen unterrichtet.
Damals schenkte Kaiser Heinrich II. Heinrich I., dem zweiten Markgrafen der Ostmark, 22 Hufen Landes zwischen dem Kamp und der March. Später kam Besitz in der Triesting- und Piestinggegend hinzu.

Durch die Bodenschenkungen des deutschen Königs erlangten hierzulande fast ausschließlich bayerische Bistümer und Klöster Grundbesitz. Mit Ausnahme der Babenberger selbst stammten auch die führenden Grafengeschlechter unserer Geschichte jener Tage, die neben den geistlichen Grundherren den Großteil der Ostmark im Eigenbesitz hatten, aus Bayern. Selbst ihre Dienstmannen, die ihnen diese Erwerbungen sichern halfen, brachten sie vielfach aus der alten Heimat mit.

Daraus dürfte sich als Schlußfolgerung ergeben, daß die Kolonisation der Ostmark unter den Babenbergern ebenso wie die zur Zeit Karls des Großen von Bayern geleistet wurde.

Die ersten babenbergischen Markgrafen haben das materielle Fundament jenes Herrschaftsbereiches gelegt, aus dem nach und nach unsere Heimat erstand – eine vornehmlich kämpferische Tat starker Fäuste und Entbehrungen gewohnter Herzen.

Leopold I. der Erlauchte (976 - 994), von Pöchlarn oder Melk aus regierend, fiel durch Mörderhand in Würzburg. Der Pfeil, der ihn getroffen, hatte aber einem anderen gegolten.

Unter seinem Sohne Heinrich I. dem Starken (994 - 1018) verlor der irische Pilger Koloman, aus Palästina heimkehrend, in Stockerau an der mährischen Grenze des Deutschen Reiches – wie schon erzählt – das Leben. Er wurde auf Befehl Heinrichs in Melk bestattet und von Rom später heiliggesprochen. Koloman war bis ins 15. Jahrhundert niederösterreichischer Landespatron.

Heinrichs Bruder Adalbert der Siegreiche (1018 - 1055), der dritte Regent des Landes, könnte seinen Herrschersitz nach Tulln verlegt haben. Das dortige Umland rückte erstmals in das Blickfeld der damaligen Mark, die zur Front gegen Ungarn geworden war und engagierte Reichspolitik betrieb. In jenen Tagen wurde der deutsche Heerbann unter Kaiser Konrad II. aus dem salischen Hause bei Wien gefangengenommen, was vorübergehend Gebietsabtretungen an die Madjaren nach sich zog.

Während der Markgraf für Sicherheit und Ordnung zu sorgen, dem Heerbann vorzustehen und bei Gerichtsverhandlungen im Taiding den Vorsitz zu führen hatte, hing es von seiner militärischen Tüchtigkeit und seinem kriegerischen Ehrgeize ab, wieweit die Grenzen Deutschlands und somit auch seiner Herrschaft vorverlegt werden konnten.

Die Mark oblag damals zugleich der Aufgabe, Flankendeckung gegen Böhmen zu sein. In diesem schier unaufhörlichen Doppelkampfe, der die weitere Geschichte des Landes bestimmte, erwuchs das Herzstück des späteren österreichischen Staates: unser Niederösterreich nämlich.

Unter dem Sohne und Nachfolger Adalberts, Ernst dem Tapferen (1055 - 1075), kamen die seinem Machtbereich im Norden und Osten vorgelagerten Kleinmarken in babenbergische Hände. Damals entschied sich die Frage der deutschen Lehensherrschaft über das benachbarte Ungarn — eine äußerst wichtige, die Zukunft Österreichs mitbestimmende Entwicklung. In einer eindrucksvollen Festlichkeit auf dem Marchfelde wurde die vorangegangene langjährige kriegerische Auseinandersetzung beendet und die unabhängige Stellung des Nachbarlandes seitens des Deutschen Reiches anerkannt. In jenen Tagen war das Marchfeld, wie an anderer Stelle verzeichnet, dorfzahlenmäßig dichter besiedelt gewesen als heute.

Mit der Jahrtausendwende hatten die Christianisierung Ungarns und ein bedeutsamer Zustrom deutscher Ritter, Kaufleute, Handwerker, Priester und Bauern auf dem Wege durch unser Land eingesetzt, wodurch die weite Pannonische Ebene bald untrennbar an die mitteleuropäische Schicksalsgemeinschaft gebunden war.

Ernst der Tapfere fiel an der Seite seines Kaisers Heinrich IV. im Kampfe gegen die aufständischen Sachsen an der Unstrut zu Beginn des Investiturstreites.

Der damalige Papst Gregor VII. (1073 - 1085), ursprünglich vermutlich Mönch des Reformklosters Cluny, hatte die Priesterehe, den Verkauf geistlicher Stellen sowie die Belehnung geistlicher Würdenträger mit Besitz durch weltliche Herren verboten. Die kirchlicherseits gewählten Bischöfe wurden vom Kaiser dank ihrer weltlichen Stellung als Landesfürsten mit Ring und Stab belehnt. Der Herrscher konnte die Belehnung versagen, wenn ihm der Gewählte nicht entsprach.
Dieser Streit zwischen dem Papst und dem deutschen Königtum begann 1075. Bis zu jenem Jahre wurden die kirchlichen Machthaber in Deutschland, Frankreich und England vom Landesherren eingesetzt, der ihnen dabei Ring und Stab als Amtsinsignien überreichte. In Deutschland und dem normannischen England verfügte der König über die Bistümer und wichtigsten Klöster des Landes, in Frankreich teils der Herrscher, teils verfügten die Herzoge und Grafen. Da die betroffenen Bischöfe und Äbte häufig Reichsfürsten waren und sehr großen Grundbesitz in Händen hatten, den sie wegen ihrer Ehelosigkeit nicht in eine vererbbare Hausmacht umwandeln konnten, sondern militärisch und wirtschaftlich zum Nutzen des investierenden Königtums einsetzen mußten, war der Einfluß des jeweiligen deutschen Kaisers z.B. maßgeblich vom Rechte auf die Investitur abhängig. Die kirchliche Reformbewegung trat zuerst gegen die Simonie: die Vergabe von Kirchenämtern um Geld, auf. Ab 1060 war jede Investitur durch Laien als Simonie verurteilt, später bei Strafe des Kirchenausschlusses sogar verboten worden. Diese Kriegserklärung der Kirche an den Staat führte in Deutschland unter den Kaisern Heinrich IV. (1056 - 1106) und Heinrich V. (1106 - 1125) zu schweren Kämpfen.
Auf dem Höhepunkte jener unheilvollen Epoche der deutschen Geschichte hatte Heinrich IV. an den Papst in Rom wie folgt geschrieben: „Heinrich, nicht durch Gewalt, sondern durch Gottes fromme Anordnung König, an Hildebrand, nicht den Papst, sondern den falschen Mönch!" Der Schluß des Schreibens lautete: „Deshalb, du mit Fluch Behafteter und durch unser und aller Bischöfe Gericht Verdammter, steig herab von dem angemaßten apostolischen Stuhl! Ich, Heinrich, durch Gottes Gnade König, und alle Bischöfe sagen dir: Steig herab, steig herab!"
Hatte es den König verletzt, daß ihm der Papst ein sündiges, lasterhaftes Leben zum Vorwurfe gemacht, rächte er sich auf dem Wormser Konzil vom Jahre 1076, das Gregor ehebrecherischer Beziehungen, einer

ungesetzlichen Inthronisierung sowie eines willkürlichen Kirchenregiments bezichtigte und folglich absetzte. Bescheid darüber ging dem heiligen Vater in einem Schreiben zu.
Von dem eben zitierten Briefe gab es zwei Fassungen: die wiedergegebene, in Deutschland publizierte Version und eine dem Papste zugestellte, die viel takt- und maßvoller war.
In einem Liede aus der Zeit der Investiturkämpfe heißt es:

> Danach fing an der üble Streit,
> wodurch mancher Mann das Leben verlor,
> da dem vierten Heinrich
> das Reich verworren ward.
> Mord, Raub und Brand
> verwüsteten Kirchen und Land
> von Dänemark bis nach Apulien,
> von Karlingien (Frankreich) bis an Ungarn.
> Das ganze Reich kehrte seine Waffen
> gegen seine eignen Eingeweide,
> daß die getauften Leichname
> unbegraben verworfen lagen
> zum Fraße den bellenden,
> den grauen Waldhunden.

Sich vom Banne zu befreien, den der Papst über den Kaiser verhängt, wallfahrte Heinrich IV. auf Anraten seiner Freunde schließlich nach Canossa in Italien. Es wird erzählt, daß er dort in härenem Gewand und barfuß drei Tage vom Morgen bis zum Abend in der Winterkälte gestanden, bis er Gregors Lossprechung erhalten hatte. Dennoch setzte Heinrich den Kampf gegen den Papst ohne Unterlaß fort. Das vorläufige Ende brachte der Tod des Herrschers, die Lösung des Problems blieb weiterhin offen.
Im Investiturstreit ging es für Rom um die Freiheit der Kirche: kein Laie – und der Deutsche König war ein solcher – sollte befugt sein, geistliche Ämter zu vergeben, für den Kaiser um die Grundlage seiner Macht: Setzte der Papst die Reichsbischöfe und -äbte ein, war er Herr auch über den weltlichen Herrscher, wie es dieser bisher bei Papstwahlen über das Oberhaupt der Christenheit gewesen. Das Wormser Konkordat vom Jahre 1122 brachte einen fragwürdigen Frieden: Die Wahl der Kirchenfürsten wurde zwar frei, Reichslehen erhielten aber nur solche Kleriker, die dem Kaiser genehm waren.

In jener unerbittlichen Auseinandersetzung zwischen Papst und Kaiser stand der trotzige Bischof Altmann von Passau (1065 - 1091), Gründer des Klosters Göttweig, den Heinrich IV. hinderte, sein hohes Amt im Reiche anzutreten, auf der Seite Roms. Altmann gelang es, den angeblich schwächlichen neuen Markgrafen Leopold II. (1075 - 1095) offen an die Seite des Papstes zu bringen, dem sich der Bischof zeitlebens kompromißlos verbunden fühlte.

Mit diesem Schritte beginnt sich das Schwanken der Babenberger zwischen kaiserlicher und päpstlicher Richtung, das zum Kennzeichen ihrer Politik in der Folgezeit werden sollte, offenkundig zu manifestieren. Vom Kaiser zur Ordnung gerufen, erhob sich der Markgraf aber bald wieder gegen Heinrich, indem er sich auf einer Versammlung seiner Ministerialen zu Tulln im Jahre 1081 neuerlichen Einflüsterungen des Bischofs beugte und vom Herrscher abermals lossagte.

Die Folgen waren schrecklich. Der babenbergische Heerbann unterlag auf dem Schlachtfelde von Mailberg im Weinviertel 1082 dem von Heinrich aufgebotenen Böhmenherzog Wratislaw, den der Kaiser mit der Mark belehnt hatte. Der österreichische Hochadel fiel damals ebenso, wie die vielen Ministerialen fielen, auf deren Stand Wohl und Wehe des Landes seit längerem sicher ruhte. Das nördliche Niederösterreich jener Tage wurde gnadenlos verwüstet.

Der abgesetzte Leopold brachte aber alsbald ein allgemeines Volksaufgebot zustande und behauptete sich.

Der Kaiser verzieh ihm. Wratislaw wurde mit dem Königstitel und jenem Teile der Mark entschädigt, der heute dem politischen Bezirke Znaim entspricht und seit damals unwiederbringlich mährisch ist.

In diesem Zusammenhang dürfte es nicht uninteressant zu erfahren sein, daß auch der vorhin genannte Bischof Altmann einen niederösterreichischen Canossagang inszeniert hatte, indem er in St. Pölten mit einem Ritter wie der Papst mit dem Kaiser, heißt's, verfuhr.

Der Heilige Leopold und Markgräfin Agnes

Leopolds II. Sohn, Markgraf Leopold III. (1095 - 1136), befleißigte sich im Kampfe der geistlichen wider die weltliche Macht zunächst einer abwartenden Haltung, wenngleich er dem Scheine nach an der Seite des Kaisers stand. Der erste wahrhaft bedeutende Diplomat des Landes, verurteilte er die Auseinandersetzung.

Mit ihm beginnt ein neuer Abschnitt der Geschichte Niederösterreichs. Er war es, der die Früchte des Verrates, am Kaiser begangen, zur Erhöhung und Befestigung seiner fürstlichen Macht im Gegensatz zu seinem Vater Leopold II. bereits maximal zu nützen verstand.

Moral haben zu allen Zeiten am lautesten jene gepredigt, die am wenigsten davon hielten und sich immer wieder darüber hinwegsetzten, war sie ein Hindernis auf dem Wege zur Erreichung etwa eines bestimmten politischen Zieles. Wer sich ihrer als sittlicher Norm bediente und dann an seiner Aufgabe scheiterte, zählt zu den tragischen Gestalten der Weltgeschichte. Wer sie nicht beachtete, wird bis auf den heutigen Tag groß geheißen, war ihm das Glück gewogen. Scheiterte er, nennt man ihn einen erbärmlichen Verräter.

Die babenbergische Zeit war die Epoche eigenwilliger Persönlichkeiten – nicht nur einiger Markgrafen und Herzoge unseres damaligen Herrschergeschlechts, sondern auch anderer Männer der niederösterreichischen Landesgeschichte: der Kuenringer etwa, Wolfgers von Passau, Walthers von der Vogelweide sowie der welthistorischen Gestalten jener Ära: der bereits genannten bedeutenden Kaiser und Päpste – allesamt Individualisten, die als Weltveränderer das Gesetz brachen, weil sie ein neues schufen, dem das alte weichen mußte. Leopold III. ist der typische Vertreter dieser Auserwählten eines überaus gnädigen Geschicks, das ihn in unserem ureigensten Bereiche zum unvergessenen Förderer der Klosterneuburger Chorherren werden ließ, die er 1113 nachweisbar beschenkte. In seinem Auftrag erfolgte von 1114 bis 1136 der Bau der dortigen Stiftskirche – einbezogen in seine weitläufige Burganlage. Damals die prächtigste des ganzen Landes – nicht viel der hochgerühmten kaiserlichen Pfalz zu Goslar nachstehend. Wenige Wochen später verstarb der Markgraf.

Nicht zufällig nimmt die Gestalt Leopolds III. einen so hervorragenden Platz in der volkstümlichen Überlieferung namentlich Niederösterreichs, jenes Landes, ein, das ihn seit seiner Heiligsprechung im Jahre 1485 als Schutzpatron verehrt und seine Grabstätte in der Klosterneuburger Stiftskirche bis auf den heutigen Tag mit der Weihe religiöser Andacht umgibt.

Leopolds eindrucksvolle Persönlichkeit, sagt der Historiker Hugo Hantsch, steht unter allen Fürsten aus dem Hause Babenberg am lebendigsten und vertrautesten in der Erinnerung Österreichs. Durch seine kluge und vorsichtige Politik der Verbindung kirchlicher und weltlicher Interessen – ein im übrigen Reiche damals nicht zu realisierendes Ziel – gelang ihm, die Markgrafschaft Österreich vor den unheilvollen innenpolitischen Kämpfen nördlich der Alpen zu behüten und seinem Herrschaftsgebiete in entscheidender Zeit des Werdens eine ungestörte Entwicklung zu sichern. Als er sein Ziel erreicht hatte, war Leopold III., ein wahrer Volksfürst, bestrebt, die herrschenden Gegensätze auszugleichen, stets überparteilich zu handeln und jene geistlichen Stätten zu fördern, von woher damals der Friede ausstrahlte. Als gläubiger Mensch war er nicht nur um die wirtschaftlichen Daseinsgrundlagen der bestehenden Benediktinerklöster besorgt, sondern auch darum, die kulturelle Kraft der Zisterzienser- und Augustinerchorherren als Reformorden in seinen Dienst zu stellen und so der letzten Phase der Erschließung des Landes die Wege zu ebnen.

Die Verbindung mit der Gemeinschaft der Grauen Mönche, in der Bernhard von Clairvaux sich dem ursprünglichen benediktinischen Klosterideal zu nähern suchte, ist Otto, dem berühmten Sohne Leopolds, nachmals Bischof von Freising, zu danken, der auf der Rückreise von der Pariser Hochschule Sankt Viktor, wo er zu studieren Gelegenheit gehabt, mit einigen seiner Gefährten in die Zisterzienserbrüderschaft Morimund eingetreten war. Der gelehrte Prinz, einer der universalsten Männer nicht nur aller mittelalterlichen deutschen Geschichtsschreiber, veranlaßte seinen Vater, im Raume des auslaufenden Wienerwaldes das Zisterzienserkloster Heiligenkreuz zu gründen und mit Mönchen aus Morimund zu besiedeln. Die Stiftung, nach einer Kreuzpartikel benannt, die Otto als Teilhaber an einem Kreuzzug aus Palästina mitgebracht, hat sich seither als Abtei Heiligenkreuz mit reichem Ruhm, eine der vorzüglichsten Pflanzstätten abendländischer Gesittung zu sein, in den Annalen Österreichs verewigt.

Dank der Begründung von Stift Klosterneuburg und Kleinmariazell sowie dem eben genannten Heiligenkreuz im Wienerwald – von dort aus nahmen die Bruderschaft Zwettl 1138, Baumgartenberg 1142, St. Gotthard an der Raab 1184, Marienberg 1198 sowie Lilienfeld 1202 ihren Ausgang – trug Leopold wesentlich zum Werden eines besonderen Reiches der Heimat bei, eines Reiches, das beim Tode Maria Theresias 2 163 Klöster mit 63 000 Mönchen und Nonnen zählte, folglich ein mächtiges „Klösterreich“ war und dies trotz der Sozialreform Josefs II., der rund 1000 Häuser auflöste, bis auf den heutigen Tag blieb.

In diesen Zusammenhang gehört schließlich auch der Hinweis, daß unter unserem heiligen Markgrafen die kirchliche Organisation des Landes: die Aufteilung in Großpfarren – wir nennen als Beispiele Wien, Klosterneuburg, Mödling, St. Pölten, Amstetten, Melk, St. Valentin, Zwettl, Stockerau und Mistelbach etwa – ihren Abschluß gefunden. Im 11.

Jahrhundert erreichte die Zahl der Pfarreien bereits 75, gegen Ende der Babenbergerzeit ca. 300, sagt der niederösterreichische Landesarchivar Helmuth Feigl.

Um der vollständigen Wahrheit willen sei hier betont, daß erst die vom französischen Kloster Cluny ausgegangene Reformbewegung, eine der wirkungsvollsten der ganzen Kirchengeschichte, die Erneuerung alles west-, mittel- und südeuropäischen Lebens nach dem Verfall in der spätkarolingischen Zeit bewirkt habe. Die Kluniazenser schufen die Grundlage für den Aufstieg des Papsttums zur politischen Weltmacht im 12. und 13. Jahrhundert.

Das von Wernher von Reichersberg und seiner Gemahlin Dietberga 1084 gegründete Stift Reichersberg am Inn erlebte unter Gerhoh von Reichersberg (1132 - 1169), einem hierzulande um Ordensreform und Verbreitung der Augustinerregel bemühten Mann, der sein Haus zu hoher wissenschaftlicher und wirtschaftlicher Blüte gebracht, bedeutsame Tage, sagt der Kirchengeschichtler Josef Wodka.

Markgraf Leopold III. kam zu Altarehren besonders dank den Bemühungen seiner regierenden habsburgischen Nachfahren Herzog Rudolf IV. (1358 - 1365) und Kaiser Friedrich III. (1440 - 1493). Heilig im Sinne einer gläubigen Verehrung wurde Leopold allein dank dem niederösterreichischen Volke, das in der Glorifizierung seines Klosterneuburger Grabes unter dem weltberühmten Verduner Altar aus dem Jahre 1181, wohin es seit Anbeginn des Kultes wallfahrt, sich ohne Unterlaß selber erhöht. Eine Erhöhung, die namentlich in politischen Notzeiten deutlich spürbar und somit eine nicht zu unterbindende patriotische Eindeutigkeit von gefährlicher Brisanz für den Usurpator wird.

Der Niederösterreicher Fritz Steiner (geb. 1929) hat diesem Faktum in Versen wie folgt deutlich Ausdruck verliehen:

> Hat es noch Sinn,
> ihn zu preisen –
> das, was einst gültig war?

Jahr für Jahr
zu umkreisen
seiner Lauterkeit Altar?

Hat es noch Sinn,
ihn zu feiern
mit Rede, Lied und Spruch?
Gemeinsam
Schwüre zu leiern, die kaum noch
schlagen zu Buch?

Hat es noch Sinn,
ihn zu achten
als Vorbild unserer Zeit?
Das, was wir
oft schon belachten:
das Maß
seiner Heiligkeit?

Hat es noch Sinn,
zu bewahren
sein Erbe
des Friedens fortan,
seine Milde,
die ihm die Scharen
der Untertanen gewann?

Ja, es hat Sinn
zu erben
Leopolds gültiges Pfand,
es rettet uns
vorm Verderben,
rettet uns und das Land.

Ja, es ist sinnvoll
zu feiern
den heiligen Grafen, den Mann.
Wir müßten
alles erneuern,
was er tiefgläubig getan.

Und – es ist sinnvoll
zu beten
um Frieden und Sauberkeit;
sinnvoll, entgegenzutreten
dem Bruderhader, dem Streit.

Doch wär' zu wenig
das Schwören:
zu handeln teilt er uns mit,
die Liebe zu tun,

um zu stören
unseren schläfrigen Schritt.

Leopolds Erbe in Ehren,
o, es scheut keinen Vergleich.
Wir können nie es entbehren,
denn: in ihm lebt Österreich!

Auch ein menschliches, zuweilen allzu menschliches Österreich, für das Josef Weinheber, des Klosterneuburger Leopolditages gedenkend, nicht minder zutreffende Verse gefunden:

Im Schutz der weißen Türme
gekeltert und gepreßt:
laß rinnen, Herr, und schirme
das schöne, schöne Fest!

Das drückt sich, stößt und drängt sich
ins gotische Gelaß;
die Trepp' hinan und zwängt sich
ans Riesenfaß.

Am Abend, schwer geladen,
durchsummt es Hof und Gang;
an den Barockfassaden
gehn Schatten lang –

Und stehn am Brunnenraine
und schwanken in der Flut.
Sankt Leopold im Steine
schläft wunder gut.

Die Nacht, der Wein, die Sterne:
Das ist noch Christentum!
Es wankt aus der Taverne
zu Gottes Ruhm;

es füllt die Straßen prächtig
und reißt die Buden ein,
und ist wie ehe mächtig
im Klosterwein.

Sankt Leopold im Himmel
wacht auf, schaut durch die Stern'
herab auf das Gewimmel
und sieht es gern.

Seinen Nachruhm muß unser heiliger Landespatron heute mit der weltlichen und religiösen Institution unserer Gesellschaft, mit Staat und Kirche, teilen; mit dem Staat als Begründer der späteren Größe und Bedeutung Österreichs, das dank Leopold aus einem Grenzland zu einem eigenständigen Territorium zu werden begann und schließlich wurde, mit der Kirche als Stifter etwa zweier Klöster, wovon Heiligenkreuz gegenwärtig Mittelpunkt der gläubigen Besinnung und inneren Erneuerung, Klosterneuburg aber als Ausstrahlungsort kirchlicher Neuorientierung und wissenschaftlicher Forschung weithin erfolgreich tätig ist.

Pater Floridus Röhrig, Archivar und Bibliothekar in Klosterneuburg, stellt den babenbergischen Ursprung des dortigen Stiftes in Frage. Es sei, meint er, als Gründung Leopolds III. nicht nachzuweisen. Nachzuweisen ist allein das Eigentum: Stift Klosterneuburg befand sich im Besitze des Markgrafen. Er stattete es daher mit reichen Schenkungen aus.

Leopolds Frau Agnes – kaiserliche Urenkelin, Enkelin, Tochter, Schwester, Mutter und Großmutter – gehört vor allem den einfachen Leuten Niederösterreichs, namentlich im Waldbereiche rings um Wien – jenen Menschen, die ihr je nach seelischem Bedarf und Laune der Stunde bald ein himmlisches, bald ein menschliches, bald ein geisterhaftes Aussehen leihen, darin ihre eigenen Nöte und Bedrängnisse, ihre eigenen Hoffnungen und Träume verkörpernd.

Der Wald rings um den Hermannskogel, rings um den höchsten Gipfel der Wiener Landschaft, ist seit eh und je voller Geheimnisse besonders dort gewesen, wo das „Agnesbrünnl" heute durch das Wurzelgewirr alter Buchen ans Licht des Tages tritt.
Die germanische Göttersage bezeichnet die Esche, die am Nordhang des Berges in ansehnlichen Beständen zu finden ist, als den Urweltbaum, der mit einer Wurzel zu den Menschen, mit einer zweiten zu den Riesen, mit einer dritten aber zur Unterwelt – nach Niflheim reicht und folglich über alles und jedes Bescheid weiß und so Wotan bestimmt, im Schatten der mächtigen Laubkronen über die vergänglichen Wesen zu Gericht zu sitzen und den drei Nornen, die dort hausen und ihre Schicksalsfäden spinnen, zuzuschauen, ob und wann diese das Leben fortdauern lassen oder gar plötzlich unterbrechen. Vergangenheit heißt die erste der unheimlichen alleswissenden Jungfrauen, Gegenwart die zweite, Zukunft die dritte. Sie entscheiden –

Der Heilige Leopold und Markgräfin Agnes

welche frauliche Machtfülle in einer Männerwelt! – auch über die Himmlischen.
Als Quelle ist das Brünnl uralt und war sicherlich den dort weilenden Germanen schon bekannt. In Stein gefaßt, hielt das sprudelnde Wasser zunächst die Erinnerung an die nahe Vergangenheit fest: „Sieveringer-“ bzw. „Lotterie-“ oder „Glücksbrünnl“ geheißen, da man dortselbst noch vor einigen Jahrzehnten allerhand wirres Schriftzeug handelte, das vor Krankheiten zu schützen und weiszusagen dreist vorgab. Zuvor ward die Quelle „Jungfernbrünnl“ genannt – ein sinnvoller Name im Hinblick auf den germanischen Mythos von den keuschen Nornen.
Wann dieses altdeutsche Heiligtum, das möglicherweise keltischen bzw. gar illyrischen Ursprungs ist, christianisiert wurde, weiß weder die Gelehrsamkeit der Väter noch die der Söhne und Töchter zu sagen. Phantasievolle Vergangenheitsforscher machen den heiligen Severin dafür verantwortlich. Ob er wie Bonifatius in deutschen Landen die Donareiche an der Donau gefällt? Das Zeug dazu hätte er in sich gehabt. Im übrigen bezeichnet ihn die Sage als den Gründer der nahen Sieveringer Kirche.
In dieser Landschaft hat Lenau seine berühmten „Waldlieder“ empfangen. Im fünften Gedichte des unsterblichen Zyklus eilt unser Sänger wie Merlin, der keltische Zauberer, Prophet und Beschützer des britannischen Königs Artus bis zu dessen Krönung, durch die wahrlich poetische Landschaft des Hermannskogels hinab ins Weidlingbachtal. Sicherlich mehr Zufall denn Erinnerung an die keltische Epoche der Heimat:

Wie Merlin
möcht' ich durch die Wälder ziehn;
was die Stürme wehen, was die Donner rollen
und die Blitze wollen,
was die Bäume sprechen,
wenn sie brechen,
möcht' ich wie Merlin verstehn.

Voll Gewitterlust
wirft im Sturme hin
sein Gewand Merlin,
daß die Lüfte kühlen,
Blitze ihm bespülen
seine nackte Brust.

Wurzelfäden steckt
Eiche in den Grund,
unten saugt versteckt
tausendfach ihr Mund
Leben aus geheimen Quellen,
die den Stamm gen Himmel schwellen.

Flattern läßt sein Haar Merlin
in der Sturmnacht her und hin,
und es sprühn die feurig falben
Blitze, ihm das Haupt zu salben;
die Natur, die offenbare,
traulich sich mit ihm verschwisternd,
tränkt sein Herz, wenn Blitze knisternd
küssen seine schwarzen Haare. –

Das Gewitter ist vollbracht,
stille ward die Nacht;
heiter in die tiefsten Gründe
ist der Himmel nach dem Streite;
wer die Waldesruh verstünde
wie Merlin, der Eingeweihte!

Frühlingsnacht! Kein Lüftchen weht,
nicht die schwanksten Halme nicken,
jedes Blatt, von Mondesblicken
wie bezaubert, stille steht.

Still die Götter zu beschleichen
und die ewigen Gesetze,
in den Schatten hoher Eichen
wacht der Zaubrer, einsam sinnend,
zwischen ihre Zweige spinnend
heimliche Gedankennetze.

Stimmen, die den andern schweigen,
jenseits ihrer Hörbarkeiten,
hört Merlin vorübergleiten,
alles rauscht im vollen Reigen,
denn die Königin der Elfen
oder eine kluge Norn
hält, dem Sinne nachzuhelfen,
ihm ans Ohr ein Zauberhorn.
Rieseln hört er, springend schäumen
Lebensfluten in den Bäumen;
Vögel schlummern auf den Ästen
nach des Tages Liebesfesten,
doch ihr Schlaf ist auch beglückt;
lauschend hört Merlin entzückt
unter ihrem Brustgefieder
träumen ihre künftgen Lieder.
Klingend strömt des Mondes Licht
auf die Eich' und Hagerose,
und im Kelch der feinsten Moose
tönt das ewige Gedicht.

Das „Jungfernbrünnl“ am Hange des Hermannskogels zollte mehreren Epochen unserer Geschichte Tribut:

Wir dürfen annehmen, daß sich dort einst, wie gesagt, eine heidnische Kultstätte befunden. Die aus einer uns näher liegenden Zeit stammende Überlieferung von der im Bereiche der nahen Jägerwiese stattgehabten Hinrichtung eines Edelfräuleins namens Agnes und ihres Geliebten, Sohnes eines unweit behausten Köhlers, leuchtet nicht minder in dunkle Gründe der Vergangenheit dieser Landschaft hinab. Auch die Erzählung von einem wilden Jäger, der hier inmitten eines ansehnlichen Gefolges sein Unwesen getrieben, gibt viel zu denken. Eine jüngere Sage berichtet vom Schwedenkönig Gustav Adolph und einer beim Brünnl beheimatet gewesenen guten Fee. Diese Erzählung scheint insofern von besonderer Bedeutung zu sein, als darin mit der Festigung des ab dem 16. Jahrhundert nach und nach bodenständig werdenden Leopoldkultes, der den heiligen Markgrafen zu einer der bedeutendsten historischen Gestalten der österreichischen Geschichte des Mittelalters emporhebt, die Fee immer mehr die Züge der hohenstaufischen Agnes, jener zwielichtigen Gestalt, will uns scheinen, annahm, die der Babenberger als Gattin nach Klosterneuburg heimgeführt.

Die Zwielichtigkeit der Fürstin ist mit dem Hinweis zu begründen, daß sie ihren Vater verraten und zumindest zum häuslichen Unfrieden der babenbergischen Familie ihr gerüttelt Maß beigetragen und damit am unrühmlichen Ende ihres Gemahls mitschuldig war, trifft die hin und wieder andeutungsweise ausgesprochene Vermutung zu, daß er nicht eines natürlichen Todes, sondern durch Mörderhand, möglicherweise gar durch die eines seiner eigenen Söhne, der sich zurückgesetzt fühlte, fiel. In der Überlieferung freilich steht Agnes anders da als Königin Giso etwa, ihre ferne Vorgängerin auf einem Throne in heute niederösterreichischen Landen: in hellstem Lichte strahlend vom ersten Augenblicke an, da sie, die deutsche Kaiserstochter, ihre neue Heimat betreten.

Gleich Kriemhild, die ebenfalls die Donau hinabgefahren und wie diese verwitwet und auf dem Wege an die Seite eines unbekannten Mannes war, hatte sie Leopold III. die Ehe im Jahr zuvor gelobt, falls er von ihrem Vater als Parteigänger des Bruders abfalle, der dank dem Verrat als

Heinrich V. bald Kaiser wurde und zur Machterhöhung des ihm fortan verschwägerten Markgrafen viel, sehr viel beigetragen.

An die Gründung des Stiftes Klosterneuburg, die zu den bedeutsamsten kulturellen Taten Leopolds III. zählt, knüpft die geschichtliche Erinnerung seit dem ausgehenden 15. Jahrhundert folgende hübsche Legende:
Nach dem festlichen Empfangsmahle führte Markgraf Leopold Frau Agnes auf den Söller seiner Burg, ihr vom Gipfel des Leopoldsberges, damals Kahlenberg geheißen, das weite fruchtbare Land ringsum zu zeigen.
Ein kühlendes Lüftchen, das im Blondhaar der jungen Fürstin gespielt, ward plötzlich zum Sturm, der in den Schleier der Markgräfin griff, ihn entriß und ins unwegsame Dickicht des Donauurwalds unwiederbringlich verwehte.
Der Markgraf ließ wochenlang danach suchen – ohne Erfolg, wie gesagt. Schließlich gelobte er, an jener Stelle ein Kloster zu errichten, wo sich der Brautschleier dereinst finden würde.
Eines Tages im achten Jahre seiner Ehe, als sich bereits eine ansehnliche Kinderschar im Klosterneuburger Burghof spielend tummelte, jagte Leopold in den Gründen zwischen dem Wienerwald und dem mächtigen Strome, der sich in weitverzweigten sandigen Armen breit durch die geheimnisvollen Auen wälzte.
Plötzlich schlugen die Hunde an. Sie ließen nicht ab von ihrem Gebell, bis sich der Markgraf durch das winterliche Dorngestrüpp zu ihnen vorgearbeitet hatte. Seinen Augen bot sich ein märchenhaftes Bild: ein blühender Holunderstrauch inmitten einer unberührten kristallhellen Schneefläche, geschützt von einem wundersamen kostbaren weißen Gespinst.
Leopold erkannte darin den unversehrt gebliebenen Hochzeitsschleier seiner Gemahlin.
Er hatte ein Wunder erschaut, das ihn gemahnte, je eher sein Gelöbnis zu erfüllen und das versprochene Kloster zu bauen.

Die in Klosterneuburg beheimateten Chorherren des bis auf den heutigen Tag berühmt und gewichtig gebliebenen Stiftes zeigen jedermann, der danach verlangt, eine kostbare Monstranz, die die Form eines Holunderstrauches hat, mit Blüten aus Perlen geschmückt, worüber ein Schleier gebreitet ist. Daneben kniet der Heilige Leopold, von seinen Rüden begleitet. Deren Nachkommen blieben erhalten bis in die Reformzeit Kaiser Josefs II., der die Weiterzüchtung der Hunde zugunsten menschlicher Bedürfnisse mit dem Worte einzustellen befohlen, daß es unsinnig sei, für unvernünftige Geschöpfe zu sorgen, wo Menschen darben. Aus dem Erlös wurde eine Stiftung für arme Jägerkinder errichtet.

Die verklärte Gestalt der Markgräfin Agnes hält heute alle gefangen, die ihr geistig begegnen. Und das ist gut so, denn nichts Menschliches war ihr zur Lebzeit fremd:

Sie hatte eine unbeschwerte Kindheit, als Mädchen lernte sie die festen und berühmten Pfalzen des Reiches sowie deren Lustbarkeiten und auf ihren ausgedehnten Hofreisen das wildherbe deutsche Land, das damals allseits im Aufblühen begriffen war, die Fehden und Kämpfe kennen, die namentlich päpstliche Boten daheim regelmäßig auslösten. In jungen Jahren bereits dem alten Friedrich von Staufen, Herzog von Schwaben, verlobt, trauerte sie nicht lange über dessen Heimgang. Dem zweiten Gatten, den sie neunundzwanzigjährig geheiratet, schenkte sie 18 Kinder. In deren Pflege und Erziehung zur verstehenden Mutter geworden, wuchs Agnes in Kürze so sehr in die Rolle auch der ersten Frau des Landes hinein, daß ihr alsbald staatsmännischer Sinn und Weitblick nachgerühmt werden konnten. Sie nützte ihre Stellung weidlich aus. Als anscheinend leidenschaftliches Weib, das dem Gatten alsbald nicht nur Bett-, sondern auch Regierungsgenoß gewesen sein dürfte, bestimmte sie die Nachfolge in der Regentschaft, was nach dem Tode des etwa 60 Jahre alt gewordenen Markgrafen zu einem erbitterten Streit um die Krone zwischen Leopolds Sohn aus erster Ehe, Adalbert, dem gesetzmäßigen Erben, und Leopold, seinem zweitgeborenen aus zweiter Ehe, führte. Agnes versöhnte die Brüder zu Tulln und erhob ihren Favoriten, den jüngeren Sproß, zum Herrscher.

Beide Brüder beschworen den Frieden des Hauses mit einer Stiftung an das Kloster Kleinmariazell. Adalbert, der von seiner Mutter her große Besitzungen geerbt hatte, räumte mißmutig und gezwungenermaßen das Feld, seinen bedeutsamen Geschäften als Vogt der österreichischen Besitzungen des Hochstiftes Passau nachgehend, bis sein Tod 1138 die Erbfolge endgültig im Sinne der stiefmütterlichen Fürstin entschieden hatte.

Agnes überlebte ihren zweitgeborenen Sohn Leopold, der der vierte in der Reihe der Babenberger Markgrafen gleichen Namens war, worauf Heinrich, ihr erstgeborener, von der Mutter ebenfalls zurückgesetzt gewesen, Jasomirgott geheißen, den Thron bestieg.

Ihrem Sproß Otto, zuerst Propst in Klosterneuburg, dann nach Studien in Frankreich Bischof von Freising, der wahrscheinlich bedeutendste deutsche Geschichtsschreiber des Mittelalters, wie bereits vermerkt, verdanken wir die Kenntnis jener bewegten Frühzeit Österreichs.

Frau Agnes weinte Adalbert ebenso ins Grab nach wie ihrer eigenen Lieblingstochter und Gertrude von Braunschweig, Tochter Kaiser Lothars von Supplingburg sowie Witwe Herzog Heinrichs des Löwen, die in zweiter Ehe Jasomirgott geheiratet hatte. Damals war die Fürstin nicht mehr in der Lage, die Schläge des Schicksals zu überwinden. 72jährig schied sie von hinnen, sie, die Mutter und Erzfrau auch des herrlichen Geschlechts der Staufer: Ihr Sohn Konrad aus der Ehe mit Herzog Friedrich von Schwaben ging als der dritte Kaiser dieses Namens in die Hohe Zeit unserer Vergangenheit ein.

Alles in allem eine Frau, die nicht vergeblich gelebt, Böses und Gutes, mehr Gutes, will uns scheinen, bewirkt hat – beigesetzt hinter vermauertem Eingange in der Leopoldskapelle ihres Klosterneuburger Stiftes. Dadurch ist kein Mensch in der Lage, sie plötzlich antreten zu lassen,

Rechenschaft zu geben vor dem Gewissen der Welt. Was von der Fürstin an Sichtbarem geblieben, erweckt Achtung, ja Ehrfurcht: ein hoher eherner siebenarmiger, in Baumgestalt ausgeführter Leuchter, Fragmente ihres Brautschleiers, verwahrt in einer vorhin erwähnten Monstranz der chorherrlichen Schatzkammer, sowie ein paar in Gold gefaßte Holundersplitter und endlich die weiter oben nacherzählte Sage — das schönste Kleinod, das uns von der Markgräfin ward und erhalten bleiben möge alle Zeit!

Hier gilt es, auch des berühmten Verduner Altars zu gedenken, den Meister Nikolaus 1181 in Klosterneuburg vollendet:

Der Altar zählt zu den kostbarsten Zeugnissen europäischer Fertigkeit im Hochmittelalter. In ihm erreicht die abendländische Emailkunst möglicherweise ihren einsamen Höhepunkt, auf 51 Tafeln Szenen aus dem Alten und Neuen Testament darstellend. Vor einem Brande 1330 gerettet, erhielt das Werk im Jahre darauf die heutige Form eines Flügelaltars, der seit 1833 am Grabe des Heiligen Leopold und seiner Frau, unserer glorreichen Landesmutter Agnes, im ehemaligen Kapitelsaal des Stiftes steht.

Die Bruderschaft der Zisterzienser wurde von Robert von Citeaux ins Leben gerufen und von Bernhard von Clairvaux (1091 - 1153) nach der Regel des heiligen Benedikt kräftig ausgebaut. Über ihre Niederlassung im Stifte Heiligenkreuz, einer Gründung des Markgrafen Leopold, berichtet P. Hermann Watzl u. a. wie folgt:

Die Kerntruppe der dortigen Zisterzienser bildeten die Mönche, aus deren Mitte der jeweilige Abt als Vater und Vorsteher der Gemeinschaft erwählt wurde. Die Mönche waren die Träger der monastischen Idee. Sie gestalteten das geistige Antlitz ihres Hauses: sie formten seine Seele. Im 12. Jahrhundert rekrutierten sich die Patres zumeist aus den Ständen der Hochfreien, der Ritterbürtigen wie der Erbbürger der Städte. Ihre Hauptaufgabe war die würdige Feier des Chorgebetes, das Studium der Heiligen Schrift und des Lebens der Kirchenväter.

Der mittelalterliche Zisterzienser, der Kälte wegen, die das mächtige Steingemäuer und die steinernen Fußböden auch sommers ausstrahlten, gichtkrank, erhob sich in finsterer, schweigender Nacht um zwei Uhr früh von seinem einfachen Lager, auf dem er angekleidet geruht, worauf in der Klosterkirche das liturgische Beten und Singen begann, dessen Höhepunkt das heilige Opfer am Vormittag bildete. Damals kannte man nur zwei Mahlzeiten je Tag: um 12 und um etwa 16 Uhr. Das Essen war stets fleischlos, wie es der heilige Benedikt vorgeschrieben. In der Fastenzeit wurde nur einmal gespeist: in der Regel gegen 15 Uhr.

Der scheidende Tag war liturgisch durchstrahlt von Vesper, Lesung der Heiligen Schrift sowie dem kirchlichen Nachtgebet, das um etwa 19 Uhr begann. Der Mönch stand von der Morgensonne an bis zum Einbruch der Dunkelheit im Banne seines Gottes und Herrn.

Das Haus der Zisterzienser barg aber nicht nur Chorgestühl und Betschemel, sondern auch Egge und Pflug, Schmiedehammer und Webstuhl. Jedes Zisterzienserkloster hatte im Ostteil seines Klaustrums, der den Mönchen als Wohnung diente, einen großen Arbeitsraum – in Heiligenkreuz eine bis in die Gegenwart erhalten gebliebene prächtige romanische Halle. Dort mußten die Mönche vier bis sechs Stunden täglich in den verschiedensten Zweigen der eigenen Hausindustrie arbeiten, war ihre Hilfe bei Aussaat oder Ernte auf den Feldern nicht gerade erforderlich.

In den Reihen der Heiligenkreuzer Zisterzienser fanden sich daher seit eh und je nicht nur Bücherschreiber und Lehrer, sondern auch Ingenieure, Architekten und Landwirte.

Zisterzienser bei der Kornernte

Die in den Zisterzienserklöstern lebenden Laienbrüder waren zwar auch zur Einhaltung der Keuschheit sowie Armut verpflichtet, gingen aber des langen feierlichen Chorgebetes ledig. Dafür ruhte die Schwere aller manuellen Tätigkeit auf ihren Schultern.

Aus ihren Reihen rekrutierten sich die Handwerker sowie die landwirtschaftlichen Arbeiter der Höfe, deren jedes Stift mehrere besaß. Je nach Größe der Nutzfläche wirkten dort in der Regel 10 bis 20 Brüder. Ihnen stand ein Hofmeister vor, unter dessen Anleitung sie den Urwaldboden rodeten, Reben pflanzten, säten, ackerten und ernteten, das Vieh weideten, Zeideleien in Forst und Heide errichteten, das Wasser stauten, um ein Gefälle für den Betrieb der Mühlen sowie Teiche im Dienste der Fischzucht zu gewinnen.

Der Aufenthalt auf den Wirtschaftshöfen war den Mönchen untersagt.

Was überseeische Kolonien jüngst für den modernen Staat bedeutet haben, das bedeuteten die klösterlichen Höfe vormals für die Wirtschaft eines Stiftes. Sie erzeugten Rohstoffe und Nahrungsmittel.

Aus den mühseligen wirtschaftlichen Anfängen der Mönchsgemeinschaften hierzulande berichtet der Kremser Historiker Harry Kühnel wie folgt:

Eine wichtige Rolle kam damals den heimischen Benediktinern zu, denen die Ordensregel neben der Pflege der Wissenschaft auch die Urbarmachung der Wälder und Bebauung des Bodens gebot, insbesondere aber den Zisterziensern, die in Rein, in Heiligenkreuz, Zwettl, in Baumgartenberg und Wilhering Niederlassungen errichtet hatten. Überall mußten Ent- und Bewässerungsanlagen geschaffen werden. Bei Straßengel berieselten die Mönche gar ihre Wiesen. Heiligenkreuz leistete auch jenseits der Leitha wichtige Rodungsarbeiten. Die dort ins Leben gerufene

Grangie Königshof besaß bald eine vorbildliche Entwässerungsanlage, die von allen Bauern des Gebietes nachgeahmt wurde.

Die Schwere der Arbeit bei Anlage einer Grangie, eines Wirtschaftshofes, gehe, sagt Kühnel, aus einem Briefe hervor, den Abt Gerlach von Rein in der Steiermark im Jahre 1159 geschrieben. Er verweist darauf, daß die grauen Mönche schon zur Nachtzeit aufstehen und mit eigener Körperkraft unermüdlich Steine, Balken, Lehm und Ziegel zusammentragen. Es kam aber auch vor, setzt der Berichterstatter fort, daß Zisterzen, Schlägel im Mühlviertel etwa, aufgegeben werden mußten, weil Abt und Mönche vor Hunger und Kälte starben.

Seinerzeit bei Urbarmachungen des Landes verwendete Geräte, Beile und Pflugschar etwa, sind uns dank Bodenfunden aus Thunau bei Gars bekanntgeworden.

In einem Klosterverbande lebten auch Arbeitskräfte, „Familiares“ genannt, die durch Gebetsverbrüderung zur monastischen Gemeinschaft gehörten, aber keine Gelübde abgelegt hatten.

Wuchs die Arbeit über die Leistungsfähigkeit der Ordensgemeinschaft hinaus, wurden Tagwerker verpflichtet, die man bezahlte.

Jedes blühende Kloster war eine wirtschaftliche Macht sondergleichen.

Über die handwerkliche Tätigkeit der Heiligenkreuzer Zisterzienser im besonderen wird etwa wie folgt berichtet:

Seit dem 13. Jahrhundert blühte dortselbst die Schuhfabrikation.

Das Stift besaß in späterer Zeit auf dem alten Wiener Bauernmarkt einen eigenen Stand zum Verkauf dieser seiner Erzeugnisse. Die Heiligenkreuzer Filzschuhe und Filzstiefel waren seinerzeit berühmt. Die Mönche belieferten damit Herzoghof und Adel.

In der Klosterschule

Vom Heiligenkreuzer Abte Leopold (1342 - 1347) ist bekannt, daß er gern zum Schusterhammer griff und daher vom Landesfürsten scherzhaft immer mit „Ehrwürdiger Herr Abt und geliebter Meister Schuster“ angesprochen wurde.

Nicht weniger berühmt scheint die stiftliche Holzverarbeitung im Hochmittelalter gewesen zu sein. Die Mönche erzeugten weithin begehrte Heuwagen, Leitern, Gabeln, Rechen, Deichseln, Holzbecher und Holzschüsseln. Die in der Regel gewichtige Schafzucht der Wirtschaftshöfe lieferte beträchtliche Mengen Wolle. Die Webereien jener Tage waren folglich neben dem Weinbau die ertragreichsten Einnahmequellen der Klöster. Der erste Heiligenkreuzer Tuchwalker ist bereits für das 12. Jahrhundert nachgewiesen.

Unter den erzeugten Lebensmitteln waren besonders der Käse und das Heiligenkreuzer Brot begehrt. Stiftliche Brezeln und Semmeln wurden wie das Schuhwerk nach Wien geliefert und dort verkauft. Von der Lebzelterei des Klosters weiß man, daß sie sowohl den Landesfürsten, den Landmarschall als auch später den Bürgermeister der Stadt Wien beliefert hat.

Vom Stifte Heiligenkreuz aus nahm um 1150 herum die österreichische Annalistik ihren Ausgang, sagt der Historiker Ernst Klebel. In jener Frühzeit schon wies das Kloster 70 handgeschriebene Bücher auf.

Die Bedeutsamkeit der Wissenschaft in Heiligenkreuz während des Hochmittelalters mag mit dem Hinweis erhärtet werden, daß es Mönche des genannten Klosters waren, die das Wiener St. Nikolaus-Kolleg in der Singerstraße begründet und dort als Professoren die Theologiestudenten der Universität in der Folgezeit ausgebildet haben.

Das Herzogtum Österreich auf dem Höhepunkte seiner Macht

Das folgenreichste Dokument der Geschichte des Heimatlandes im Hochmittelalter ist das Privilegium minus, jenes lange Zeit als unecht in Zweifel gezogene, nur in Abschriften überlieferte Pergament, das Österreich die Umwandlung in ein Herzogtum sowie verbriefte Vorrechte eintrug, deren keine andere Territorialherrschaft im Rahmen des Heiligen Römischen Reiches bis dahin sich zu rühmen in der Lage war.

Nachstehend geschilderte Ereignisse hatten das genannte Privilegium ermöglicht:

Im Jahre 1125 schied Kaiser Heinrich V. aus dem Leben. Erbe seiner großen Familiengüter wurde sein Neffe Herzog Friedrich von Schwaben, der Stiefsohn des Heiligen Leopold. Die Erfolge des Markgrafen von Österreich hatten die Fürsten des Reiches auf den Babenberger aufmerksam gemacht und ihn als Thronanwärter ins Gespräch gebracht. Leopold III. lehnte ab. Er begründete diesen Schritt damit, für das hohe Amt bereits zu alt zu sein, ja daß Zwistigkeiten in seiner Familie ihn zur Entscheidung zwingen, das Königsamt auszuschlagen.

König wurde Herzog Lothar von Sachsen. Diese Wahl hatte Kämpfe zwischen dem neuen Herrscher und den Staufern zur Folge. Als Lothar 1137 starb, hoffte sein Schwiegersohn Heinrich der Stolze aus der Familie der Welfen, Herr von Bayern und Sachsen, zum König gewählt zu werden. Da ihn die übrigen Großen des Reiches als Inhaber zweier Fürstentümer aber fürchteten, wurde der zweite Stiefsohn des Heiligen Leopold, der Staufe Konrad, als der dritte Kaiser dieses Namens zur Herrschaft im Reiche berufen.

Konrad entzog Bayern dem Welfen, dem er nur Sachsen beließ, und verlieh es seinem markgräflichen Stiefbruder

Leopold IV., und als dieser bereits zwei Jahre später, 1141 nämlich, verstarb, seinem zweiten Stiefbruder, Heinrich II. Jasomirgott.

Zu Beginn eines neuerlich ausgebrochenen Thronkrieges wurde auch der stolze Heinrich, einen unmündigen Sohn, Heinrich den Löwen, hinterlassend, aus dem Leben gerissen. Jasomirgott heiratete zwar die Witwe Gertrud von Braunschweig, Tochter Kaiser Lothars, die aber schon nach einjähriger Ehe im Kindsbette starb. Die Bemühungen des Österreichers, den Konflikt auf diese Art beizulegen, war gescheitert. Die Anhängerschaft der Welfen setzte den Kampf um Bayern unvermindert fort.

Diesen blutigen Streit unterbrach der zweite Kreuzzug 1147. Der erste wurde 1096 bis 1098, zur Zeit des dritten Leopold, geführt.

An einem vorwiegend bayerischen Palästina-Unternehmen 1100 nahm Leopolds Mutter Markgräfin Ita teil. Ihre Spuren hatten sich bald für immer verloren. Ob sie im Heiligen Lande verstorben oder gar die Mutter Imad ed-Din Zengis, des späteren Herrschers Mosuls und eingeschworenen Christenfeinds, geworden war? Ihr Schicksal gehört mit zu den ungelösten, weil unlösbaren Rätseln der Weltgeschichte.

Am zweiten Kreuzzuge nahmen Bischof Otto von Freising und neben anderen weltlichen Fürsten der inzwischen verwitwete Heinrich II. Jasomirgott, damals Herzog von Bayern, teil. Der Österreicher hatte das Kreuz nach einer vernichtenden Niederlage durch die Ungarn, in deren Thronwirren er 1146 eingegriffen, genommen.

Die Länder der mittleren Donau sahen damals gewaltige Heere nach dem Orient ziehen. Ob diese bewaffneten Pilgerströme dem Aufschwunge Österreichs sonderlich gedient? Sie waren in der Regel eine arge Plage sowohl für

Besitzende wie Habenichtse. Einem Kreuzfahrer Nahrung und Quartier zu verweigern, wagte selbst der Ärmste nicht.

Damals weihte Bischof Reginbert von Passau die erste Stephanskirche Wiens, die noch außerhalb der Wehrmauern lag und ein bescheidenes, im romanischen Stile erbautes gottesdienstliches Häuslein war.

Jener Tage gedenkt eine Sage, die breit und geruhsam hinfließt und nichts merken läßt von der politischen Spannung und Geladenheit der Epoche, die in ihrer idealistischen Zielsetzung wohl die erhabenste der europäischen Geschichte war, solange es tatsächlich um die Befreiung des Grabes Christi ging, zur beschämendsten aber wurde, als die Bewegung in wüste Plünderungs- und Eroberungszüge ab 1200 ausartete.

Die Sage erzählt:
Knapp außerhalb der festen Mauer im Osten unserer Stadt versah damals ein junges Pfäfflein namens Eberhard seinen gottgefälligen Dienst. Ihm lag nicht nur viel am Seelenheil seiner Gemeinde, sondern auch daran, das ihm anvertraute Kirchlein samt Friedhof in Ordnung zu wissen. Aus diesem Grunde pflanzte er ringsum Blumen und Bäume in Hülle und Fülle, darunter eine Linde, an der man die hellste Freude hatte und die ihm daher sehr ans Herz gewachsen war. Sie gedieh prächtig und warf bald erholsamen Schatten in den flimmernden Sommergarten sowie in die glühheiße Studierstube des Geistlichen.

Eines Tages befahl der Fürst, die alten Mauern im Osten Wiens zu schleifen, daß die Stadt vergrößert und der Friedhof erweitert werden könne für die sich von Tag zu Tag mehrende Gemeinde der Gläubigen bei Sankt Stephan.
Nur unter Aufbietung seiner ganzen Beredsamkeit gelang es Eberhard, besagte Linde vor dem Beile zu retten. Alles übrige Gewächs entlang der stürzenden Wälle fiel dem Fortschritte zum Opfer.
Und die Jahre gingen dahin. Der von einem mächtigen Laubdach gekrönte Baum duftete zur Maienzeit bis vor die Tore der Burg, heute Platz Am Hofe, wohin Heinrich Jasomirgott inzwischen als erster österreichischer Herzog übersiedelt war und wo man sich abends gern im Blütenhauche der Linde lustwandelnd erging.
Eines Tages klopfte Gevatter Tod am Kämmerlein des Priesters leise an, ihn demnächst mit sich in die Ewigkeit fortzunehmen.

Als der Pfarrer kurz danach mitten im Winter ins Sterbebett fiel, packte ihn ein unwiderstehliches Verlangen: seine geliebte Linde, die ihm seit vielen Jahren die Tage verschönt, noch einmal im vollen Schmuck der Blätter und Blüten zu sehen, noch einmal ihren unvergleichlichen Duft zu atmen.
Dichter Schnee trieb durch die engen Gassen der Stadt, die Äste starrten kahl in den nebelverschleierten Himmel, dürres Gestrunk lag über den Kreuzen des großen Friedhofs, ein einziges Blümlein nur sichtbar sproß: das Eisröslein an den Butzenscheiben.
Die Anwesenden wehklagten über den sonderbaren Wunsch ihres verehrten langjährigen Freunds und Beraters in Not und Leid. Sie waren allesamt traurig, gegen die Allmacht des Winters nichts ausrichten zu können. Und als Pfarrer Eberhard gar verlangte, das Fenster zu öffnen, damit er sich zum letzten Mal am herrlichen Duft und der strotzenden Lebenspracht und Kraft seiner Linde ergötze, taten sie nach seinem Geheiß und weinten lauthals.
Was keiner aber für möglich gehalten, hatte sich indessen dennoch erfüllt: Der Baum prangte in dichtem Laubgewirr, in dem es tausend- und abertausendfach blühte und sommerlich sang, als ginge es der Reife und der Ernte zu, nicht aber dem Erwachen der Natur, wonach sich in jenen Frosttagen das frierende Wien innigst gesehnt.
Der Brust des Greises entwand sich ein Seufzer tiefster Befriedigung, seine Augen glänzten auf wie die hellsten Sterne der jungen Nacht, treten sie ans abendliche Gezelt des Himmels.
Alles sank in die Knie: Ein Wunder war geschehen!
Als man sich erhoben, lag Pfarrer Eberhard mit seligem Lächeln da und war glücklich verschieden. Draußen im Schnee aber starrte die Wirrnis des kahlen Lindengeästs in den winterlichen Vormittag.

Am zweiten Kreuzzuge teilgenommen, brachte der bayerische Herzog Jasomirgott keine Kriegslorbeeren nach Hause, dafür aber die byzantinische Prinzessin Theodora Komnena als zweite Frau. Diese Heirat diente einerseits der hohen Politik, Ostrom dem Reiche geneigt zu machen, andererseits der Absicht Österreichs, des babenbergischen Stammlandes, mit dem Hinweis, einen neuen, mächtigen Verbündeten gefunden zu haben, gleichsam eine Warnung an das stets unruhige Ungarn auszusprechen.

Seit seinem Regierungsantritt 1152 war der junge Kaiser Friedrich I. Barbarossa bestrebt gewesen, sich um des Reiches willen mit dem Welfen Heinrich zu versöhnen.

Dieser wurde nach einem ehernen Löwen, den er vor seiner Burg zu Braunschweig als Symbol der Kraft und als Schreckbild für seine Widersacher hatte errichten lassen, der Löwe genannt. Jasomirgott verlor Bayern an den Welfen, die Ostmark aber wurde in ein Herzogtum umgewandelt, der Babenberger der erste Herzog des Heimatlandes.

Im Hinblick auf Theodora, Jasomirgotts Gemahlin, ist von Interesse zu erfahren, daß das alpenländische Wiegenlied „Heidschi pumbeidschi" angeblich durch sie, die Griechin, nach Österreich kam. Der deutschen Sprache unkundig, wiegte sie ihren Prinzen mit einem Sang ihrer fernen Heimat in den Schlaf. Da man den Text aber nicht verstand, trällerten die Hofdamen alsbald die Verballhornung in den Tag. Das Volk übernahm diese an sich sinnlosen Wörter und bewahrte sie bis in die Gegenwart als herrliches Geschenk des Mittelalters an uns.

Jasomirgotts Bruder, Bischof Otto von Freising, berichtet über die Erhebung der Ottonischen Mark zum Herzogtum etwa wie folgt:

Mitte September des Jahres 1156 versammelten sich die Reichsfürsten zu Regensburg, wo sie einige Tage auf die Ankunft des jungen, tatenfrohen und klugen Kaisers warteten, der seine Hauptaufgabe im Inneren in der Versöhnung der Welfen mit dem Reiche, wie bereits vermerkt, sah. Als Friedrich I. eine Woche später dann eingetroffen war, zog er seinem Oheim Heinrich Jasomirgott, der sich zwei deutsche Meilen entfernt unter Zelten aufhielt, ins Feldlager entgegen. Dort wurde der Ratschluß, den man schon lange insgeheim gefaßt, aber verborgen gehalten hatte, allen herbeigeeilten Vornehmen und Großen des Reiches kundgetan.

Der Hauptinhalt der Vereinbarung war folgender, erinnere er sich, schreibt Otto:

Der ältere Heinrich (Jasomirgott) verzichtete auf das Herzogtum Bayern durch die Rückgabe von sieben Fahnen. Diese stellte der Kaiser dem jüngeren Heinrich (dem Löwen) zu, der dann mit zwei Fahnen die Ostmark samt den von altersher dazugehörigen Grafschaften in die Hand Friedrichs legte. Darauf machte der Kaiser im Einverständnis mit den Reichsfürsten aus eben dieser Mark samt den erwähnten Grafschaften, „die man die drei nennt", ein Herzogtum und übergab es symbolhaft durch zwei Fahnen nicht nur Heinrich Jasomirgott allein, sondern auch dessen Gattin.

Den erwähnten drei Grafschaften ist man bis heute noch nicht auf die Spur gekommen.

Zur Bekräftigung und Befestigung der Übereinkunft wurde eine Urkunde ausgestellt: das Privilegium minus, das wichtigste politische Schriftstück der babenbergischen Ära.

Durch diesen von Barbarossa im 5. Jahre seines König-, im 2. seines Kaisertums vollzogenen Schritt verschwand der Markcharakter unseres Landes. Österreich trat als gleichberechtigt in die Reihe der vornehmsten Reichsfürstentümer.

Hauptstadt wurde Wien. Am Rande des Herzogtums zwar gelegen, war die handelspolitische Bedeutung der Stadt aber so groß, daß man angesichts des hier durchströmenden Reichtums damals gern auf eine zentrale Lage verzichtete. Und das war gut so. Spätere Jahrhunderte haben diesen scheinbaren Fehler korrigiert und aus der ehemals babenbergischen Residenz am Rande den Mittelpunkt eines mächtigen, selbständigen Reiches gemacht.

Heinrich Appelt, der Herausgeber der Barbarossadiplome, führt zur genannten Vereinbarung etwa aus:

Das Privilegium minus entstand in einer Zeit, in der die abendländischen Staaten weitgehend auf den Prinzipien des Lehenswesens aufgebaut waren. Die Zeremonien, die auf dem Hoftag zu Regensburg vollzogen wurden, bewirkten die Umwandlung der bisherigen Mark in ein Herzogtum und ihre rechtskräftige Trennung von Bayern. Das Privileg hatte überdies für die weitere Entwicklung des Reichslehensrechtes eine nicht zu unterschätzende Bedeutung.

Zu seinen auffälligsten Besonderheiten zählen zweifellos zuerst das Jus affectandi, das einmalige Vorrecht, bei Kinderlosigkeit den Nachfolger selber bestimmen zu können, dann die Tatsache der Mitbelehnung der Gattin des Babenbergers. Hier erhebt sich die Frage, ob byzantinische Rechtsanschauungen bei Formulierung der österreichischen Sonderfreiheiten von Einfluß gewesen sind.

Die Sicherstellung vermögensrechtlicher Ansprüche der Frau und der Töchter des Belehnten spielte eine Rolle. Der dynastische Gedanke, das Hausrecht, Heirats- und Erbverträge greifen erstmals in die Sphäre des Lehensrechtes über, sagt Appelt. Der deutsche Hochadel hat dank der vielfältigen Krisen, von denen das Reich erschüttert wurde, seither ähnlichgeartete Ziele immer wieder durchzusetzen vermocht. Das Privilegium minus stand am Anfang dieser Entwicklung.

Es hielt schließlich noch drei weitere bemerkenswerte Begünstigungen der Babenberger fest: Der Herzog mußte lediglich Hoftage in Bayern besuchen, an Reichskriegen nur gegen seine Nachbarn teilnehmen, ohne seinen Willen durfte von der Gerichtsbarkeit in Österreich niemand ausgenommen werden. Diese Klausel hatte große finanzielle Bedeutung.

Die herzogliche Macht im weitesten Umfange zu festigen und das Land auf jene wirtschaftliche und kulturelle Höhe zu bringen, die Österreich unter die blühendsten Provinzen des Reiches reihte, bedurfte es besonders günstiger Umstände. Daß diese zur Babenbergerzeit gegeben waren, läßt sich wie folgt aufzeigen:

Die Politik der Herzoge schränkte durch Beerbung, Enteignung sowie Kauf von Herrschaften den Einfluß des Adels immer mehr ein. Einige wenige reichsfreie Geschlechter, vornehmlich im Rodungsgelände nördlich der Donau beheimatet, konnten die Entwicklung der landesfürstlichen Hoheit kaum verzögern. Ihre Freiheiten wurden in dem Maße untergraben, in dem der Eigenbesitz der Babenberger wuchs. Möglicherweise günstig war überdies die Tatsache, daß Österreich keinen eigenen Bischofsitz besaß, der Mittelpunkt eines selbständigen fürstlichen Territoriums geistlicher Provenienz hätte werden können. Auch Reichsklöster gab es nicht. Da die Babenberger die Vogteien, den Gerichtsvollzug, über die hiesigen Güter der Hochstifte Bayerns innehatten, war deren Einfluß viel zu gering, ein Hindernis auf dem Wege zur Ausbildung der absoluten Landessouveränität zu sein, führt Hugo Hantsch in seiner Geschichte Österreichs aus.

Herzog Heinrich II. Jasomirgott starb im Jahre 1177. Er wurde unfern seiner Residenz in dem von ihm gegründeten Wiener Schottenstifte zur ewigen Ruhe bestattet.

Wenngleich kein großer politischer Geist, war Heinrich dennoch ohne Unterlaß eifrig bemüht, die Vorteile des Landes zu wahren, ja zu mehren, wofür er zum Beispiel gar ins Feld gegen die Böhmen zog, die das Rodungsgebiet um Weitra für sich beanspruchten. Dort stürzte er vom Pferde, was kurz danach Ursache seines Todes war. Während seiner Regierungszeit erhielt St. Pölten, das dem Bischof von Passau gehörte, ein Stadtrecht — eines der ersten in Niederösterreich. Die Verleihung bedeutete einen gewaltigen Fortschritt in der Rechtsprechung, führt der dortige Stadtarchivar Prof. Gutkas aus, da Feuer- und Wasserprobe abgeschafft wurden und an deren Stelle erstmals die Zeugenaussage trat, die das Gericht fortan anerkannte.

Hier ist der Ort, einiges über das Rechtswesen des Hochmittelalters zu erzählen:

Das Rechtswesen zeugt vom Grad der Reife eines Volkes. Damals begab sich der einzelne unter den Schutz einer ihm nahestehenden machtvollen Persönlichkeit des Adels, des regierenden Fürsten oder des Bischofs. Die Gewalt des Staates wurde dadurch erbliches Eigentum dieser Männer. Die Ärmeren und Schwächeren gaben ihr Besitztum Reicheren und Stärkeren, um deren Schutz zu erlangen. So entstand das Grundherrentum, das Feudalsystem.

Recht gesprochen wurde anfangs nach hergebrachten Gewohnheiten, die in den „Weistümern" späterer Jahrhunderte ihren schriftlichen Niederschlag fanden.

Neben der Grundherrschaft war die Gemeinde für Recht und Ordnung im Dorfe verantwortlich. Sie übte die niedere Gerichtsbarkeit durch gewählte Dorfrichter aus. Später verschmolz diese mit der Gerichtsbarkeit der Grundherren.

Die bis ins 13. Jahrhundert günstige rechtliche und soziale Lage gestattete den Bauern freie Verfügung über ihr Zinsgut sowie freies Erbrecht, mitunter gar das Tragen von Waffen, ja den Aufstieg in ritterliche Familien durch Einheirat.

Für die Rechtsprechung des Mittelalters ist die Tatsache bezeichnend, daß alle Strafen dem Verbrechen angepaßt waren und den Schein erwecken sollten, als räche sich die Natur selbst. Der Grenzsteinverrücker wurde mit dem Grenzstein erschlagen, der Pflugdieb mit dem Pflug überpflügt, der Baumschäler hatte mit seinen Gedärmen die Blöße des Stammes zu bedecken.

Die Schuld oder Unschuld eines Angeklagten zu erweisen, gab es vielerlei Möglichkeiten. Am häufigsten wurden sogenannte Gottesurteile angewendet:

Die Feuerprobe z. B. bestand darin, den Angeklagten ein glühendes Eisen eine vorbestimmte Strecke tragen zu lassen. Blieb die Hand dabei unverletzt, galt er als unschuldig. Bei der Wasserprobe hieß es, in einen Kessel mit siedendem Wasser zu greifen und unversehrt einen Ring oder Stein herauszuholen. Die sogenannte Probe des geweihten Bissens bestand darin, den Beschuldigten trockene Speisen essen zu lassen. Zitterte oder verschluckte er sich dabei, war er schuldig. In der Abendmahlprobe galt es, während der Messe die Kommunion zu empfangen. Der Schuldige, hieß es, sterbe bald darauf. Das Bahrrecht fand bei Totschlag Anwendung. Der Angeklagte mußte an die Bahre, den Sarg des Erschlagenen, treten und den Leichnam berühren. Begannen die Wunden des Toten von neuem zu bluten, war die Schuld erwiesen. Im Scheingehen wurde dem Ermordeten eine Hand abgelöst und auf den Gerichtstisch gelegt. Der Angeklagte, nur mit einem Hemde bekleidet, hatte diese Hand dreimal zu ergreifen und jedesmal niederzuknien. Gab die tote Hand kein Zeichen, war der Angeklagte vom Verdacht der Tat befreit. Beim Losurteil wurden zwei Würfel in einen Sack gesteckt. Wer den mit einem Kreuze bezeichneten zog, galt als der Schuld überwiesen. Die Kreuzprobe schließlich bestand darin, daß jemand, der einen anderen des Meineids beschuldigte, sich mit diesem unter ein Kreuz zu stellen hatte. Wer von beiden die waagrecht ausgestreckten Arme zuerst sinken ließ, war der Unwahrheit überführt.

Die Gottesurteile waren folglich keine Strafen, sondern Proben, die erst den Beweis der Schuld erbringen sollten. Viele Vergehen, wie Totschlag, Leibesverletzung, Raub und Diebstahl, konnten durch Geldbußen gesühnt werden. Dabei ist zu beachten, daß den Knecht härtere Strafen trafen als den Freien.

Die Gottesurteile wurden vom Konzil zu Lateran 1215 verboten, einige freilich haben sich bis weit ins Spätmittelalter hinein erhalten.

Für die heutigen Menschen ist es schwer, jene Zeit verstehen zu können. Man tut sie gewöhnlich mit dem Hinweis ab, das Mittelalter sei „finster" gewesen. Lesen wir nach, was Jakob Grimm (1785 - 1863), einer der besten Kenner jener Epoche, darüber zu sagen weiß: „Des Geredes über Faustrecht und Feudalismus wird kein Ende, es ist, als ob die Gegenwart gar kein Elend und Unrecht zu dulden hätte und neben den Leiden der damaligen Menschen gar keine Freuden möglich gewesen wären. Hier bloß das Rechtsverhältnis berührend, glaube ich", sagte Grimm, „die Hörigkeit und Knechtschaft der Vergangenheit war in vielem leichter und liebreicher als das gedrückte Dasein unserer Bauern und Fabrikslöhner: die harte Erschwerung der Ehe für den Armen und den angestellten Diener grenzt an Leibeigenschaft; unsere Gefängnisse sind ärgere Qual als die verstümmelnden Leibesstrafen der Vorzeit . . . Statt persönlicher Bußen haben wir unbarmherzige Strafen, statt farbiger Symbole Stöße von Akten, statt eines Gerichts unter blauem Himmel qualmende Schreibstuben, statt der Zinshühner und Fastnachtseier kommt der Pfänder, namenlose Abgaben in der Jahreszeit zu erpressen."

In einem früheren Kapitel war von der Blendung des Fürsten Rastislaw die Rede. Die königliche Justiz des Mittelalters bediente sich ihrer in zahlreichen Fällen. Den Gegner für die Regierung unfähig zu machen, war man bei der Wahl der dafür geeigneten Mittel alles andere denn human.

Eine nur in Niederösterreich nachweisbare Einrichtung war die Sonderstellung der Weinbauern: ihre Selbstverwaltung in eigenen Bergtaidingen. Wegen der Schwierigkeiten in der Düngerbeschaffung, der Mehrarbeit beim Terrassenbau und infolge der hohen Kosten der Fässer und Geräte mußten ihnen Erleichterungen gewährt werden. Vielfach frei, war der Weingarten des Hauers in den meisten Fällen Zins- und nicht Dienstgut.

Jasomirgotts Sohn und Nachfolger Leopold V. der Tugendhafte (1177 - 1194) wurde 1192 auch Herzog der Steiermark

und rückte damit unter die mächtigsten Fürsten Deutschlands auf.

Das Gebiet Herzog Ottokars IV. umfaßte damals neben der Steiermark auch den Bereich des Traun- und Attergaues bis zur Donau und zum Hausruck. Angeblich vom Aussatze unheilbar befallen, setzte er zu seinen Erben Leopold von Österreich und dessen Sohn Friedrich ein.

Die historische Entwicklung, die dazu geführt hat, kann folgendermaßen zusammengefaßt werden:

Ab dem Reichstage von Regensburg, wo Österreich 1156 zum Herzogtum geworden, war der Kaiser zwanzig Jahre hindurch in kriegerische Auseinandersetzungen mit den oberitalienischen Städten, voran Mailand, verwickelt. Verhängnisvoll dabei wurde für ihn das 1159 ausgebrochene Schisma. Der von der Mehrheit der Kardinäle erwählte Alexander III., zuvor päpstlicher Legat, der sich beim Kaiser unbeliebt gemacht hatte, stand Viktor IV. gegenüber, den Friedrich Barbarossa unterstützte. Weil auch die meisten deutschen Kirchenfürsten für Papst Alexander waren, brach im Reich ein heftiger Bürgerkrieg aus.

Heinrich Jasomirgott unterstützte den Kaiser, der steirische Markgraf Ottokar III. wich, um sich nicht festlegen zu müssen, aus, indem er einen Kreuzzug unternahm, unterwegs aber zu Fünfkirchen in Ungarn verstarb. Sein Land, das seinem vierjährigen Sohne verblieb, schien bösen Zeiten entgegenzugehen.

1176 wurde Barbarossa vom lombardischen Städtebund bei Legnano besiegt. Der Kaiser mußte einen kompromißreichen Frieden mit Papst Alexander und den oberitalienischen Städten 1177 in Venedig schließen. Die Schuld an der Niederlage traf vor allem Herzog Heinrich den Löwen, der dem Staufer die Heeresfolge verweigert hatte. Ein Fürstengericht sprach ihm deshalb beide Länder, die er seit dem Regensburger Reichstag besaß, ab. Gleich-

zeitig wurde die Steiermark Herzogtum, Ottokar IV., den man vorzeitig mündig erklärt hatte, 1180 Herzog.
Seiner unheilbaren Krankheit wegen vererbte Ottokar sechs Jahre später seinen Herrschaftsbesitz, wie erwähnt, den Babenbergern.

Am 17. August 1186 kamen auf dem Georgenberge bei Enns Leopold V. von Österreich und Ottokar IV. zusammen, Abmachungen über die Nachfolge der Babenberger in der Steiermark zu treffen. Zahlreiche Adelige sowie Vertreter der Klöster beider Länder nahmen an den Verhandlungen teil. Damals wurden mehrere Urkunden ausgestellt. Eine davon, die Georgenberger Handfeste, verbriefte den steirischen Ministerialen sowie Klöstern alle alten Rechte, welche die neuen Landesherren, fortan Herzoge von Steier und Österreich genannt, zu halten sich verpflichteten.

Die steirischen Ministerialen durften z. B. ihre Besitztümer an weibliche Nachkommen vererben, Lehensgrundstücke frei veräußern oder Klöstern, die sie gründen bzw. in die sie selbst eintreten würden, schenken. Überdies stand ihnen das Recht zu, an ein Fürstengericht zu appellieren. Ihnen neue Abgaben vorzuschreiben, war verboten.

Nach diesem großartigen Erfolg fühlte sich der tugendhafte Herzog veranlaßt, das Kreuz zu nehmen und in absehbarer Zeit ins Heilige Land zu ziehen. Als Sultan Saladin 1187 Jerusalem erobert hatte, war es soweit. Zuvor jedoch hieß Leopold V. den greisen Friedrich Barbarossa, indessen mit Heinrich dem Löwen wieder versöhnt, in Wien willkommen, wohin der Mächtige per Schiff von Regensburg aus aufgebrochen war, die sogenannte dritte Kreuzfahrt des Abendlandes zum Ruhme Gottes, der Kirche und des Reiches anzuführen. Das Pilgerheer brannte damals auf Befehl des Kaisers Mauthausen nieder, dessen Bürger es gewagt hatten, von den Durchziehenden Zoll zu verlangen.

Als das Heer nach Wien gelangt war, sorgte Herzog Leopold, in aller Welt ob seiner Freigebigkeit berühmt und angesehen, für die Bedürfnisse der Pilger in ausreichendem Maße. Er bot ihnen bereitwillig zum Kauf an, wessen sie bedurften, und spendete aus eigenen Mitteln manches gewichtige Stück, was zur Befriedigung ihrer Notdurft beitrug. Die Kreuzfahrer marschierten weiter in die ausgedehnte Ebene vor die Stadt, die gemeinhin Vierfeld heiße, wird berichtet, wo sie dann gegenüber der Festung Bosonium, zu deutsch Preßburg genannt, ein Lager aufschlugen.

Im Namen der Wiener Singerstraße, einst Sünchinger Straße geheißen, scheint eine blasse Erinnerung an jene Zeit fortzudauern, als um 1100 herum etwa in Sünching bei Regensburg nicht nur Kreuzfahrer, sondern auch manches bedeutsame Handwerk – Weber, Färber, Filzer –, Waren und Menschen und mit diesen tausend und abertausend mittelalterliche Schicksale in unsere damalige Herzogsmetropole donauabwärts verfrachtet wurden. Der ehemalige Regensburger (Kaufmanns-) Hof beim heutigen Lugeck, die Niederlassung der Handelsherren aus Südostdeutschland, vom ausgehenden 13. bis Ende des 19. Jahrhunderts zuerst als Geschäftshaus, dann als Gebäude fortbestehend, das anderen Zwecken diente, war lange Zeitläufte hindurch Mittelpunkt des vielfältigen, von Regensburg her pulsierenden Lebens, das Wien und Österreich bis in die jüngste Vergangenheit kräftig speiste.

An den dritten Kreuzzug – der greise Kaiser Friedrich Barbarossa war während des Anmarsches im kleinasiatischen Flusse Saleph ertrunken – knüpft sich die Sage von der Entstehung des österreichischen Bindenschildes, die allerdings erst der Geschichtsschreiber, Rektor der Wiener Universität und Diplomat Thomas Ebendorfer Mitte des

15. Jahrhunderts erzählt. Ihm sind auch die Beinamen der Babenberger zuzuschreiben.

Im wiennahen Perchtoldsdorf begraben, war der eben genannte berühmte Mann ein Sohn des nicht minder nahen niederösterreichischen Haselbach am Michelberg, wo er am 10. August 1387 geboren wurde. Ebendorfer gehört zu den fruchtbarsten Autoren der Weltliteratur. Die Gesamtausgabe seiner hinterlassenen Schriften würde mindestens 40 Oktavbände zu je 500 Seiten ergeben, sagte Alphons Lhotsky, sein jüngster Biograph.

Wenngleich vor Akkon der rot-weiß-rote Bindenschild mit Sicherheit nicht entstanden ist, ein österreichisches Hoheitszeichen wurde damals in Palästina dennoch in Mitleidenschaft gezogen.

In Sage und historischer Überlieferung sind beide Begebenheiten wie folgt verquickt:
Als der englische König Richard Löwenherz nach der Eroberung der Insel Zypern mit 25 Schiffen im Hafen von Akkon einlief, war das Christenheer sicher, bald aus aller Not befreit und dem endgültigen Siege des Kreuzes über den Halbmond nahe zu sein. Seine Ankunft wurde daher triumphal gefeiert, was den Neid und die Eifersucht des französischen Königs weckte. Das christliche Heer spaltete sich in zwei Parteien. Seine Schlagkraft war dadurch reduziert, ja geradezu gelähmt, als Richard für Wochen zufolge einer Seuche überdies ins Krankenbett fiel. Sultan Saladin rückte in bereits verlorene Stellungen wieder ein. Da wurde den Belagerern der Zustand der berühmten und reichen Handelsstadt, namentlich ihr drückender Mangel an Lebensmitteln und Trinkwasser, durch Verrat offenkundig. Das bereits dank einer Unzahl von Einzelgefechten sowie Massenangriffen sturmreif geschlagene Mauerwerk war nicht mehr in der Lage standzuhalten. Es fiel.

Bei diesem letzten Angriffe tat sich, sagt die Sage, Herzog Leopold von Österreich besonders hervor. An der Spitze seiner Gefolgsleute hatte er als erster die Höhe der Wälle kämpfend erstiegen, von feindlichem Blute triefend. Als er nach dem glorreichen Sieg ins Lager der Seinen heimgekehrt war und den Gürtel löste, zeigte sein zuvor blütenweißes Gewand eine zweifärbige Streifung: oberhalb und unterhalb eine rote, in der Mitte eine weiße wie Österreichs Staatsfarben von heute: rot-weiß-rot.

Die Geschichte bestätigt, daß der Sieg der europäischen Ritterschaft damals wahrlich triumphal gewesen. Akkon wurde mit allen Schätzen an

Gold und Silber, mit allen Vorräten an Waffen, mit allen Kriegs- und Handelsschiffen den Abendländern übergeben. Die Mannschaften der Moslems durften abziehen, ihre Führer mußten als Geiseln aber solange zurückbleiben, bis Saladin die ausbedungene Zahl christlicher Gefangener in Freiheit gesetzt, 200 000 Goldstücke entrichtet und das zuvor entführte Heilige Kreuz der Stadt Jerusalem rückerstattet hatte.
Der Jubel der Sieger jedoch artete bald in Zwist und Streit aus. Die deutschen Kreuzfahrer waren über die Tatsache erbost, daß die Engländer und die Franzosen die Beute unter sich allein aufgeteilt. Zu einem direkten Zusammenstoß mit unserem Tugendhaften fünften Leopold aber kam es erst vor Askalon 1192, wo Richard zur Bewunderung aller Kreuzfahrer einmalige Tatkraft und kriegerischen Mut sondergleichen bewiesen:
Er betrieb den Aufbau der zerstörten Festung mit solcher Umsicht, daß sich das christliche Heer dortselbst schon bald häuslich niederlassen und für den Sturm auf Jerusalem bestens vorbereiten konnte. Überdies befreite der Engländer in einem tollkühnen Unternehmen 1200 Franzosen aus den Händen der Ungläubigen, wobei er auch gewaltige Beute an Kriegsgut gewann.
Neben diesen rühmlichen Eigenschaften kamen in Askalon aber auch Richards Charakterschatten, herrisches Wesen, Jähzorn und leidenschaftliche Heftigkeit, zum Ausdruck.
Wahrscheinlich darüber verärgert, daß es Leopold abgelehnt hatte, seinem Befehle zu gehorchen, persönlich Hand anzulegen bei Ausbesserung der durch Beschädigung unsicher gewordenen Mauern und Wehren der Festung, und dieser den Boten mit der spöttischen Bemerkung abgewiesen, sein Vater sei weder Zimmermeister noch Steinmetze gewesen und er sich zu der verlangten Arbeit daher nicht bereitfinden könnte, brach Löwenherz in ungezügelten Zorn aus. Als er dem Herzog bald danach begegnete, schrie er ihm daher wütend ins Gesicht: „Ich habe tagelang Ziegel auf dem Rücken geschleppt, bis meine Wirbelsäule gekrümmt war, Askalon uneinnehmbar zu machen und bin königlichen Geblüts!“ und trat Leopold mit dem Fuße und riß das österreichische Banner in den Staub.
Über diese Behandlung empört, verließ der Herzog alsbald das Kriegslager und kehrte zurück in die Heimat, nach Rache sinnend.
Löwenherz mußte indessen den Angriff auf Jerusalem der christlichen Uneinigkeit wegen unterlassen.
Ende des Jahres 1192 kam es zum Frieden mit Sultan Saladin, worüber beide Parteien schließlich glücklich waren.
Die Tage der Kreuzfahrerstaaten von Edessa und Antiochia, vor rund drei Generationen aus Sonderinteressen der fürstlichen Teilhaber gegründet und von zumeist französischen Rittern gehalten, waren gezählt.

Am 9. Oktober verließ Richard Syrien, nach England segelnd, wo man seiner dringend bedurfte. Vom Herbststurm aber verschlagen, mußte er durch Österreich reisen, um mit Hilfe seines deutschen Schwagers Heinrich des Löwen auf sein Inselreich zu gelangen. In dem Wiener Vorort Erdberg fiel er Herzog Leopold in die Hände, der ihn nach längerer Burgenhaft in Dürnstein Kaiser Heinrich VI. um ein enormes Lösegeld auslieferte.

Leopold VI., des fünften Leopold zweitgeborener Sohn, dürfte mit dem Erbe des Waldviertler Grafengeschlechts der Poigen - Hohenburg - Waldberg auch deren Wappen, einen rot-weiß-roten Bindenschild, übernommen haben. Sein Sohn Friedrich II. der Streitbare führte das Zeichen bald darauf in seinem Amtssiegel. Fortan war das übernommene Waldviertler Wappen auch das Wappen der österreichischen Herzoge.

In seiner Chronik erzählt Otto von St. Blasien im Schwarzwald die Gefangennahme des englischen Königs etwa wie folgt:
Von seinem Zuge nach Palästina heimkehrend, kam Richard Löwenherz in das Land Herzog Leopolds. Eingedenk der Beleidigungen, die er dem Österreicher angetan, fürchtete er sich sehr und wünschte nichts sehnlicher, als unerkannt bald nach Deutschland zu gelangen. Aus diesem Grunde legte er jegliches königliche Gepränge ab und kleidete sich bürgerlich. Vom Hunger getrieben, kehrte er in einer Herberge bei Wien ein, wo er sich, Knechtsarbeit verrichtend, eines Tages ein Masthuhn am hölzernen Spieße briet. Den Braten drehend, hatte er vergessen, sich seines prächtigen Ringes zu entledigen.
Ein Diener des Herzogs, der Leopold ins Heilige Land begleitet hatte und dort des englischen Königs ansichtig geworden war, kam zufällig vorbei, erkannte den Fremdling und eilte still fort, seinem Herrn die frohe Botschaft zu bringen und das Versteck Richards zu verraten.
Der Herzog und seine Leute bestiegen sofort ihre Pferde, ritten nach Erdberg und nahmen den Engländer, der gerade sein Mahl verzehrte, seiner Beschäftigung und Kochkunst spottend, gefangen.
Richard Löwenherz wurde in enge Haft gesperrt, wodurch vergolten war, was er in seiner leidenschaftlichen Heftigkeit an Herzog Leopold dem Tugendhaften leichtfertig verbrochen.
Viele verabscheuten die Tat des Herzogs, weil er einen Pilger des Heiligen Grabes gefangengenommen, was dem König aber wenig nützte.

Von Richards Entdeckung im Wachauer Kerker durch den Sänger Blondel de Nesle von Arras berichtet die österreichische Volkssage etwa wie folgt:
Als der englische König bereits monatelang im mächtigen Burgverlies Hadmars von Kuenring zu Dürnstein schmachtete, wohin Leopold seinen berühmten Gefangenen hatte bringen lassen, und alle Welt seiner allmählich zu vergessen begann, wanderte der Sänger Blondel, des Unglücklichen Gefährte aus besseren Tagen, deutschlandwärts, allerorts Waffenknechte, Söldner, Ritter und Herren sowie fahrende Leute nach Löwenherz befragend.
Blondel zog den Rhein und den Main hinauf von Stadt zu Stadt und von Burg zu Burg, sang an allen Höfen, in allen Schlössern und jedesmal auch das Lieblingslied des gefangenen Freundes, der zeitlebens ein großer Gönner des Saitenspiels gewesen und kräftig in die Weise der Troubadoure mit einstimmte, die an seinen Tafeln oft zu Gast waren und gern in seiner Gesellschaft weilten. Jeden neuen Tag aber mußte Blondel schweren Herzens weiterziehn. Nirgendwo war eine Spur von Löwenherz zu finden. Als er nur mehr geringe Hoffnung hegte, seinen lieben Herrn zu entdecken – er ritt bereits wochenlang erfolglos die Donau hinab und hörte schon von Wien erzählen, der prächtigen Stadt, die dem englischen König zum bösen Verhängnis geworden –, traf er in Dürnstein ein.
Auch dort stimmte er, während die Sonne im Scheiden war, seine Lieder der Sehnsucht und Wehmut an – eins nach dem anderen, eins trauriger als das andere und zum Schluß die Weise seines Herren, die niemand kannte als Löwenherz allein.
Kaum hatte Blondel die erste Strophe beendet, kaum war er ein Weilchen hoffnungslos still verharrt, ob ihm aus der Tiefe der festen Mauern Antwort werden würde, erschauerte er plötzlich: Richard sang die zweite Strophe des nur ihm bekannten Liedes.
Nun wußte Blondel, daß der gesuchte König noch lebte und wo man ihn gefangen hielt.
Er eilte heim, tat dort das Schicksal des Löwenherz kund und ruhte nicht eher, bis der englische Lehensadel und die Geistlichkeit das Lösegeld, die ungeheure Summe von 100 000 Pfund Silber, beisammen hatten, was letztlich nur durch Einschmelzung der reichen Kirchenschätze Großbritanniens möglich geworden war. Damit wurde der inzwischen nach der hohenstaufischen Reichsfeste Trifels überstellte König 1193 endlich freigekauft.

Im Jahre darauf stürzte Leopold V. zu Graz vom Pferde und starb kurz danach an den Folgen der damals noch unreparablen Verletzung. Die dem Kaiser abgehandelte Hälfte des englischen Lösegeldes verwendete sein äußerst tüchtiger Sohn Leopold VI. der Glorreiche (1198 - 1230) zur

Neuanlage Wiener Neustadts etwa sowie zur Erweiterung und Befestigung anderer Städte, aber auch zur Finanzierung der Münzprägung, die den Wiener Pfennig schuf, der an Stelle der Kremser Prägung der Babenberger trat und sich auch gegen den Friesacher Pfennig des Erzbistums Salzburg alsbald durchgesetzt hatte.

Die Kreuzzüge dürften auf die Wiener Bevölkerung seinerzeit einen mächtigen Eindruck gemacht haben, anders nämlich ist es nicht zu erklären, daß eine der bekanntesten Lokalsagen unserer Bundeshauptstadt jener bewegten Epoche der europäischen Geschichte bis auf den heutigen Tag gerne gedenkt:
Die Frau eines Ritters des österreichischen Herzogs Leopold, die gelobt hatte, auf der Höhe des Wienerberges ein prächtiges Steinkreuz bei gesunder Heimkehr ihres Gemahls aus dem Heiligen Land errichten zu lassen, wird erzählt, wartete auf ihrer Burg bereits drei volle Jahre, ihr Mann aber war aus dem Lande der Heiden noch immer nicht zurück. Als dann sogar der Herzog aus Palästina eingetroffen und mit ihm und danach Hunderte und Aberhunderte weiterer Kreuzfahrer, nahm die betrübte Spinnerin ihren Rocken, trug ihn auf die besagte Höhe und werkte dort ohne Unterlaß weiter und weiter. Aus dem Erlös ihrer Arbeit wollte sie das versprochene Monument errichten lassen.
Die Frau saß vom frühen Morgen bis zum späten Abend beim Spinnen, innige Gebete vor sich hinmurmelnd, und harrte des heißersehnten Gatten, der nicht eintreffen wollte, bereits das vierte Jahr.
Keiner der Wanderer, die an ihr teils frohgemut, teils kummerbeladen, teils als Krüppel vorbeigezogen, wußte Bescheid zu geben über den Verbleib des Ritters.
Eines Abends, als die arme Frau stumm Zwiesprache mit unserem Herrn Jesus Christus am nahen Holzkreuze führte, wankte ein auf einen Stock gestützter Mann mittleren Alters müde daher. Er war in einen zerfransten unscheinbaren Mantel gehüllt, sein verhärmtes Gesicht von einem buschigen wirren Graubart umrahmt. Unter dem Kreuze brach der Hagere zusammen.
Hinter den Bergen des Wienerwaldes ging gerade die Sonne unter, die Türme der Stadt versanken im Abendfrieden.
Die Spinnerin eilte zu dem Fremden, betrachtete ihn eine Weile und erschrak: Vor ihr lag ihr ohnmächtiger Gemahl.
„Dem Himmel sei Dank, tausend Dank", sprach sie, und Tränen der Freude liefen ihr die Wangen hinab.
Bald gesund gepflegt, erzählte der Ritter, daß er im Feindesland verwundet und gefangengenommen wurde, bis ihm nach mehrjähriger Sklavenhaft die Flucht und danach die Heimkehr gelang.

Seine Frau hielt ihr Gelübde: An Stelle des verwitterten Holzkreuzes erhob sich alsbald eine kunstvolle Steinsäule: die Spinnerin am Kreuz geheißen – seither eines der berühmtesten Wiener Wahrzeichen für und für.

1974 wurde eine der kostbarsten romanischen Wandmalereien entdeckt, über die das gegenwärtige Niederösterreich verfügt:
Bei Restaurierungsarbeiten in der Schloßkapelle von Burg Ottenstein am Kamp traten bunte Fresken aus der Epoche der Babenberger zutage. Sie zeigen Christus, den Weltenherrscher, im Mittelpunkte, das Gotteslamm mit dem Kreuzstab, Symbole der vier Evangelisten, Szenen aus der Passion Christi, die weltlichen und kirchlichen Tugenden: Klugheit, Mäßigkeit, Stärke und Gerechtigkeit, dann Glaube, Liebe und Hoffnung – alles in Ocker, sanftem Grünblau und Terracotta – den Modefarben jener Tage.

Diese Entdeckung ist für uns Anlaß und hier der Ort, der Architektur des Hochmittelalters zu gedenken:

Die Seele eines Volkes für eine bestimmte Epoche erfassen, sein Sinnen und Trachten verstehen zu können, bedarf es einer Vertiefung vor allem in seine Kunst. Für den Gegenstand unseres Betrachtungsraumes kommt dabei in erster Reihe die Architektur in Frage. Das künstlerische Streben jener Zeit scheidet das Mittelalter in zwei Abschnitte: in die Romanik und in die Gotik.

Die Gotteshäuser der Romanik, neben der Dichtung das bedeutsamste Kunstzeugnis der von uns behandelten Epoche, waren Gottesburgen. Sie standen wie Festungen im Land und umfriedeten die Bewohner. Die romanischen Dome zeigen im Grundriß die Kreuzform, haben ein Mittel-, zwei Seitenschiffe und ein Querschiff. Das Mittel- oder Hauptschiff schließt im Altarbau auf der Ostseite ab. Fenster und Tore sind nach oben mit einem Rundbogen, dem wichtigsten Kennzeichen des Stils, geschlossen. Der Haupt-eingang befindet sich an der Westseite des Baues und ist seit der Einführung des Glockenspiels von einem oder zwei Türmen, welche Kegel- oder Pyramidendächer tragen, bewacht. Die ursprüngliche Decke wies zuerst halbkreisförmige Wölbungen, sodann ein aus vier senkrechten Rundbogen bestehendes Kreuzgewölbe auf. Typische Merkmale romanischer Bauten sind die Fenster. Die Kirchen jener Stilrichtung ruhen fest auf der Erde und scheinen das Gewölbe des Himmels zu tragen.

Wenngleich die Dom- und Klosterkirchen Mitteldeutschlands durch Salzburger Architekten auf unsere Heimat besonders eingewirkt haben, ist speziell für das Donautal das Vorbild vom Rhein und von Frankreich her maßgebend gewesen. Dem Namen nach das älteste Baudenkmal jener Zeit scheint die Wiener Ruprechtskirche zu sein. Die Westfassade des St. Stephansdomes mit dem Riesentor ist eine Schöpfung der zweiten Hälfte des 12. Jahrhunderts. Die berühmteste Kirche Niederösterreichs der Hochromanik steht in Schöngrabern. Dort werden bereits Elemente der bodenständigen Bauweise verwendet. Die Lehrmeister der Epoche seit dem 10. Jahrhundert waren Mönche. Ab 1100 geht der Kirchenbau in die Hände von Laien über.

In diesem Zusammenhang gedenken wir des schönsten Emailwerkes jener Tage: des bereits an anderer Stelle beschriebenen Klosterneuburger Verduner Altars.

Der monumentale Aus- und Aufbau des Stiftes Heiligenkreuz z. B. erfolgte unter Abt Heinrich I. (1148 - 1185), dem ersten großen Bauherrn des Klosters. Die damalige stiftliche Bauhütte wirkte bald befruchtend auf die gesamte kirchliche Architektur des österreichischen Herzogtums.

Aus jener Zeit ist uns das romanische Langhaus der Basilika erhalten geblieben. Weil die junge Mönchsgemeinschaft Jasomirgott ein Darlehen für dessen Kreuzfahrt nach

Jerusalem gewährt hatte, finanzierte der genannte Babenberger den Klosterbau aus eigenen Mitteln.

Im ausgehenden 12. Jahrhundert soll die Abtei 300 Patres und Laienbrüder gezählt haben, die alle gelebt, wie es der heilige Bernhard von Clairvaux gelehrt: „Das Maß, Gott zu lieben, ist, ihn ohne Maß zu lieben!"

Diese inbrünstige Verhaltensregel gilt auch für die Bauweise der Zisterzienser. In ihrem Ursprungsland Burgund brach man bereits im 13. Jahrhundert mit dem alten Stil und schenkte der Welt Neues: die himmelstürmende Gotik.

Dank der Lebensbeschreibung des heiligen Altmann von Passau (1065 - 1091), Vorkämpfers der gregorianischen Reform in Bayern, erfahren wir, sagt die Wiener Kunsthistorikerin Renate Wagner-Rieger Näheres auch über die heimischen Verhältnisse: daß der Genannte z. B. beim Amtsantritt fast alle Kirchen seines Bistums in Holz und nahezu ohne Schmuck vorgefunden, während er am Ende des Lebens Bauwerke aus Stein, mit reichem Zierat und mit Bildern geschmückt, hinterlassen habe.

In jenen Jahren berichtete Altmanns englischer Zeitgenosse Radulfus Glaber, daß die Holzkirchen auf dem Kontinent allenthalben vom weißen Kleide steinerner Gotteshäuser verdrängt wurden.

Nach Wagner-Rieger dürfte es in Niederösterreich damals etwa so gewesen sein, daß die Ablöse der Holzbau- durch die Steinbauweise gerade eingesetzt hatte.

Die Ostmark, in ihren babenbergischen Anfängen ein Grenz- und Durchzugsgebiet, entwickelte zunächst keine repräsentative Architektur. Es herrschte nach wie vor die altertümliche, flachgedeckte dreischiffige Basilika ohne Querhaus vor.

Seit dem 12. Jahrhundert erhielten die meisten Kirchen des Landes Türme, weil diese dem Stilgefühl der Zeit: der Hochromanik, entsprachen.

Die militärisch bedeutsamen niederösterreichischen Burgen jener Tage, die sicherlich gewichtigsten Bauwerke der Babenbergerära, wurden zumeist auf Höhen errichtet. Eine feste Ringmauer schloß Berchfrit, Pallas, Kapelle und Torturm zu einer strategischen Einheit zusammen.

Damals entstanden als sekundäre Begräbnisstätten die ersten Karner unseres Landes – architektonisch wichtige Zeugnisse der Zeit und oft reicher ausgestattet als die Kirchen selber. Karner, Kirche und Kirchturm faßt die gegenwärtige Wissenschaft als Kirchenfamilie zusammen.

Ab Leopold VI. beginnt die Gotik in Österreich Fuß zu fassen. Die zuständigen Kunsthistoriker sind der Meinung, daß der Einfluß der burgundischen Zisterzienser in der heimischen Architektur wohl vorhanden, nie aber so überragend war wie bisher angenommen. Vielmehr sei an die Übermittlung von Bauplänen, hin und wieder auch eines Kundigen in beratender Funktion zu denken. Die zu beobachtenden lokalen Eigentümlichkeiten in der Architektur jener Tage erhärten unbestreitbar, meint man, sowohl die Mitarbeit als auch den schöpferischen Geist bodenständiger Könner und Künstler.

Die Bautätigkeit der österreichischen Herzoge findet vor allem in den prächtigen Kreuzgängen ihrer Zisterzienserklöster Niederschlag: so in Zwettl, in Heiligenkreuz, in Lilienfeld, aber auch bei den Chorherren in Klosterneuburg. Die bedeutsamste landesfürstliche architektonische Leistung der Gotik dokumentiert sich im großartigen Klosterbau von Lilienfeld. Bemerkenswerte Dokumente der auslaufenden Spätromanik sind schließlich die schmuckreichen zeitgenössischen Portale der Kirchen in Kleinmariazell, Mödling, Tulln, Wiener Neustadt und Wien etwa.

An die mit dem Aussterben der Babenberger versandeten baukünstlerischen Impulse werden die Habsburger des Spätmittelalters bewußt anschließen – nicht zuletzt deshalb, meint Wagner-Rieger, um so ihre Herrschaft in Österreich auch nach außenhin zu legitimieren.

1197 war Heinrich VI., Sohn und Nachfolger Friedrich Barbarossas, unvermutet verstorben. Papst Innozenz III., Vormund des erst dreijährigen kaiserlichen Sohnes Friedrich, wirkte dahin, den 18jährigen Welfen Otto, Nachfolger seines kurz zuvor ebenfalls verschiedenen Vaters Heinrich des Löwen, zum Thronbewerber durchzusetzen.
Als der größten politischen Autorität des Mittelalters auf dem Stuhle Petri war Innozenz viel daran gelegen, die Herrschaft der Hohenstaufen endgültig zu brechen. Die Gegner des Papstes entschieden sich daher alter Tradition entsprechend für den Bruder Kaiser Heinrichs, Herzog Philipp von Schwaben. Auch der Babenberger Friedrich I. stand auf deren Seite. Als Philipp 1208 ermordet wurde, einigten sich die deutschen Fürsten auf den vom Papste vorgeschlagenen Welfen, der sich indessen aber immer mehr zum Gegner und Feinde Roms entwickelt hatte und daher die genossene Gunst alsbald an Innozenz' Mündel Friedrich verlor – der Kurie bis dahin seiner hohenstaufischen Herkunft wegen, wie gesagt, untragbar erschienen, das weltliche Haupt der Christenheit zu werden. In dem daraufhin ausgebrochenen Kampfe, der Otto schließlich nach dem Norden Deutschlands zurückdrängte, nahm der Herzog von Österreich und Steier an der Seite des Kaisers teil.

Unter Friedrich I. von Babenberg erreichte das Rittertum unseres Landes seine schönste Blüte. Das goldene Zeitalter der Heimat war angebrochen. Es beherrschte den liedertrunkenen Wiener Hof.

In Österreich sangen im Hochmittelalter Heinrich von Melk, Frau Awa von Göttweig, die erste Dichterin der Heimat, der Kürenberger, Dietmar von Aist, Reinmar von Hagenau, Walther von der Vogelweide – aller Sänger Zier und Meister, von dem wir eigens berichten werden, Neidhart von Reuental, Ulrich von Liechtenstein u. a. Das Nibelungen- und das Gudrunlied sowie die Sagen um Dietrich von Bern erhielten hierzulande ihre bleibende Form. In jenen Tagen, der zweiten Hälfte des 13. Jahrhunderts, wurde in Österreich die erste deutsche Dorfgeschichte, der Meier Helmbrecht, geschrieben.

Herzog Friedrich I. verstarb auf einer Kreuzfahrt im Orient. Er hatte von 1194 bis 1198 das Herzogtum Österreich regiert.

Hier ist der Ort zu verweilen und des Lebens jener Tage, wie es sich auf den Rittersitzen, den Burgen des Landes, abgespielt, zu gedenken:

Die Burgen waren Wehrbauten. In Niederösterreich gab es deren über 1000, etwa 550 können ohne Schwierigkeiten heute noch identifiziert werden.

Sie standen vor allem im Dienste des Grenzschutzes. Die meisten waren im Waldviertel sowie im Bereiche unter dem Wienerwald zu finden.

Ihre Blütezeit fällt ins 12. und 13. Jahrhundert. Die Änderung der Waffentechnik bedingte nach und nach die Umwandlung der Burgen in Schlösser bzw. ihren Verfall. Viele unserer Burgruinen sind aber auch eine Folge der bis ins 19. Jahrhundert in Kraft gewesenen Gebäudesteuer. Diese zu umgehen, entfernte man Dächer, Fenster und Türen – der Bau wurde dem Wetter preisgegeben.

Sinn und Zweck der niederösterreichischen Burgen erläutert der Landeshistoriker Karl Gutkas etwa so:

Die Ausübung der Herrschaft im Bereiche der Mark erfolgte im 10. und teilweise auch im 11. Jahrhundert von Großburgen – Stützpunkten aus, die bald zu Zentren der Verteidigung, des kirchlichen Lebens, der Gerichtsbarkeit und der Wirtschaft wurden. Großburgen waren Mittelpunkte von Landstrichen, die die Wissenschaft als Burgbezirke zusammenfaßt. Die Grenzen zwischen diesen Bezirken bildeten Gebirge und Höhenzüge bzw. Flüsse und Wälder.

In neuerer Zeit gelang festzustellen, daß nicht nur der Markgraf als Vertreter des Reiches, sondern auch Bistümer und weltliche Herren Inhaber solcher Burgbezirke sein konnten.

Innerhalb eines Burgbezirkes herrschte Zoll- und Mautfreiheit.

Die Erhaltung einer zentralen Burg oblag den Bewohnern des Umlandes. Die Verpflichtung, Burgen zu erbauen, war ein wichtiges Reichsrecht, das im 12. Jahrhundert auf den österreichischen Markgrafen überging. Auf dem Kirchenberg von Wieselburg an der Erlauf hatte Bischof Wolfger von Regensburg im 10. Jahrhundert, wie erzählt, eine der ältesten Wallburgen des Landes errichten lassen, um den Einwohnern des näheren Gebietes eine Zufluchtstätte für die kriegerischen Notzeiten jener Tage bieten zu können. Inmitten der Anlage ließ er eine Rundkirche erbauen, die im Gemäuer des dortigen Gotteshauses von heute noch aufspürbar ist.

Mittelpunkte alter Burgbezirke waren die um 900 erstmals genannte Ennsburg, die Styraburg, die Ybbsburg, gewiß auch die Herilungoburg in Pöchlarn, dann die Burgen von St. Pölten und Mautern, Traismauer, Tulln und Zeiselmauer. Burgbezirke nördlich der Donau hatten ihre Zentren in Gars am Kamp, in Laa sowie im Bereiche der Leiserberge, in Krems und in Eggenburg etwa, im Bereiche des Wienerwaldes in Neuburg und Mödling. Die zuletzt errichtete kaiserliche Großburg Niederösterreichs war Hainburg. Zu den Bezirksmittelpunkten der Rodungslandschaften des Waldviertels zählten Horn, Pernegg und Raabs.

Die Mark Pitten sowie das Traisen-Gölsen-Tal mit der Burg Hohenstauf ergänzten schließlich die Zahl der hochmittelalterlichen Burgbezirke unserer Ostmark.

Man unterscheidet Wasserburgen, von natürlichen Gewässern oder künstlich angelegten Gräben umgeben, und Höhenburgen, die auf dem Gipfel eines Berges, eines Felsens, auf Landschaftsrücken oder -schultern zwischen zwei Tälern etwa standen.

Die Außenmauern der Burgen, ein bis vier Meter dick und zwei bis zehn Meter hoch, bildeten einen Ring. Kam ein Wehrgang hinzu, entstand aus dem ursprünglichen Dekkungs- ein Verteidigungsbau.

Der auf dickem Steinwerk ruhende Wehrgang war nach außenhin durch eine dünne, mit Zinnen versehene Brüstungsmauer geschützt. Er trug ab dem 12. Jahrhundert ein Dach und seit Einführung der Armbrust, die man während der Kreuzzüge im Orient kennengelernt, Schießscharten. Von Asien her kam auch der Brauch, Mauertürme zu errichten.

Dem festen Ring vorgelagert war ein Graben. Bei Höhenburgen entstand er, wenn heute vorhanden, durch das Ausbrechen des Baumaterials, bei Talburgen war er selbstverständlich und stets wassergefüllt. Über die Gräben führten einfache Holzbrücken, die im Notfall zerstört werden konnten. Zugbrücken waren damals selten.

Das Burgtor blieb an Tagen der Gefahr geschlossen. Das Ein- und Ausgehen erfolgte seit der gotischen Zeit durch eine schmale Fußgängerpforte bzw. durch das sogenannte Mannloch – ein kleines Türchen im Tore. Die Poterne war ein geheimer Ausschlupf, der in Zeiten der Gefahr überdies leicht überwacht und verrammelt werden konnte.

Den Mittelpunkt einer Burg bildete der Berchfrit – ein gewaltiger Turm. Er war Späher und Kämpfer zugleich: dorthin zogen sich die in Bedrängnis geratenen Verteidiger zurück. Er nahm stets die höchste Lage des Geländes ein, um weit in das Land hinein Ausschau halten zu können. Im Schnitt 20 Meter hoch, schwankte seine Mauerstärke zwischen zwei und drei Metern. Die zwei bis fünf Stockwerke im Inneren waren durch Leitern, Holztreppen oder Steinstiegen miteinander verbunden. Die Belichtung erfolgte durch schmale Schlitzfenster. Der Verteidigung dienten Gußlöcher. Trug der Berchfrit, der oft bedacht war,

Zinnen, mußte der Verteidiger nach außenhin völlig gedeckt sein und die Möglichkeit haben, sich unbehindert zum Schuß oder Wurf über die Wehrmauer hinauslehnen zu können.

Der Wohnbau, der Palas, lag der Bodengestalt entsprechend, bald vor, bald hinter dem Berchfrit. Er war in einen Saal, der dem Empfang der Gäste diente, sowie in Wohn- und Haushaltsräume unterteilt. Die Frauengemächer hießen Kemenaten. Eigene Küchen kamen erst im Hochmittelalter auf. Zuvor waren diese und Speisesaal eins. Dort hielten sich die Dienstleute in ihrer Freizeit auf.

Die Burgen trugen in der Regel kleine, rundbogige Fenster, oft nur lochartige Öffnungen.

Die Abtritte, ursprünglich auf Kragensteinen ruhende Erker, waren von Pechnasen so zu unterscheiden, daß man diese immer an jenen Stellen vorfand, wo auf den Angreifer siedende Flüssigkeiten oder Steine geschüttet werden konnten.

Der Pulsschlag einer Burg namentlich in Kriegszeiten hing vom Brunnen ab, der das lebenspendende Wasser barg. Ihn bis zuletzt zugänglich zu erhalten, galt daher als höchstes Gebot. Kein Wunder folglich, daß Brunnen ihren Standort oft im Palas hatten.

Fast jede Burg besaß eine Kapelle. Die Ritter waren allesamt gläubige Menschen.

Das Leben auf einer Burg, sagt der Fachmann, der bekannte österreichische Burgenforscher Felix Halmer, sei sehr einfach verlaufen. Man habe gejagt und gefischt, Besuche gemacht und empfangen, Kampfspiele veranstaltet und Gerichtstage abgehalten. Fahrende Sänger, die für Unterhaltung sorgten, Minne- und Heldenlieder vortrugen, Neuigkeiten und den Klatsch der Zeit verbreiteten, waren im Einerlei des Alltags nicht minder gern gesehen wie der Frühling jubelnd begrüßt wurde, der die harte Winterzeit in den unwirtlichen, kaum heizbaren Mauern für einige wenige Monate vergessen ließ.

Die bewohnbaren Burgen unserer Tage sind das Ergebnis romantischer Schwärmereien und kostspieliger Unternehmungen der Denkmalpflege.

Burgberge mußten strategischer Gründe wegen unbewaldet sein. Sie dienten der Sicherung mittelalterlicher Straßen, die vielfach nur Saumpfade waren. Burgen hatten damals namentlich den Transport von Salz und Eisen zu gewährleisten.

Sie lagen in bestimmten Verteidigungs- oder Wehrzonen und standen in der Regel miteinander in Sichtverbindung.

Neben der militärischen Funktion hatte eine Burg, wie bereits angedeutet, auch eine verwaltungspolitische zu erfüllen. Sie war ursprünglich Stützpunkt im eroberten Gebiet. Dann wurde sie immer mehr Mittelpunkt ziviler Aufgaben, denen hochfreie und gräfliche Familien sowie deren Gefolgsleute zu dienen hatten. Mit dem Aussterben dieser ältesten Adelsgeschlechter des Landes stiegen deren Ministerialen nach und nach zum höheren Landadel, dem späteren Herrenstand, auf. Damals wurde die Burg Sitz und Mittelpunkt des religiösen, höfischen und kulturellen Lebens. Sie war freilich auch Mittelpunkt eines Rechtsraumes.

Die ursprüngliche Rechtshoheit lag in den Händen der hierlands begüterten Stifte und hochadeligen Herren des Reiches. Beide belehnten ihre Dienstmannen mit Vasallenburgen und Gütern. Die Lehensgeber besaßen die hohe Gerichtsbarkeit: Sie entschieden über Leben und Tod. Von den anderen Rechten nennen wir das Marchfutter – eine Hafergabe an den Herrn zur Versorgung seiner Pferde, das Burgwerk – eine Fronleistung der Untertanen zum Bau und Erhalt der Befestigungen, den Zehent – die Abgabe des zehnten Teiles der geernteten Feldfrüchte sowie der aufgezogenen Tiere, den Robot – eine Arbeitsleistung im Dienste der Erhaltung von Straßen, Wegen und Brücken; hierher gehörte auch der Zugrobot. Der Habsburger Rudolf IV. wird als zusätzliche mittelalterliche Belastung das Ungeld – eine Getränkesteuer einführen.

Die genannten Abgaben bedingten „Schutz und Schirm" der Grundholden durch den Lehensherrn im Falle einer Gefahr. Seine Rechte und Pflichten übten die Vögte oder Pfleger stellvertretend aus.

Den verhängten Burgfrieden zu brechen, hatte die Fehde zur Folge, die in einem „Absagebrief" angekündigt wurde. Aufstände führten meistens zur Zerstörung der Burgen: der „Raub- und Diebshäuser", wie es seinerzeit hieß. Jede Fehde endete mit einem Friedensschluß.

Der feudale Aufbau der Gesellschaft jener Tage zeitigte die ritterliche Gefolgschaft. Dies kam auch weltanschaulich zum Ausdruck, sagt Halmer: Gott war der oberste Herr, ihm standen die Himmelskönigin, die Erzengel, die Engel und die Heiligen zur Seite. Zu diesem Kulte Gottes und der Heiligen gesellte sich die Verehrung der geliebten Frau im Minnedienst.

Das Weltbild der damaligen Zeit war dreistufig und umfaßte die Erde als Reich der vier Elemente, den Planetenraum und die Himmelssphären. Im Mittelpunkt der Welt stand der Mensch, die Welt war noch endlich, der Himmel unveränderlich. Die Erde bestand aus Europa, Asien und Afrika. Diese Dreiheit schien ein göttliches Gesetz. Welche Erschütterung hatte die Entdeckung der anderen zwei Erdteile später ausgelöst!

Die heilige Dreizahl kannte der Ritter auch im Raume der politischen Wirklichkeit. Sie umfaßte: 1. das Königtum, 2. das Kaisertum, 3. das Christentum. In seiner Burg war Zuflucht und Rettung. An ihren Mauern prallten Streit und Kampf ab. Dort herrschte der Burgfriede. Der Begriff Ehre war spezifisch ritterlich und bedeutete die innere Ehrenhaftigkeit. Daneben spielte die Demut eine große Rolle. Der Mensch war nicht Mittelpunkt der Welt. Über ihm war Gott. Aus dieser Einstellung erwuchs die Gefolgsmanngesinnung. Nicht der Hochmut, der Hohe Mut war ritterliche Tugend. Im Besingen blühender Frühlingslandschaften zeigte sich die Naturverbundenheit. Die Menschen liebten den Blick in die Tiefe und Weite. Eine wesentliche Rolle im ritterlichen Leben spielten die Feste. Wir denken hier etwa an Liechtensteins „Venusfahrt", an die mittelalterlichen Turniere. In der Geisteshaltung herrschten Symbolik und Formensprache. Es gab ein Empfangs-, Abschieds-, Ehrfurchts- und Verachtungszeremoniell: In Etzels Burg z. B. küßte Kriemhilde bei Ankunft der Nibelungen nur ihren jüngsten Bruder Giselher, sonst niemanden, was einer Kampfansage an die anderen gleichkam.

Der Ritterknabe genoß die sorgfältigste Standeserziehung. Ab dem siebenten Lebensjahr diente er seiner Herrin, zumeist Gattin des Ritters, als Page. Mit dem 14. Lebensjahr trat er als Knappe in den Dienst. 21 alt geworden, empfing er den Ritterschlag. Nun war er wehrhaft und mündig. Das geistige Antlitz des Spätmittelalters prägten wesentlich andere Kräfte als das des Früh- und Hochmittelalters. Man denke vor allem an den großen Wandel im Wirtschaftsleben: den Übergang von der Natural- zur Geldwirtschaft. Im Gesellschaftlichen verlor der Adel seine Bedeutung, Bürger und Bauern stiegen auf, jene gar zur dritten politischen Kraft der auslaufenden babenbergischen Ostmark. Es war die Zeit des erstarkenden Landesfürstentums. Das Weltbild wurde mystisch, die Sprache der Baukunst gotisch.

Man wird das Wesen einer Burg niemals ganz verstehen, sagt Halmer und fährt fort, wenn man diese nur als technische Konstruktion begreift und bloß die Formen ihrer Zinnen, Gewölbe und Mauergliederungen betrachtet und in eine historische Ordnung zu bringen versucht. Man versteht die Burg in ihrem Wesen erst dann, wenn man sich in das Seelenleben des mittelalterlichen Menschen hineinversetzt, in sein kriegerisches und religiöses Fühlen, in seine sozialen Verhältnisse, in seine von der unseren so grundverschiedene Lebensart. Nur wer dies vermag, wobei die Lektüre der mittelalterlichen Dichter und der scholastischen Denker sowie der religiösen Mystiker wertvolle Hilfe leisten kann, nur der vermag ihre „Seele“ zu erfassen.

Hier eine kleine Auswahl der Dichtungen jener Tage:
Der von Kürenberg, der erste bedeutende Poet in der Reihe der österreichischen Troubadoure, sang in seinem Vierstropher „Der Falke“:

Ich zog mir einen Falken
länger als ein Jahr.
Ich zähmte diesen Falken,
weil er so lieb mir war.

Als ich in sein Gefieder
goldne Schnüre wand,
stieg hoch er in die Lüfte,
floh in ein ander Land.

Seither seh ich den Falken
fliegen hin die Welt,
am Fuße seidne Riemen,
Gefieder goldbestellt.

Dehnt er im Licht die Flügel,
erstrahlt ein hehrer Schein.
Gott führe die zusammen,
die zusammen wollen sein!

Dietmar von Aist fand im „Abschied zweier Liebenden“ Worte, die selbst in neuhochdeutscher Übertragung auch heute noch zu ergreifen vermögen:

„Wach auf, mein Trauter, schlafest du?
Man stört uns, ach, aus süßer Ruh.
Ich glaub, ein Vöglein wohlgetan
stieß an den Zweig der Linden an."
„Ich war entschlafen sänftiglich,
nun ruft man zu den Waffen mich,
Lieb ohne Leid kann nimmer sein,
was du gebietest, lös ich ein."
Die Frau mit Tränen schaut darein:
„Ziehst fort und lässest mich allein.
Wann kommst du wieder her zu mir?
O weh, nimmst all mein Freud mit dir!"

Glatt und gekonnt fließen Reinmars Verse — als Dichter Liebling des Wiener Herzogshofs — dahin:

Mir dünkt, daß Liebe nahen will.
Mein Herz erhebet sich zum Spiel,
zur Freude schwinget sich mein Mut,
wie es der Falk im Fluge tut
und hoch der Aar im Himmelszelt.
Fern ließ ich die, so ich erwählt.
Wohl mir, kann ich sie bald umfangen
und herzen mit gesunden Wangen.
Wie herrlich ist's, zu sein bei ihr!
O Herr und Gott, gestatte mir,
daß ich sie bald begrüße
und all ihre Sorgen büße,
die Sorge um den liebsten Mann,
daß ich die von ihr nehmen kann
und sie von mir die meine,
auf daß wir froh genießen!
Dann mag die Nacht gar lange sein —
wie könnt sie mich verdrießen?

Neidhart von Reuental, möglicherweise im Tullnerfeld als Lehner behaust, beherrschte den zarten wie den derben

Ton der ausklingenden Epoche. Derbheiten siedelte er vornehmlich im bäuerlichen Raum an. Die Natur entlockte ihm in der Regel aber innige Töne – so im Gedichte „Der Wald“:

Der Wald stand welk und greise
voll Schnee und voller Eise.
Nun prangt in Farben er.
O seht doch her,
ihr stolzen Kind!
Tanzet, wo die Blumen sind!

Von manchem grünen Reise
vernahm ich süße Weise,
die sangen kleine Vögelein.
Der Blumen Schein
ich dabei fand.
Die Heide trägt ihr licht Gewand.

Ich bin so hold dem Maien!
Im Mai, da sah ich reihen
mein Liebchen unterm Lindenbaum.
Den schattigen Raum
sie gerne mag
an dem sonnig heißen Tag.

Ein unbekannter Dichter sang damals die innigsten Verse, die die mittelhochdeutsche Sprache hervorgebracht:

Du bist min, ich bin din:
Des solt du gewis sin.
Du bist beslozzen
in minem herzen;
verlorn ist daz sluzzelin:
Du muost immer drinne sin.

Das epische Schaffen der Epoche kulminiert im Nibelungenlied, das um 1200 entstanden sein dürfte. Der Hinweis, daß Konrad von Pottendorf, Pfarrer zu Groß-Rußbach im

Kriemhild und Bischof Pilgrim in Passau

Weinviertel, möglicherweise sein Dichter gewesen, ist nicht ganz in den Wind zu schlagen.

Ein besonderer Kenner des in Frage stehenden Sachverhaltes, der Literaturforscher Dietrich Kralik, führte dazu etwa aus:

Das Epos dürfte in seiner ersten Fassung spätestens 1204, in der zweiten um 1206 veröffentlicht worden sein. Der Raum, dem der Dichter entstammte, ist zweifellos das Donautal zwischen Passau und Wien. Kirchlich beeinflußt, sang er für die vornehme ritterliche Gesellschaft seiner Tage, welcher Leopold VI. der Glorreiche und Wolfger von Passau (1191 - 1204), Gönner Walthers von der Vogelweide, vorstanden. Der Herzog scheint in der Gestalt Rüdigers von Bechelarn, der Bischof im Abbilde seines rund 200 Jahre zuvor verstorbenen Vorgängers Pilgrim (971 - 991) feinsinnig festgehalten.

Der Dichter habe nach Kralik von 1216 bis 1224 als Schreiber und Notar am bischöflichen Hofe zu Passau und von 1226 bis 1232 in der Kanzlei des sechsten Leopold zu Wien gewirkt. Sein Name war Konrad, der 1196 als Kapellan Konrad, 1207 als herzoglicher Kaplan Konrad von Rußbach erscheine. In der „Klage“ des Nibelungenliedes, einer Art Kommentar, finden wir ihn als Meister Konrad bzw. als Meister Konrad von Passau wieder. Ob er die „Klage“ – diesen Epilog geschrieben?

Der Genannte ist historische Realität: 1207 weilte er in Rußbach.

Die Genealogie des Nibelungenliedes beruhe laut dem Literaturhistoriker Josef Nadler möglicherweise auf folgenden historischen Begebenheiten:

Der vorhin genannte Bischof Pilgrim von Passau habe um 977 einen Spielmann beeinflußt oder in Dienst genommen, ein gereimtes deutsches Lied zu schaffen, das die Rache Kriemhilds an den Mördern ihres ersten Gatten Siegfried erzählen sollte. Dabei wurde Dietrich von Bern mit ins Spiel gebracht und Rüdiger von Bechelarn erfunden. Das ganze Unternehmen hatte ein Ziel zu verfolgen: den Ungarnkönig Geisa I. (972 - 997) endgültig für das Christentum und für den Gedanken eines Passauer Patriarchats des Ostens zu gewinnen.

Aus dem knappen Lied vom Untergang der Burgunder habe dann um 1160 ein mit der Kunst des Spielmannes vertrauter Ritter ein umfangreiches Lesegedicht gemacht. Beschwingt vom höfischen Glanze Wiens der Tage Herzog Jasomirgotts, entwickelte der Sänger aus der Passauer „Klage" Bischof Pilgrims ein farbenfrohes Bild von Hochzeit und Ehe Kriemhilds mit Etzel, das schließlich in einem greuelvollen Untergang mündete. Diese „Nibelungennot" war österreichischem Dienstadel entsprungen, dem der Dichter offenbar angehörte.

Der letzte Vollender des Liedes fügte der „Nibelungennot" um 1210 den vorausliegenden Siegfried-Kriemhildenroman hinzu. Daß der Herzog jener Tage, Leopold VI., hinter dem geschilderten Hofe Etzels den byzantinischen, wo er gefreit hatte, „mitgedacht haben mag, ist nicht unwahrscheinlicher als vieles andere, was zu glauben man in diesen Dingen oft genug genötigt worden ist", sagt Nadler und endet, daß es wider die Natur wäre, an all diesen Epen, die zuletzt das Nibelungenlied geworden, nichts Zeitliches hängenbleiben zu lassen als Knüpfarbeit von Dichtern, denn die Märe, aus der schließlich Nibelungennot und Nibelungenlied erstanden, „blickt nicht vom Westen in den Osten, sondern vom Osten in den Westen."

Der Dichter sang, Wien betreffend, wo die Hochzeit Kriemhildens mit Attila, dem Hunnenkönig, stattfand, im Nibelungenliede wie folgt:

Sie ritten nun von Tullne gen Wien hin zu der Stadt;
es prangte dort in Schönheit gar mancher Frauen Leib;

mit Ehren sie empfingen des König Etzels hohes Weib.
In reichem vollen Maße war alles dort bereit,
was sie zu haben wünschten. Manch Held, gar kühn im Streit,
verließ den reichen Sattel zugleich mit Etzels Bann.
Es hob mit züchtgen Ehren das große Fest des Königs an.

Die Hochzeit war gefallen auf einen Pfingstentag,
an dem der König Etzel bei Frau Kriemhilde lag
zu Wien dort an der Donau. Ich wähne, manchen Mann
sie mehr zu ihrem Dienste denn ehemals in Worms gewann.

Es währte diese Hochzeit wohl siebzehn ganze Tage.
Ob irgend je ein König nach Wahrheit oder Sage
sie stattlicher gefeiert – dess' ward uns kein Bescheid.

Der Entstehung des Nibelungenliedes gingen die Balladen der Spielleute voraus, die an Höfen und auf Burgen vom Schatz der Nibelungen, von Siegfried, Brunhild und Kriemhild, von Etzel und seinen Dienstmannen Dietrich von Bern und Rüdiger von Bechelarn gesungen.

Diese gesamte Spielmannsdichtung, meint Josef Nadler, wäre mit all der anderen, die wirklich für immer ausgelöscht ist, heute verschollen, wenn das Lied von Kriemhild und Etzel nicht gerettet hätte, worauf es beruhe: die Sagen seiner Entstehungszeit.

Eine davon berichtet:
Als Dietrich von Bern seinen Feind Wittich in die Flucht geschlagen, kehrte der äußerst bedrückte Mann heim: Sein Haupt war König Attila verfallen.
Dietrich bestellte Haus und Herrschaft und ritt fort nach dem fernen Hunnenlande, den Markgrafen Rüdiger, seinen treuesten Gefährten, und seine junge Gemahlin Herrat im Geleite.
Rüdiger eilte voraus, Etzel die schlimme Botschaft zu überbringen. „Deine Söhne, König, sind tot“, sprach er und senkte das Haupt traurig auf die Brust.
Frau Helche, die Königin, fiel ohnmächtig zu Boden.
„Meine Söhne tot?“ fragte der mächtigste Herrscher der Welt bebend.

Dann schrie er vor Schmerz auf: „Wehe, wehe dir, Dietrich, Vogt von Bern! Du hast mir dein Haupt für ihre Sicherheit verpfändet. Es soll unter dem Beile des Henkers fallen!“
Als die vieledle Frau Helche die Augen wieder aufgetan, trat der Markgraf an ihr Lager und schilderte in beredten Worten, wie alles gekommen: Wie er, Rüdiger, seinen einzigen Sohn, wie Dietrich seinen jungen Lieblingsbruder Diether und sie, die Königin, ihre beiden Kinder Scharf und Ort in der Rabenschlacht durch Wittich verloren, einst Tafelgenoss' des Berners, dann aber zum Verräter an diesem geworden.
Die drei genannten Jünglinge hatten den Gewaltigen herausgefordert, indem sie ihn einen Verräter schimpften, der fallen müsse. Wittich wollte keinem Leid antun. Erst als ihn die angreiferische Keckheit der Knaben in die Enge getrieben, metzelte er sie nieder.
Dietrich von Bern verfolgte Wittich, der sich durch einen Sprung ins Meer zu retten suchte. Die Flut aber verschlang Roß und Reiter.
Frau Helche ergriff die Hand ihres erzürnten Gemahls und sprach, sich wieder gefaßt: „König Dietrich ist unschuldig am Tode unserer Kinder. Vergib dem Schwergeprüften und biete ihm Frieden. Er hat ihn um unseretwillen verdient.“
Etzel war betroffen: „Du, die Mutter der Erschlagenen, bittest für ihn?“
„Ja“, sprach Frau Helche und fuhr fort: „Dietrich kommt, dir sein Haupt zu Füßen zu legen. Wäre er zu strafen, bliebe er fern!“
„Er ist auf dem Wege zu mir?“ fragte der Hunnenkönig zutiefst überrascht.
„Gewiß, Herr“, antwortete Markgraf Rüdiger. „Er brach den Kampf gegen den bösen Kaiser Ermanrich ab, um dir sein Wort einlösen zu können.“
Etzel schämte sich seines Ungestüms. Er hatte Herrn Dietrich Unrecht getan.
Indessen schwoll Getümmel näher und näher durch die Gänge der Burg. Dann flog die letzte Tür auf, und die Ankömmlinge traten vor den König. Allen voran Dietrich und in seinem Schatten des mächtigen Hunnenfürsten junge liebliche Nichte Herrat.
Die Männer standen einander Aug' in Auge gegenüber.
Dietrich verneigte sich und sprach: „Du weißt aus Rüdigers Mund, was geschehen, König Attila. Ich bin hier, um für das Unheil, das dich und Frau Helche getroffen, mit meinem Haupte zu büßen!“
Etzel focht einen schweren inneren Kampf aus. Endlich stammelte er: „Ich will vergessen und vergeben. Sei mir willkommen, Dietrich, Vogt von Bern, mein lieber Freund!“ –
Dietrich blieb lange Gast im Hunnenlande, wo er Frau Helches Heimgang und Kriemhilds Ankunft erlebte, bis er endlich zurückfand ins Reich seiner Väter, den dort herrschenden bösen Kaiser Ermanrich und dessen Spießgesellen erschlug, in Raben, der schönen und berühmten Stadt Ravenna am blauen Meer, seinen Thron errichtete und

zu beiden Seiten des mächtigen Alpengebirges durch ihm treuergebene Männer bis ans Ende seiner Jahre erfolgreich als einer der bedeutendsten germanisch-altdeutschen Herrscher regierte.

Eine niederösterreichische Donausage – von uns im Bereiche Wiens angesiedelt – gedenkt der geisterhaften Heimkehr der im Hunnenlande erschlagenen Burgunder etwa wie folgt:
Es war Nacht. Plötzlich schreckte der Donaufischer auf. In der Ferne hatte sich unheimliches Getöse erhoben, das näherschwoll.
„Ein Sturm kommt", sagte der Mann, griff nach dem Ruder und drehte seinen Kahn einer Insel zu. Dort sprang er an Land, band das Boot an eine Weide und kauerte nieder, um das Ende des mitternächtlichen Unheils abzuwarten.
Obwohl das wilde Sausen und Brausen von Sekunde zu Sekunde anwuchs, blieb der Himmel sternenklar, und kein Wind regte sich in den Büschen und Bäumen am Strand.
„Das ist sonderbar", murmelte der Mann vor sich hin, „ein solches Unwetter habe ich noch nie erlebt!" Ihm wurde angst und bang.
Nach einer Weile bemerkte er auf dem dunklen Strom die Umrisse mehrerer pfeilschneller Schiffe, die immer größer und unheimlicher aus der Nacht emporstiegen. Die sturmgeblähten Segel knatterten wie Donner am sommerlichen Gewitterhimmel dieser Gegend. Von den Spitzen turmhoher Maste flimmerten grelle Blitze. Durch die Luken der gespenstischen Ungetüme griffen schemenhaft blendende Strahlenbündel in die Düsternis der schweigenden Ufer. Dicht hinter dem ersten Gefährt schoß ein zweites, ein drittes, ein viertes heran – eines schauriger als das andere. Die schäumenden Wellen der aufgewühlten Wasser schlugen plötzlich so wild über das Eiland, daß sich der Mann mit aller Kraft an einen Strunk klammern mußte, wollte er nicht fortgerissen werden in die tödliche Flut.
Als das letzte der Schiffe an dem schreckensbleichen Fischer vorbeiglitt, erkannte er eine mächtige, auf ein körperbreites Schwert gestützte Rittergestalt, die mit haßerfüllten, fieberglühenden Augen nach dem fernen Osten starrte. Dahinter standen, dicht zusammengedrängt, Hunderte von Recken, als erwarteten sie einen bevorstehenden Angriff. Der Fischer wußte, wer die gewaltigen Schemen waren: die im Hunnenland heimtückisch erschlagenen, nie erlösten Nibelungen Hagen und die Burgunderkönige mit ihren Mannen auf dem ewigen, nie endenden Heimweg nach dem gesegneten Land ihrer Väter jenseits des Rheins.
In diesem Augenblick sprang einer der vielen Blitze auf die kleine Insel über und schlug mit Donnergewalt in einen der Bäume, worauf die gespenstischen Schiffsleiber in den tosenden Wogen des aufgewühlten Stromes versanken und der Fischer die Besinnung verlor.
Als er am nächsten Morgen erwachte, floß die Donau wieder ruhig

dem fernen Meere zu, und über die Auen hinweg in die weiten Felder ringsum, Wiesen und Wälder grüßte freundlich wie eh und je an hellen Sommertagen der Bisamberg.

Im Korneuburger Umland sollte Ulrichs von Liechtenstein, des an anderer Stelle bereits genannten steirischen Ministerialen, bei passender Gelegenheit stets Erwähnung getan werden.

Über dessen dortigen Aufenthalt berichtete der Pädagoge und Heimatforscher Heinrich Güttenberger etwa wie folgt:

Am 19. Mai 1227 ritt Ulrich, als Frau Venus verkleidet, mit seinem Troß durch die Auen vor der Veste, um dort in kühnen Tjosten 43 Speere zu verstechen.

Anderntags ging's nordwärts gegen Mistelbach.

Solchen glänzenden Ritterzug wie an jenem Himmelfahrtstag 1227, als die Herolde der Frau Venus ihre Trompeten in hellen Tönen erklingen ließen, hatte das Babenberger Land zuvor noch nie gesehen.

Zu Pfingsten darauf fand in Korneuburg das Schlußturnier des Liechtensteiners statt.

Welchen Zulauf muß es damals dort gegeben haben, als 250 Ritter zur Kirche zogen und sich die Schranken zu den stolzesten Waffenspielen jener Tage hoben!

Als Ulrich durch das unferne, auch heute noch romantische Kreuttal weiterritt, fielen ihm vielleicht diese schönen Verse ein:

In dem Walde süße Töne
singen kleine Vögelein.
Auf der Heide blühen schöne
Blumen in des Maien Schein.
Also blüht mein hoher Mut,
wenn ich denke ihrer Güte,
die mir reich macht mein Gemüte,
wie der Traum den Armen tut . . .

Ein Menschenalter nach der Entstehung des Nibelungenliedes etwa erklang in österreichischen Landen zum ersten Male der Sang von der schönen Gudrun, der im Gegensatz zu den ersten beiden Teilen der Dichtung – „Hagen von Irland“ und „Hilde“ – aus uns leider verborgengebliebenen historischen Begebenheiten entwickelt zu sein scheint.

Gudrun, Tochter des Königs Hetel von Hegelingen und der Königin Hilde von Irland, rang nach hartem Kampfe dem Vater die Erlaubnis ab, sich dem jungen König Herwig zu verloben.

Während Herwig unter Beistand seines künftigen Schwiegervaters Feinde bekriegt, die ihn überfallen, rauben Normannen die Braut. Gudrun weigerte sich, deren König Hartmut zu heiraten. Sie wurde bestraft, tagein, tagaus Röcke und Hemden der normannischen Königin-Mutter Gerlinde sowie des Hofs am Meeresstrande zu waschen.

In der ersten Schlacht um ihre Befreiung, die auf dem Wulpensande stattfand, fällt Gudruns Vater Hetel. Jahre später erst gelingt es Herwig, die geliebte Braut zu erretten.

Gudrun versöhnt alle, und die beteiligt gewesenen Fürsten heiraten einander, wie es zur damaligen ritterlichen Zeit des Hochmittelalters Brauch und Sitte war.

Um 1240 in Österreich verfaßt, liegen dem Gudrunlied Märchen und Sagen, aber auch Christlichkeit und Rittertum der Kreuzzüge zugrunde. Das Nibelungenlied erahnte Glaube und Weltanschauung der geschilderten Epoche, Gudrun, das Seelennot leidende Mädchen, lebte vor, was der Spielmann damals als Zeuge des Geschehens zu erdulden hatte.

Das Gudrunlied strahlt überdies die Kraft und Schönheit der urtümlichen germanischen Sagenwelt vor allem der Nordsee: Rechtsgefühl, Reinheit, Treue, Tapferkeit, Klugheit aus. Es dürfte, von Burg zu Burg getragen, lange im Gedächtnis des Volkes gelebt haben, bis Kaiser Maximilian I., der letzte Ritter, dem Zolleinnehmer Hans Ried 1504 den Auftrag gegeben, altdeutsche Dichtungen zu sammeln und aufzuzeichnen. Elf Jahre später lag das Ambraser Heldenbuch, ein umfangreicher Pergamentfoliant, das Gudrun-Lied beinhaltend, fertig vor.

Der genannte berühmte altdeutsche Gesang zählt 1705 Strophen zu je vier Zeilen.

Das Leben Leopolds VI., des glorreichen Babenbergers, gewann europäisches Ausmaß. Er unternahm Fahrten nach Südfrankreich, Spanien, Italien, Nordafrika sowie nach dem Heiligen Lande und Ägypten, wo er sich vor Damiette 1217 dem Kreuzheer anschloß. Weitblickend wurde er allen wirtschaftlichen und sozialen Neuerungen seiner Zeit gerecht und bemühte sich eifrig, Kaiser- und Papsttum miteinander zu versöhnen.

Unter Leopold dem Glorreichen entstanden die ersten babenbergischen Stadtrechte: für Enns 1212, für Wien 1221. Der Herzog konnte mit Stolz auf die Tatsache verweisen, Wien zur zweitgrößten Stadt des Reiches gemacht zu haben.

Das Stapelrecht, das er seiner Residenz verliehen, besagte, führt der Wiener Sozial- und Wirtschaftshistoriker Michael Mitterauer aus, daß die oberdeutschen Kaufleute, Regensburger, Passauer und Schwaben, ihre Waren an Wiener Händler veräußern mußten. Dieses Recht begründete großen Wohlstand, weil jeder fremde Geschäftsmann, wie dargelegt, verpflichtet war, dortselbst seine Waren zu stapeln: zum Verkaufe anzubieten. Der ganze Gewinn eines reichen Zwischenhandels vor allem von und nach Ungarn, aber auch von und nach Venedig, Böhmen, Mähren, Polen kam dadurch den Wiener Bürgern zugute.

Zufolge der unerbittlichen Härte des Herzogs gegen die in jenen Tagen in Österreich aufgetretenen Häretiker, die er grausam strafte, sowie seiner Teilnahme an Ausrottungskriegen gegen Andersgläubige in Afrika und Palästina, was ihn möglicherweise bedrückt hat, selbstverständlich aber auch aus wirtschaftlichen Überlegungen gründete er Stift Lilienfeld, wo man in einer großen Ausstellung 1976 der Babenberger gebührend gedachte.

Dem Geiste des Hochmittelalters entsprechend groß zu nennen, erwarb sich Leopold VI. der Glorreiche durch die Förderung der Kultur seiner Tage unvergessenen Ruhm.

Die Erweiterung seines Machtbereiches im Inneren und Äußeren beruhte, wie an anderer Stelle betont, teils auf dem Gewinn heimgefallener Lehen, teils auf der Erweiterung des babenbergischen Einflusses, der bereits nach der adriatischen Küste griff.

Leopold VI. war überdies einer der reichsten Fürsten seiner Zeit.

In Klosterneuburg, das Leopold zeitweilig als Residenz bevorzugt hatte und von wo aus er nach Frankreich gezogen war, arbeitete Nikolaus Lenau 1838 am bedeutendsten Werke seines Geistes, dem Epos „Die Albigenser" – einer Darstellung des Untergangs der südfranzösischen Häretiker nach 1200.
Thomasin von Zirkläre, ein Freund Walthers von der Vogelweide, apostrophierte den Glorreichen Leopold als einen, der die Ketzer sieden konnte. Folglich war der Herzog der richtige Mann in jenem gnadenlosen Zeitalter. Hier ist der Ort, auch über den Glaubensstreit des Hochmittelalters kurz zu sprechen.
Wer waren die Albigenser, an deren Bekämpfung Leopold der Glorreiche mitwirken wollte, aber zu spät nach Südfrankreich gekommen war, am dortigen Glaubensgemetzel teilzunehmen?
In der Provence und dem Languedoc, wo sich unter sonnenreichem Himmel wohlhabende Bürger offen regten, wo freiheitliche Institutionen ein blühendes Handelsleben und demokratische Städteverwaltung, Selbständigkeit in Tun und Denken sowie einen aufstrebenden Geist erzeugt, wo die Reste griechischer und römischer Kultur, verbunden mit spanisch-arabischem Wesen, eine eigentümliche Bildung und eine Fülle von Dichtung und Wissenschaft hervorgebracht, wo die heitere provencalische Poesie der Troubadoure neben den Gesängen der Liebe ihre Laune und ihren satirischen Mutwillen auch an Priestern und Mönchen

ausließ, wo die ewigen Gegensätze, die sinnliche Lebensart und die strenge Askese, gleichtiefe Wurzeln geschlagen und neben der leichtfertigen Verskunst und Weltlust die Bußpredigten der Klosterbrüder von Cluny ihre feurigsten Verehrer hatten, dort befand sich das Hauptquartier der unter dem Namen Albigenser zusammengefaßten französischen Ketzergruppen – einer vom Ende des 10. bis Anfang des 14. Jahrhunderts im Süden und Westen Europas verbreitet gewesenen Glaubenssekte, deren Lehre um 1000 über ihre bulgarischen Anhänger, Bogomilen genannt, dank Kreuzfahrern und Kaufleuten nach Westeuropa gelangt war und dort vom Staat wie der Kirche jener Tage gnadenlos verfolgt und schließlich ausgerottet wurde.

Die für die katholische Kirche sehr gefährlichen Katharer z. B. lehrten u. a., daß einem guten Gott der Weltschöpfer Teufel als schlechter gegenüberstehe, daß die Menschenseelen gefallene Engel seien und Christus keinen irdischen Leib besitze, weil alles Irdische vom Bösen herkomme und allein durch strengste Askese überwunden werden könne.

In Südfrankreich waren die Albigenser mächtiger als die katholische Kirche. Sie hatten Bethäuser und Schulen, sie beherrschten die Bildung und das öffentliche Leben. Fürsten und Barone gewährten ihnen Schutz – so etwa der mächtige Graf Raimund VI. von Toulouse, dessen Ahnherr einst als Kampfgenosse an der Seite Gottfrieds von Bouillon ins Heilige Land gezogen war und vor Jerusalem gestritten hatte. Er zählte zu den bedeutendsten Fürsten Frankreichs jener Tage. Die Bürger von fünfzig Städten folgten seinen Fahnen, über hundert Burgherren trugen von ihm ihre Herrschaften zu Lehen. In seinem Gefolge stand die Blüte des französischen Adels.

Papst Innozenz III. (1198 - 1216) ernannte zwei Zisterziensermönche, die Irrgläubigen zu bekehren. Sie fanden Unterstützung bei dem Erzbischof von Toulouse. Nach dem Tode des einen Legaten ruhte alle Last auf den Schultern Peter von Castelnaus, der gegen den Grafen in scharfen Worten auftrat. Von einem Gefolgsmanne Raimunds deshalb während eines Gottesdienstes erstochen, schrie das Blut des Ermordeten in Rom nach Rache. Das Heer, das geworben wurde, gegen Graf Raimund VI. und dessen Anhang ins Feld zu ziehen, sammelte sich um den Abt Arnold (Arnalt) von Citeaux, den Bevollmächtigten des Papstes, dem als militärischer Führer der kampferprobte Simon von Montfort beigegeben war.

Wie es in Südfrankreich damals zuging, schildert der Geschichtsschreiber etwa so:

Von Montpellier zogen Simon und seine Mitkämpfer, insgesamt 50 000 Mann, nach Béziers, der reichen und festen Stadt des Lehngrafen Raimund Roger. Als die Einwohner die Übergabe verweigerten, sprach der päpstliche Legat: „Nun soll kein Stein auf dem anderen bleiben, kein Leben geschont werden."

Nach hartnäckigem Kampfe wurde Béziers erstürmt und alles Volk ohne Unterschied des Alters, Geschlechts und Standes niedergemetzelt. Allein in der Magdalenenkirche lagen 7 000 Erschlagene. Da es unmöglich schien, Rechtgläubige und Ketzer voneinander zu scheiden, rief der Bevollmächtigte des heiligen Vaters, erzählt die Mär, aus: „Schlagt alle nieder, Gott kennt die Seinen!"

Nachdem die Bewohner getötet, die Häuser geplündert und niedergebrannt waren, konnte sich der Legat rühmen, die Stadt als Bote der göttlichen Rache vernichtet zu haben.

Diesem Anfang entsprach auch der weitere Verlauf des schrecklichen Gemetzels:

Die wilden Scharen, von fanatischen Zisterziensermönchen angetrieben, durchzogen das blühende Land, brachen die stolzen Ritterburgen und füllten alles mit Mord, Raub und Brand. Entsetzt flohen die Gejagten in die Berge und Einöden und suchten Schutz in Wäldern und Höhlen. Über einhundert feste Schlösser fielen damals fast ohne Widerstand in die Hände der tobenden Meute.

Die Kirche hat sich nie die Mühe gemacht, die angeblichen Ketzer nach ihren Eigentümlichkeiten zu sondern. Nach zwanzigjährigem greuelvollen Vernichtungskampfe, der von 1209 bis 1229 ausgefochten wurde, gelang der Hierarchie Roms, ihr siegreiches Banner auf rauchenden Trümmern und blutgetränkten Stätten aufzupflanzen und in den Ruinen des nationalen Glücks und Reichtums ihren Triumphzug zu halten, wodurch die großartige Kultur und das lebensfreudige Wesen des südlichen Frankreich den Todesstreich empfingen: Der heitere Gesang der Troubadoure war für immer verstummt. Elegische Trauertöne klagten fürderhin über den Untergang der alten Herrlichkeit und über die Schrecknisse der Inquisition, die in dem verödeten Land ihr Tribunal aufgeschlagen, um jede freiheitliche kirchliche Regung bereits im Keime ersticken zu können, sagt die im ausgehenden 19. Jahrhundert bekanntgewesene, noch immer lesenswerte fünfzehnbändige Allgemeine Weltgeschichte Georg Webers.

Die Tragödie von Béziers besingt Lenau in seiner Dichtung wie folgt:

Es läßt die Sanduhr Korn an Korn verrinnen,
und fällt das letzte, ist die Stund von hinnen;
also mit jedem Augenblicke fällt
ein Toter in Béziers zum blutgen Grunde;
ein Dämon hat die Leichenuhr bestellt,
daran zu messen eine Menschenstunde.
Das wilde Kreuzesheer ist eingedrungen,
und alles Leben wird hinabgerungen.

Simon voran, der harte Todesdegen,
und fallen muß, wer sich ihm wagt entgegen.
Nicht rühmt das Lied den Tapfern nach Gebühren,
weil es vom Wirbel bis zur Ferse nieder
ihn haßt und jedes Zücken seiner Glieder
und Schild und Speer und alles, was sie führen.

Abt Arnalt ruft ins Fechten, wo es stockt:
„Haut ein! der Ablaß und die Beute lockt!“
Den Priester reitet Simon an zu fragen:
„Herr, sollen wir auch Katholiken schlagen?
Der Unsern viele sind in diesen Mauern,
ist hier gestattet Mitleid und Bedauern?“

Der Abt entgegnet: „Dessen ist nicht Not,
schlagt Ketzer, Katholiken, alle tot!
Wenn sie gemengt auch durcheinander liegen,
Gott weiß die Seinen schon herauszukriegen.“

Wenn still und lautlos ginge dies Zerstören,
man müßte aus den Wunden hier das Blut
gleich einem Bach im Walde rauschen hören,
doch wie ein Meer im Sturme schreit die Wut;
es brennt die Stadt, die Flamme hilft den Waffen;
wenn Tiger nach Béziers herzögen lüstern,
den Rauch des Blutes in den heißen Nüstern,
sie würden müßig hier, bewundernd gaffen.

Dort flüchten Tausende zur Kathedrale,
nachjauchzt der Mord mit hochgeschwungnem Stahle;
in allen Gassen, Häusern und Gemächern,
in jedem Sparrenwinkel unter Dächern,
in jedem tiefen dunklen Kellerbogen
wird nachgesucht und wilden Mords gepflogen.

Vom Giebel wird ein Ketzer dort geschleift,
wie sonst ins Taubennest der Marder greift;
hier pocht der Scherge an des Fasses Dauben,
und tönt es dumpf, so wird es aufgebrochen,
ob nicht ein Ketzer sich hineinverkrochen,
sein Blut gilt werter als das Blut der Trauben.

„Komm, heiliger Geist!“ die Priester alle singen.
Kein Greuel kann wie der das Herz empören;
der Opfer viele in die Flamme springen,
um nur die Mörder singen nicht zu hören.
Doch Tausende sind jener auch gefallen,
für welche süß der Lobsang würde schallen.
Die Stund ist aus, nichts gibt es mehr zu morden,
hoch brennt die Stadt, und weiter ziehn die Horden.

Lenaus „Albigenser“ klingen aus mit einer furchtbaren Erkenntnis – wahr, solange es Unduldsamkeit auf dieser Welt gibt, ganz gleich ob religiöser, ob politischer, ob rassischer Natur:

Das Licht vom Himmel läßt sich nicht versprengen,
noch läßt der Sonnenaufgang sich verhängen
mit Purpurmänteln oder dunklen Kutten;

den Albigensern folgen die Hussiten
und zahlen blutig heim, was jene litten;
nach Huß und Ziska kommen Luther, Hutten,
die dreißig Jahre, die Cevennenstreiter,
die Stürmer der Bastille und so weiter.

Die österreichische Ketzerbewegung jener Tage war angesichts der Tatsache, daß in Ansbach bei Neulengbach ein waldensischer Bischof und in Wiener Neustadt Beginen, Angehörige einer häretischen Frauenbewegung, nachgewiesen werden konnten, nicht ohne Bedeutung.

Der merkantile Aufschwung Wiens dank der wirtschaftspolitischen Wirksamkeit des von Herzog Leopold VI. im Jahre 1221 erlassenen Stapelrechtes dokumentiert sich in nachfolgender Sage, die möglicherweise viel später entstanden ist, aber sicherlich einen Zustand wiedergibt, der in der ersten Hälfte des 13. Jahrhunderts dortselbst geherrscht hat – nicht zuletzt freilich auch im blühenden Handwerk jener Tage begründet, das eine zweite bedeutsame Quelle des Reichtums und Wohlstandes der babenbergischen Residenzstadt damals bildete.

Zur Zeit, als im fernen sizilianischen Palermo Kaiser Friedrich II. (1214 - 1250) dem Studium der Jagd ergeben und gerade dabei war, ein wissenschaftlich gewichtiges Buch über die Falknerei zu schreiben, lebte in Wien ein gar sonderbarer Handwerksmeister: der Schmied Martin, seiner weithin gerühmten körperlichen Stärke wegen Eisenarm geheißen, erzählt die Sage. Als Eigenbrötler von den Leuten, die ihn kannten, verschrien, benahm er sich wahrlich sonderbar: Er arbeitete Tag und Nacht, auch sonn- und feiertags solange durch, bis er vier Groschen verdient und bar beisammen hatte.

Wer immer sich auch bemühte, Meister Martin zur Übernahme eines darüber hinausgehenden Auftrages zu bewegen, konnte ihm goldene Berge versprechen, er erreichte nichts – gar nichts.

Zufolge dieser Konsequenz, die ihn im Volksmunde zum berühmtesten Wiener seiner Tage machte, wurde Eisenarm stets genannt, galt es, Fremden die Sehenswürdigkeiten der jungen aufblühenden Stadt zu zeigen – nach Köln damals, wie bereits betont, die zweitgrößte des Reiches.

1237 weilte der Kaiser daselbst, um hier nach dem Rechten zu sehen, zumal Herzog Friedrich II. auf dem Hoftage zu Mainz 1235 vom Hohenstaufer auf Grund von Klagen des Adels, der Kirche, der Nachbarfürsten, ja selbst seiner vor ihm nach Böhmen geflohenen Mutter Theodora seines Amtes und Lehens enthoben worden war.

Mit seinen politischen Geschäften, die für Wien in der erwirkten Reichsunmittelbarkeit sowie in einer spürbaren Steuererleichterung gipfelten, endlich fertiggeworden, ließ sich der Kaiser zeigen, was die Residenz der Babenberger an Interessantem zu bieten hatte.

Als die Rede auf Meister Martin gekommen war, verlangte der Hohenstaufe sogleich, den seltsamen Kauz, wie er meinte, persönlich kennenzulernen.
„Ist es wahr, was man von dir erzählt?“ fragte er den in die Burg befohlenen Schmied.
„Es hat seine Richtigkeit“, antwortete Eisenarm.
„Warum, sag, müssen es stets vier Groschen sein, die du Tag für Tag zu erhämmern dich verpflichtet fühlst?“
„Weil ich, Herr Kaiser, Tag für Tag vier Groschen brauche.“
„Wofür, Meister Martin?“ wollte der hohenstaufische Sizilianer wissen.
„Den ersten erstatte, den zweiten vergeude, den dritten verschenke, den vierten benötige ich, das dringendste Verlangen meines eigenen Leibes zu decken“, sprach Eisenarm dem verdutzten Kaiser mit fester Stimme ins Angesicht.
„Du sprichst in Rätseln, Mann!“ erwiderte Friedrich, nach einer befriedigenden Erhellung des Sinnes dieser dunklen Worte verlangend.
„So hört, Herr“, erwiderte der Meister nach längerem Zögern und gab wie folgt zur Antwort:
„Den ersten Groschen erstatte ich: Ich zahle meinem greisen Vater alle Wohltaten heim, die ich als unmündiges Kind von ihm empfangen. Ich bitte den Himmel, es noch lange um der Gerechtigkeit willen tun zu können.“
Der Kaiser nickte erstaunt.
„Den zweiten geb' ich meiner Frau, die ihn zu Putz und Tand gebraucht. Der ist wahrlich vergeudet.“
Der Kaiser nickte zustimmend.
„Den dritten schenk' ich Armen und Waisen, auf daß sie an der Hartherzigkeit der Welt nicht ganz verzweifeln und vorzeitig zerbrechen.“
Der Kaiser nickte wohlgefällig.
„Den vierten verwend' ich, mich zu kleiden und zu nähren für den schweren Hammer, den ich führe, um die vier Groschen Tag für Tag in Redlichkeit verdienen zu können.“
Der Kaiser nickte abermals, und diesmal ganz, ganz ernst, und winkte Meister Martin zu sich heran, zu dem er sprach:
„Mach weiter wie bisher, Eisenarm, braver Mann. Gott wird dir verzeihen, daß du die von ihm geheiligte Ruhe seiner Sonn- und Feiertage scheinbar brichst. Deine christlichen Wohltaten wiegen diese Vergehen und die läßlichen Sünden reichlich auf. Nun aber versprich mir, von unserer Unterredung solange nichts zu verlauten, bis du deinem Kaiser zum hundertsten Male Aug' in Auge gegenübergestanden.“
Meister Martin versprach's und ging zufrieden seiner Wege. Sich Gedanken über die Absicht Friedrichs zu machen, war weder seines Geschäfts noch seiner Art.
Dieser freilich führte einiges im Schilde, um seine Räte, in deren Händen schließlich ein ganzes Reich lag, auf die Probe zu stellen.

„Wie würdet ihr", redete er sie an, „vier Groschen verwenden, von denen der erste erstattet, der zweite vergeudet, der dritte verschenkt und der vierte benötigt wird, die Notdurft eures eigenen Leibes zu decken?"
Die weisen kaiserlichen Herren schauten ratlos, um nicht zu sagen dumm, in die Welt und schwiegen verlegen.
„Ich setz' euch eine Frist von acht Tagen", sprach der Kaiser, seine Räte entlassend, „dann müßt ihr Antwort wissen!"
Sie fanden sie nicht, so ernsthaft und lange die Männer auch im Rate beisammensaßen.
Schließlich kam einer drauf, die Frage des Kaisers mit Meister Martin Eisenarm in Verbindung zu bringen, den Friedrich vor einer Woche empfangen und unter vier Augen längere Zeit hindurch gesprochen. Ein Auserwählter eilte fort, dem Schmied das Geheimnis zu entlocken. Dieser aber schwieg, wie er versprochen. Erst als ihm der Gesandte anbot, alle seine Wünsche zu erfüllen, wenn er des Rätsels Lösung verrate, erklärte sich Martin dazu bereit.
„Um hundert echte Goldgulden geb' ich das Geheimnis preis", sprach er verschmitzt und machte sich an Amboß und Esse weiter zu schaffen, seine vier Tagesgroschen zu verdienen.
Wenige Stunden später hatten die Räte das Geld beisammen und das Geheimnis erfahren.
Als sie dann vor ihrem Herrn standen und die richtige Antwort zu geben wußten, bedurfte es keiner Frage nach der Quelle, aus der die Minister geschöpft.
Der Kaiser befahl Meister Martin vor sich und rief ihm zornig zu: „Es war dir verboten, unser Gespräch zu verraten!"
„Ich hab' mein Wort gehalten", gab jener in aller Gelassenheit zurück und fuhr fort: „Erst als mir die Räte hundert Goldgulden gebracht und ich jeden einzelnen besehen, also meinem Kaiser hundertmal Aug' in Auge gegenübergestanden, brach ich, wie vereinbart, mein Schweigen."
Der Kaiser, der die Antwort mit Wohlgefallen vernommen, fiel in lautes Gelächter, das weithin durch die Räume der Wiener Hofburg scholl.
„Ihr Wiener seid ein kluges Volk. Die Welt wird es noch oft erfahren", sagte er und entließ Eisenarm in Huld und Gnaden.

Trotz aller Härte ging dem Glorreichen Leopold ein guter Ruf voraus, der im Wiener Brauchtum wie folgt bis in die jüngste Vergangenheit weitergegeben wurde:
Unter ihm gedachte man des Frühlings in einem Veilchenfeste, sagt die Überlieferung, an dem der Herrscherhof sowie die ganze Stadt in stets erregter Weise Anteil hatten. Vom Winter, der der schlechten Heizbarkeit bewohnter Häuser und Burgen wegen gefürchtet war, nahm man in früheren Jahrhunderten gern Abschied.

Wer damals das vermeintlich erste Veilchen erspäht, bedeckte es sogleich mit seinem Hut und eilte vor den Herrscher, ihm den Fund zu melden. Darauf zogen Herzog und Hofstaat, von Musik und viel jauchzendem Volk begleitet, aus, das Blümlein festlich zu bergen. Dazu war das schönste und sittsamste Mädchen der Stadt ausersehen. Während die versammelten Wiener folgendes Lied sangen:

Es ist der Frühling gekommen,
er trägt ein blühend' Gewand,
von Purpur und Duft umklommen,
erhebt er die Blumenhand.

Es blühte ein Veilchen gar wonnesam,
der liebende West war der Bräutigam,
der küßte und liebte es inniglich,
das zarte Veilchen, wie freute es sich,

umtanzte die Jugend den Hut, bis ihn der Entdecker hob. Die auserwählte Jungfrau pflückte das Blümlein und überreichte es der Herzogin, die die Überbringerin auf die Stirn küßte, worauf ein Volksfest anhub, das bis in die späte Nacht dauerte.

Mit lustigen Reigen zum Spiele fahrender Sänger schloß auch das Maifest, das mit dem Kampfe des Maikönigs, eines in Blumen und junges Laub gekleideten Knaben, gegen den Winter, einen pelzverbrämten alten Mann, begann, von dessen Krone künstliche Eiszapfen erdwärts hingen.

Die von beiden lebhaft geführte Wechselrede endete stets mit dem Siege des Frühlings, der sodann eine Vielzahl von Ehrenwürden und -ämtern verteilte, ehe er von dannen zog und der allgemeinen Lustbarkeit, an der alle Stände, ja selbst die herzogliche Familie mit ihrem Herren und Gebieter an der Spitze, teilnahmen, Platz machte.

Das schönste Fest der Babenbergerzeit aber dürfte die Weihnachtsfeier gewesen sein. Auch sie wurde öffentlich begangen, was zu beweisen scheint, daß die Wiener an ihren Fürsten damals gar mit inniger Liebe gehangen.

Von Herzog Leopold VI. berichten die heimischen Volkssagen des zu Ende gehenden Mittelalters, daß er am heiligen Stephanitage durch die Straßen der Stadt ritt und von den Einwohnern überall mit hellem Jubel begrüßt wurde.

Dem Herzog kam unterwegs ein Festzug entgegen, der geschmückte Tannenbäumchen mitführte, während der Reihe nach Abordnungen der Zünfte vortraten und dem Herrscher Geschenke überbrachten: die Münzer Becher, Ringe und goldene Schnallen, die Tuchner Tuch, die Schneider schönfärbige Gewänder, die Fleischhauer prächtige Rinder, die Bäcker Honigkuchen und das damals gerade erfundene Kipferl.

Im Spiele der Wiener Kinder lebte der glorreiche Herzog bis in die jüngste Vergangenheit fort: Mit dem Worte „leopolden", einer Verballhornung seines Namens, wurde jener Ort bezeichnet, wo man außer Gefahr war, nicht gefangen werden: leopolden – ausruhen durfte. Sicherlich eine Erinnerung an das unter ihm geübte Asylrecht, das mehrere Wiener Kirchen und Klöster damals zugesprochen erhalten haben.

Das Weinviertel ist jenes Gebiet Niederösterreichs, das siedlungsgeschichtlich unter Leopold VI. seinen Höhepunkt erreicht haben dürfte. Die Forschung wird dort, will uns scheinen, noch mancherlei zu tun haben.

Ein flachwelliges Hügelland, von seichten Bächen durchzogen, die bei Regengüssen zu reißenden Strömen anschwellen, ist es durch ein mildes Klima gesegnet und war folglich selbst in grauen Tagen der Vorzeit, da dortselbst Menschen weithin jagten, für die die Wissenschaft noch keine Namen gefunden, bewohnt.

Die Feuerstein- und Klingenschläger, die ersten hierzulande nachweisbar tätigen Siedler, haben in der Gudenushöhle im niederösterreichischen Kremstal eine ganze Menge sichtbarer Spuren in hinterlassenen Gerätschaften deponiert.

Die Illyrer waren die Träger der jüngsten Bronzezeit, die Kelten der jüngeren Eisenzeit Österreichs.

Die Römer oblagen der historischen Aufgabe, das Land bis zur Donau mit einer höheren Kultur zu durchdringen.

In der Völkerwanderung germanisch behaust, wird das Weinviertel bald danach von Altbayern und von Slawen in Besitz genommen. Diesen stand das asiatische Herrenvolk der Awaren gebietend vor. Nach kraftvoller Beseitigung der mit 900 etwa einsetzenden ungarischen Bedrohung begann um das Jahr 1000 nicht nur eine planmäßige Neu-, sondern auch eine Umsiedlung, sagt Prof. Adalbert Klaar — als Reichssache getragen von den deutschen Kaisern, durchgeführt von derem Adelsgefolge und deren Ministerialen.

Seit eh und je bäuerlich in Aussehen und Gehaben, werden unserem Lande durch die für das wirtschaftliche Fortkommen der Bevölkerung lebensnotwendige Industrie erst jetzt die ersten schmerzlichen Wunden in Natur und Kultur geschlagen.

Die in der Frühzeit niederösterreichischer Rodungs- und Aufbaujahre geschaffenen Siedlungsformen haben sich in ihren wesentlichen Grundzügen bis in die Gegenwart erhalten: Wir meinen das Zeilen-, das Straßen- und das Angerdorf. Ihnen wurde in den fernen Tagen der babenbergischen Vergangenheit die nicht minder planmäßig angelegte Liß- oder Gewannflur zugeordnet – bearbeitet nach dem System der Dreifelderwirtschaft.

Die Neubesiedlung im ersten Drittel des 11. Jahrhunderts begann am breiten Auengürtel der Donau und rollte, immer planmäßiger werdend, nach Norden und Osten, dort sogar Thaya und Pulkau überschreitend.

Das Marchfeld nahm seiner ebenen Bodengestalt wegen damals ebenso als Aufmarsch- wie als Überschwemmungsgebiet des Stromes eine Sonderstellung ein: Es wurde zum Liebkind der deutschen Ostkolonisation und daher von Agnes, der Witwe nach Kaiser Heinrich III., in Begleitung ihres minderjährigen Sohnes, des späteren vierten Heinrich des Investiturstreites und Vaters der niederösterreichischen Markgräfin Agnes, 1058 besucht, um den Fortschritt der Siedlungsaktion im „Marhaveld", wie es in einer zeitgenössischen Beschreibung jener Reise heißt, an Ort und Stelle zu beobachten – ein Unternehmen zu überprüfen, das anscheinend die Aufgabe zugeordnet erhalten hatte, Modell für weitere Planungen im anschließenden Osten, besonders im benachbarten Ungarn, zu sein.

Kriege, da und dort schlechte Ackerböden, Seuchen sowie Überschwemmungen bewirkten aber bis Ende des Mittelalters eine Reduzierung der Zahl ehemaliger Marchfelddörfer auf den heutigen Bestand.

In den an unseren Donauübergängen damals zufolge ununterbrochenem Zuzug von Kolonisten bald merkbar

Hochmittelalterlicher Hausbau

gewordenen Besiedlungszonen, zumeist mit kaiserlichen Regalen ausgezeichnet, entstanden ab der Mitte des 12. Jahrhunderts die ersten planmäßigen niederösterreichischen Stadtanlagen. Jene Tage sind die Zeit der „gewachsenen" Städte des Landes. Darunter ist ein Siedlungstyp zu verstehen, der im Grundriß auch heute noch das ursprüngliche Dorf erkennen läßt, an das die Erweiterungen nach und nach angebaut wurden. Hierher gehören Eggenburg, Groß-Enzersdorf, sodann ab dem 19. Jahrhundert die zur Stadt erhobenen mittelalterlichen Märkte Stockerau und Mistelbach etwa.

Zu den planvollen Gründungsstädten der Babenbergerzeit, Siedlungen also, die als Städte entworfen und dann auch errichtet wurden, zählen Korneuburg 1212 und Laa a. d. Thaya 1242. Danach entstanden Zistersdorf 1258, das unvollendet gebliebene Marchegg 1263 sowie Retz 1285. Sie waren ein neuer Siedlungstyp und die logische Fortsetzung eines Gürtels von Steinburgen, den man zur Sicherung des Landes bis dahin errichtet hatte.

Über das Gehöft als wesentlichstes Element der Siedlung zur Zeit der Markgrafschaft bzw. des babenbergischen Herzogtums ist es schwierig, historisch Verbrieftes auszusagen.

Zu den ältesten erhaltenen Typen zählen der nun in argem Wandel begriffene Haken- sowie seine Abart: der Zwerchhof, die vom besten Fachmann der Materie, Adalbert Klaar, wie folgt etwa beschrieben werden:

Der Hakenhof, aus einem vorangegangenen Streckhof entwickelt, trägt neben dem Hoftor straßenseits einen Giebel. Hinter seiner Zweifensterfront liegt die Stube. Der dreiteilige Grundriß weist eine Herdstelle mit der Rauchküche auf. Vor dem Streckhaus befindet sich hofseitig die Greden mit einer überdachten Längslaube.

Der Zwerchhof ist dem Hakenhof typenmäßig nahe verwandt. Er weist straßenseitig aber keine Giebel-, sondern eine Traufenfront auf, die die Wohnräume und die überdeckte Hofeinfahrt mit dem großen Haustor zu einer Einheit verbindet. Hier liegt die Rauchküche in der Hausmitte, dem Hofe zugekehrt, den meist ein Laubengang ziert.

Der Weinviertler Stadl, die Längsscheune, ist ein Holzständerbau mit hohem Giebel bei jüngeren, mit tief herabhängendem Satteldach bei älteren Ausführungen. Er umfaßt die Tenne, welcher sich der Länge nach das sogenannte „Viertl“ anschließt. Dort wird das ungedroschene Getreide aufbewahrt, im Giebelgeschoß Heu gestapelt. Entlang der Tenne und dem Viertl ziehen niedere Anbauten hin, Ackergerät verwahrend.

In unseren Weinviertler Siedlungen lebt weithin sichtbar die Babenbergerzeit, in der immer seltener werdenden Scheune der Gehöfte, sagt die Wissenschaft, die letzte Erinnerung an die germanische Epoche des Landes noch fort.

Nach dem gegenwärtigen Stand der Kenntnis vermittelt die Ortsnamensforschung Niederösterreichs für den von uns behandelten historischen Zeitraum folgendes gültige Bild der Entstehung unserer Siedlungen:

Die ältesten uns bekannten deutschen Ortsnamen in Niederösterreich, Omunthesdorf und Omunthesperg, bereits zur Zeit der Awarenkriege Karls des Großen genannt, beweisen mit Sicherheit, daß es hierzulande schon in der vorkarolingischen Epoche deutsche Siedlungen gegeben hat.

Zur nächsten Schicht der Ortsnamen gehören Namen, die auf -ing oder -arn enden. Die echten -ing-Namen — gleichsam als „Gefolgschaftsnamen“ zusammenzufassen — bezeichnen Siedlungen von Personen, die zum Gefolge eines Herrn gehörten: Der Name des Ortes Gerolding z. B. sagt, daß dort Leute eines Gerold gesiedelt haben.

Die in ihrer Bedeutung vielfältigeren -arn-Namen, zumeist auf -ern abgeschwächt, meinen ursprünglich den Wohnsitz einer Personengruppe, die gleicher Beschäftigung nachging: Schiltern etwa war einst eine Siedlung von Schildmachern. Hierher gehören auch Namen, deren Stammwort Geländeformen bzw. Tiere nennt: Talern z. B. hieß die Niederlassung von Leuten in einem Tale, Ossarn das Dorf der Ochsenhälter oder Ochsenzüchter.

Es darf angenommen werden – dieser Meinung freilich wird seit jüngstem widersprochen –, daß die meisten -ing-Namen in die Karolingerzeit zurückreichen und bis Ende des 10. Jahrhunderts ortsnamengebend waren. Siedlungen dieses Ursprungs sind in Niederösterreich überall zu finden, wo sich Germanen nach der Völkerwanderung dauernd niedergelassen haben: vornehmlich im Bereiche längs der Donau. Man hat insgesamt etwa 70 größere Orte sowie 100 Weiler dieses Ursprungs gezählt, sagen die niederösterreichischen Ortsnamensforscher Fritz Eheim und Heinrich Weigl.

Ortsnamen auf -heim: Thalheim, Hundsheim sind hierzulande selten.

Noch seltener finden sich Namen auf -hausen: Michelhausen zum Beispiel.

Die häufigsten Bezeichnungen für geschlossene bäuerliche Siedlungen sind Zusammensetzungen, deren Grundwort auf -dorf endet, deren Bestimmungswort aber ein Personennamen im zweiten Fall ist: Harmannsdorf etwa.

Die -hof-Siedlungen bezeichneten im Gegensatz zur bäuerlichen -dorf-Siedlung das Herrengut: Maierhof das von einem Meier verwaltete Gut des Herrn; der Name Waidhofen scheint auf herrschaftliche Jagdhöfe hinzuweisen.

Zu einem Herrenhofe gehörte auch die Wohnung der Grundholden: die Hofstatt, in der Mehrzahlform als Abstetten, Bischofstetten, Königstetten Ortsnamen geworden.

Die Institution Markt wurde nur gelegentlich zur Bezeichnung einer Siedlung. Der Name Altenmarkt z. B. deutet die Verlegung des Marktrechtes auf einen anderen (neuen) Ort an.

Um 1200 tauchten die ersten Stadtnamen auf: Wiener Neustadt etwa.

Aus Burgen hervorgegangene städtische Siedlungen des Hochmittelalters behielten die Burgnamen bei: Hainburg, Klosterneuburg.

Neuangelegte Dörfer in einer schon bewohnten Landschaft hießen Neusiedl, neue Ortsteile Neustift.

Ortsnamen im Waldviertler Rodungsland enden häufig auf -reut oder -reith, -schlag, dann auf -gschwend und -brand oder heißen gar Gschwend und Brand oder Brandstatt. Diesen Endungen geht zumeist der Name des Leiters einer Besiedlungsaktion voraus, zum Beispiel: Elsenreith, Grafenschlag.

Dem erdkundlichen Namenschatz des Waldviertels geben jene Ortsbezeichnungen das Gepräge, die die eben genannten Grundwörter weglassen und allein den Personennamen im Genetiv gebrauchen: Kainraths ist möglicherweise das Dorf eines Konrad, Erdweis vielleicht die Rodung eines Ortwin, Seyfrieds der Waldschlag eines Siegfried.

Verlassene, dann wieder angelegte Gehöfte oder Dörfer wurden als Siedlungen gerne Oed benannt.

Die Gruppe der Ortsnamen, die sich von Geländeformen oder -merkmalen herleiten läßt, ist hierzulande besonders groß:

Die Bezeichnung Wagram im Bereiche der Donau meint den Wogenrain – das ehemalige Ufer unseres Stromes

Tullnerfeld die Ebene – Ebenen hießen im Mittelalter immer Feld

Grünbach das Gerinne, den Bach, der grünschimmerndes Wasser führte

Egelsee ein blutegelverseuchtes Gewässer

Kottingbrunn den kotigen – den Brunnen im Sumpfgelände

St. Leonhard am Forst die Siedlung am gepflegten, am durchforsteten Wald

Hinterholz die Siedlung in einem Kleinwald, in der Regel Holz genannt

Hagenau das Dorf in einer Au

Laubenbach den Ort an einem durch Wald bzw. dichten Baumbestand ziehenden Gewässer, wobei die Baumkronen gleichsam eine Laube bildeten

Windhag jenen lebenden Zaun, in dessen Windschutz sich Menschen niedergelassen

Bierbaum das Dorf im Bereiche wahrscheinlich zahlreicher Birnbäume

Langenrohr Häusergruppen in einem Schilfgelände

die Orte Weg, Bruck und Straß Siedlungen, ehemals an alten Wegen, Brücken, Straßen gelegen

Hollabrunn die Wohnstatt inmitten Holundergesträuchs.

Religionsbedingte Begriffe leben in den Ortsnamen Teufelsdorf, Christenberg, Marterhof

Klosternamen in Heiligenkreuz, St. Andrä an der Traisen, in Kleinmariazell fort.

St. Pölten bezeichnet eine dem hl. Hippolyt gewidmete Siedlung

Wieden das Ausstattungsgut oder den Grundbesitz einer Pfarre (die Wiener Wieden ein Eigentum der Pfarre St. Stephan z. B.).

Mittelalterliches Recht spiegeln Pottschollach und Pottschal – Unterkünfte von Barschalken: zinspflichtigen Hörigen romanischen Ursprungs dann Hub und Lehen wieder.

In den Namen Riegers sowie Riegersburg lebt die Erinnerung an Rüdiger von Pöchlarn, unseren Markgrafen des Nibelungenliedes, weiter.

Nachstehende Ortsnamen sind nicht der naiven Alltagssprache des Volkes, sondern dem Willen eines einzelnen, des Gründers der Örtlichkeit etwa, entsprungen. Hierher gehören fast alle Burgnamen auf -berg: Kranichberg, Starhemberg, -stein: Falkenstein, Liechtenstein, -eck: Rauheneck, Scharfenegg.

Zum Abschluß dieses unvollständigen, aber den neuesten Stand der Ortsnamenkunde von Niederösterreich wiedergebenden Katalogs ein Hinweis darauf, daß von den rund 40 000 festgehaltenen Flurnamen des Landes die ältesten der Landwirtschaft des Mittelalters gelten:

Ein kleines Feld hieß Hungerfeld

Harland ein Flachs-

Hirschpeunt ein Hirseacker.

Leiten, Mais, Boden und Osang endlich waren Flurbezeichnungen aus dem heimatlichen Waldbereich.

Herr Walther von der Vogelweide – der Sänger des Reiches

Walther von der Vogelweide, zwischen 1165 und 1175, folglich zur Regierungszeit Heinrich II. zur Welt gekommen, war ritterlichen Geblüts, ein Herr, den die damals herrschende Erbsitte als zweit-, dritt- oder spätergeborenen männlichen Familiensproß von der Inbesitznahme des väterlichen Guts ausschloß und so fast für sein ganzes Leben aus irgendeinem österreichischen Landschaftsbereich, vielleicht aus dem Südtiroler Grödnertal, auf die Straße verwies, die ihm fortan bis knapp vor seinem Lebensende Heim und leidvolles Zuhause war.

Bevor er jedoch von der Drau bis zum Po, von der Elbe bis zum Rhein und her wieder bis ans Ungarland der Menschen Wert und Sitten kennenlernte, bettelte er sich in die Babenbergerburg, den „wonniglichen Hof" zu Wien, ein, um bei Reinmar von Hagenau, dem dortselbst wirkenden berühmtesten Dichter mittelhochdeutscher Zunge jener Tage, vielleicht aus dem Elsaß gebürtig, „singen und sagen" zu lernen.

Damals ging von dem durch Handel zu Wohlstand erblühten Wien, wo die Herzoge Leopold V. sowie seine Söhne Friedrich I. und Leopold VI. glänzenden Hof hielten, eine Kraft wie selten zuvor und danach aus: Österreich schickte sich an, ein eigener, selbständiger politischer Raum mit nur losen Bindungen zum Heiligen Römischen Reich zu werden.

Die Pracht und verschwenderische Freigebigkeit für Wissenschaft und Kunst im allgemeinen sowie für Poesie und Musik im besonderen war namentlich dem Einflusse der byzantinischen Gemahlinnen der Babenberger zu danken, die die Residenz zu einem kulturellen Mittel- und Anziehungspunkt gemacht hatten, wie es weithin keinen zweiten gab

– die Wartburg im gesellschaftsfrohen Thüringen ausgenommen.

Auf dem Kirnberg oberhalb Linz, wo der Kürenberger um die Mitte des 12. Jahrhunderts saß, nahm der deutsche Minnesang seinen Anfang, in Wien erblühte er zu seinem Gipfel.

Zur Erklärung dieser Tatsache muß gesondert und mit Nachdruck auf den angeblich einmaligen materiellen Aufschwung hingewiesen werden, den das damalige Österreich durch die Kreuzzüge erfuhr: Diese rund zwei Jahrhunderte währenden Waffenfahrten der edelsten Männer Deutschlands, Frankreichs und Englands setzten das Leben und Treiben in Österreich in schnelleren Puls. Wien blühte rasch auf und wurde bald Mittelpunkt einer herrlichen Kultur. Dort tauschten Süd und Nord, Ost und West ihre geistigen Schätze und ihre Waren aus. Das deutsche Wesen jener Tage sammelte sich in diesem Brennpunkt der damaligen europäischen Welt und brachte manches zum Gedeihen, was sonst ohne Leben und Frucht geblieben wäre.

Die duftigste Blüte dieser eben genannten kulturellen Lebensform, die Minne: jenes zarte und innige, aber auch sinnlich bestimmte Verhältnis zwischen den beiden Geschlechtern erwuchs, wie gesagt, in Wien zur höchsten Vollendung. Aus den Versen Reinmars kann man überdies auf die edle höfische Bildung der höheren österreichischen Gesellschaft des ausgehenden 12. und beginnenden 13. Jahrhunderts schließen. Reinmar war der feinste Psycholog der Minne. Er analysierte alle ihre Anmutungen und Stimmungswechsel. Man kann sich kaum eine kultiviertere Geistesbildung denken. Seine Verse sind Ausdruck des vollkommensten lyrischen Impressionalismus. Ihnen liegt ein ungemein zartes, ausschließlich geistiges Liebesverhältnis zu einer vornehmen Frau am Wiener Hofe zugrunde. Neidlos beugte sich ihm damals ganz Deutschland. Gottfried von Straßburg widmete Reinmar in seinem „Tristan“ einen begeisterten Nachruf. Er sagt, daß Orpheus' Zunge aus seinem Munde töne. Er nennt ihn die Leitefrau aller deutschen Sängernachtigallen und meint, daß die Welt freudenleer und ohne Sinn wäre, wenn sie nicht von Reinmars Kunst gehoben würde. Auch Reinmar selber war sich seines hohen Wertes voll bewußt. Er rühmte sich, die Menschen froh und hunderttausend Herzen höher schlagen gemacht zu haben, um mit dem Kultur- und Literaturhistoriker Richard von Kralik zu sprechen.

Mit Walthers Ankunft in Wien aber geschah zum erstenmal, was seither hierzuland immer zu geschehen pflegt, wenn einem Schwan ein junger Adler in das Nest gelegt wird. „Der Singschwan Reinmar zog“, meint der Literaturwissenschaftler Josef Nadler, „seine prächtigen Kreise durch die elegisch beschatteten Fluten, die doch nur ein großer Teich waren, ein Kreis immer schöner als der andere, aber jeder immer derselbe Kreis. Die Natur des Adlers ist der große Flug im freien Himmel“ – eine Tatsache, die im Frühjahr 1197 zum Bruche zwischen Reinmar und Walther führte.

Dennoch wird der Vogelweider, alsbald zur größten schöpferischen Dichtergestalt des deutschen Mittelalters herangereift, seinem Meister, der über das Thema der Minne nie hinausgekommen war, eine Grabrede halten, die in ihrer Erhabenheit zu dem Großartigsten gehört, was Walther zu sagen je Gelegenheit gehabt.

Sein am Hof zu Wien entstandener Gesang, das männlichste Lied, das vollkommenste lyrische Gedicht der Zeit schlechthin, das um eine eigene dichterisch-musikalische Gestaltung nie verlegen war, buhlte nicht um Gunst der höfischen Gunst wegen, die die Liebe zu einem frivolen Spiel erniedrigt, seine Minne wollte Erlebnis mit einer Frau, einer wirklichen Frau sein – gleichviel ob hoch, ob nieder, wenn sich diese nur so gab, wie Gott sie geschaffen. Die Verse Reinmars waren nicht minder gekonnt und doch bloß ein Gedankenspiel mit Gefühlen, mit glaskalten Worten.

Kein Wunder, daß die sogenannte bessere Gesellschaft jener Tage, in unserem Fall eine höfische, kein gutes Haar an dem Nichtalltäglichen, dem Außergewöhnlichen, dem der „niederen Minne" huldigenden Genie ließ: über den Dichter im Rahmen glanzvoller Feste und Turniere in der ehemaligen Wiener Residenz der babenbergischen Herzoge am heutigen Platz Am Hof tuschelte, die Ritter beim Umtrunk im landesherrlichen Jagdhaus im Wienerwald hart an der Stadtmauer, etwa im Bereiche des Esterházyschen Palais in der heutigen Wallnerstraße gelegen, über Walther schimpfend herfielen, die züchtig tuenden Burgfräulein in der ehemaligen babenbergischen Hofkirche zu St. Pankraz im Bereiche der nahen Nadlergasse lieber des jungen Sängers als des Himmels gedachten, bis der Glorreiche sechste Leopold dem Drängen seiner Matronen und der höfischen Clique im Gegensatz zu seinem Vater Leopold V. und seinem älteren Bruder Friedrich I., Walthers freundschaftlich gewogenen Förderern, nachgab und dem Vogelweider seine Gunst entzog. „Leopold VI. hatte nichts Glorreiches an sich", meint die Wiener Literaturhistorikerin Gertrude Heger, „als er den größten Lyriker des deutschen Mittelalters, der bisher am Hofe seines Vaters und Bruders beheimatet war, im Schicksalsjahr 1189 von dannen gehen hieß." Auf diese Situation bezieht die Wissenschaft des Dichters herrliche Verse „Mir ist versperrt des Glückes Tor" und „Es regnet rings um mich, auf mich fällt nicht ein Tropfen", da der sonst stets spendable glorreiche Herzog sowohl anläßlich seiner Schwertleite zu Pfingsten 1200 als auch zu seiner Hochzeit 1203 des anwesenden Sängers vergaß, der nach Wien gekommen war, seinem einzigen rechtmäßigen Fürsten — was Walthers zutiefst babenbergische, also österreichische Gesinnung und somit wahrscheinlich auch Abstammung bezeugt — zu huldigen.

Wenngleich er damals leer ausgegangen war, seinem Herrn erwies der Vogelweider dennoch poetische Reverenz, als hätte auch er zur Schar der Glücklichen gezählt:

> Ob jemand leben mag, der sah,
> daß größre Gabe je geschah,
> als wir beim Fest zu Wien empfangen haben?

Das Verhältnis Walthers von der Vogelweide zu den babenbergischen Herzogen, denen er gedient, erinnert an das Verhältnis des Prinzen Eugen zu seinen Kaisern Leopold I., Joseph I. und Karl VI.: Leopold der V., der Tugendhafte, verhielt sich dem Sänger, scheint's, wie ein Vater dem Sohn, Friedrich I. wie ein Bruder dem Bruder, Leopold VI., der Glorreiche, wie ein Herr seinem Diener gegenüber.

Hier noch eine zweite auffällige Parallelität:

Rund 650 Jahre später hatte Nikolaus Lenau in Wien „singen und sagen" gelernt. Und auch er wurde vom Wiener Hofe und seiner Zensur wie seinerzeit Walther des Landes und damit auf die Straße verwiesen. Lenau verbrachte sein weiteres Leben in der Postkutsche: ein Vierteljahrhundert zwischen Wien und dem Schwabenlande hin- und herpendelnd, überall zu Hause, nirgends aber daheim, nirgends seßhaft und geborgen.

Eine Gedenktafel zu Anfang der Bognergasse im 1. Wiener Gemeindebezirk hält die Erinnerung an die Tage der Babenberger mit folgendem Worte fest: „An dieser Stelle stand ein Hof der Babenberger Markgrafen und Herzoge, später für die herzogliche Münze verwendet . . ."

Was Walther von dort aus mit in ferne Lande nahm, waren reiche Schätze, strahlend schön bis zum heutigen Tag: unvergängliche volkstümliche Wiener Lieder, die durch Unmittelbarkeit der Empfindung, anmutige und leichte Bewegung, reizende Naivität und neckische Schalkhaftigkeit, zuweilen bis auf die Spitze des Mutwillens getrieben, offenkundig verraten, daß sie einer Zeit angehören, da des Dichters Herz in heitererem Takte als später schlug.

Den Reflexionen und fingierten Liebesleiden seiner Zunftgenossen gegenüber gibt Walther, wie gesagt, unmittelbares Erleben, oft in scherzhafter Weise. Es mag sein, daß ihm dort, wo er kleine Abenteuer mit ländlichen Schönen besingt, die französischen Pastourellen vorschwebten, aber vergeblich wird man unter den besten dieser Lieder Verse finden, die sich mit seinen vergleichen ließen.

Wer gab dir, Liebe, die Gewalt?
Ach, daß du doch so mächtig bist!
Du triffst sie alle, jung und alt:
Und keiner hilft sich da mit List.
Nun lob ich Gott, seit deine Hand
mich schwer ergriff, da ich so rechte hab erkannt:
Dein Dienst ist Leid, doch herrlich Leid.
Und davon komm ich nimmer. Königliche Maid,
laß mich nur leben eine Zeit.

Unter einer österreichischen Linde, möglicherweise im engeren Umlande Wiens, vielleicht in den damals schon bekannten Weinhauerrieden Grinzings oder Sieverings, wo die Babenberger begütert waren und des öfteren mit ihrem Gefolge weilten, möglicherweise aber auch im Bereiche Klosterneuburgs entstanden, wohin Leopold VI. seine Residenz zurückverlegt hatte, erklang zum erstenmal der herrlichste, wie alle seine Liebeslieder ein einem Mädchen in den Mund gelegter Sang – wohl das schönste Lied nicht nur der ganzen deutschen, der gesamten damaligen europäischen Minnedichtung:

Unter der Linden
an der Heide,
wo ich mit meinem Trauten saß,
da mögt ihr finden,
wie wir beide

die Blumen brachen und das Gras.
Vor dem Wald mit süßem Schall,
tandaradei!
sang im Tal die Nachtigall.

Ich kam gegangen
zu der Stelle;
mein Liebster war schon vor mir dort.
Mich hat empfangen
mein Geselle,
daß ich bin selig immerfort.
Ob er mir auch Küsse bot?
Tandaradei!
Seht, wie ist mein Mund so rot!

Da ging er machen
uns ein Bette
aus süßen Blümlein mancherlei;
des wird man lachen
noch, ich wette,
so jemand wandelt dort vorbei;
bei den Rosen er wohl mag,
tandaradei!
merken, wo das Haupt mir lag.

Wie ich da ruhte,
wüßt' es einer,
behüte Gott, ich schämte mich.
Wie mich der Gute
herzte, keiner
erfahre das als er und ich
und ein kleines Vögelein,
tandaradei!
das wird wohl verschwiegen sein!

Wie oft wird Walther fürderhin dieser vergangenen herrlichen Tage gedacht haben? Des Tugendhaften fünften Leopold, besonders schmerzlich aber Herzog Friedrichs vier Jahre später, der ins Reich der Sarazenen gezogen war, das Grab Christi zu befreien und so seinen vom Papste gebannten Vater zu lösen, weil der Kreuzfahrer Leopold den Kreuzfahrer Löwenherz gefangengenommen, wobei Friedrich das eigene Leben in viel zu jungen Jahren verlor.

Über diese dem englischen König damals widerfahrene unerhörte Begebenheit haben wir an anderer Stelle berichtet.

Ob der Vogelweider von der Geschichte wußte? Sein Werk schweigt sich darüber leider aus.

Nachdem Walther Wien verlassen hatte, streifte er mit Fiedel und Harfe „Burgen und Höfe ab, eigene und fremde Lieder am Kamin oder bei Frühlingsfesten aufspielend. Bald trug es nur ein Zehrgeld, bald ein Gewand, bald ein neues Pferd für das alte, das lahmte, aber nie genug, um sich den ewigen Aufbruch am Morgen zu ersparen. Als es ihm schon ein wenig besser ging, wird er sich einen gemieteten Begleiter geleistet haben, der das Handwerkszeug mit in den Sattel nahm und die Musik besorgte. Das war die Zeit, da Walther, der Spielmann, sich auf den politischen Spruch, der das Reichsgeschehen zum Inhalte hatte, verlegte. Er übersiedelte, um es in die Sprache der Zeitung zu übersetzen, aus der Beilage, die der Frauen Anteil ist, in den Leitartikel, der die Wähler angeht“, betont Nadler.

Wer ist's, sagt an, der das Größte vollbringt?
Wer schlägt den Löwen? Wer schlägt den Riesen?
Wer überwindet jenen und diesen?
Das tut der Mann, der sich selber bezwingt.

Die bereits genannte Literaturwissenschaftlerin Hedwig Heger definiert Walthers diesbezügliche Bedeutung wie folgt: „Unter seiner souveränen Handhabung wurde aus der meist didaktischen Spruchdichtung – wir haben hiefür eben ein Beispiel gebracht – die schneidende Waffe politischer Agitation hohen Stils. Die Verschmelzung von ritterlicher und

Herr Walther von der Vogelweide

spielmännischer Dichtung, die eine starke Persönlichkeit voraussetzt, gab überdies den Berufsdichtern ihre ureigenste Ausdrucksform; die Möglichkeit, gezielte Tendenzlyrik zu betreiben, Publizistik. Auch Walther war Berufsdichter – Dichter aus Berufung; ein Meister seiner Kunst, unerreichtes Vorbild für viele, ein politischer Machtfaktor."

Walther von der Vogelweide gelang der Einbruch in die Höhen der Politik. Als Österreicher von Geburt und Gesinnung den Staufern anhängig, die der Weltherrschaft wegen mit dem Papsttum in blutigem Streite lagen, kämpfte er für die Utopie des Weltkaisertums: die Wiederherstellung des Römischen Reiches, das zuerst König Philipp von Schwaben, nach dessen Ermordung der Welfe Otto IV. und schließlich die Kaiser Friedrich I. und II. zu verwirklichen suchten – ein Anliegen, den Deutschen bis in die jüngste Vergangenheit Herzenssache geblieben.

Walther war einer der wenigen, die die Zeichen jener Zeit verstanden hatten.

„Die Idee des Gottesreiches", sagt der Innsbrucker Literaturwissenschaftler Eugen Thurnher, „war gescheitert, die Einheit der geistlichen und weltlichen Gewalt zerfallen, die Kirche entzweit und das Reich zerstört, das Heilige Land unter der Herrschaft der Heiden. Dadurch war die Idee des christlichen Ritters selbst zweifelhaft geworden, in dessen geschichtlicher Erscheinung sich weltliche und geistliche Tugenden zu einem Ganzen zusammengeschlossen."

In jenen religiösen, sozialen und politischen Erschütterungen wird der Grund faßbar, aus dem die Dichtung Walthers von der Vogelweide emporwuchs. Der Verfall der universalen Ordnung des Reiches war die Geburtsstunde seiner dichterischen Existenz.

Drei Dinge sind es, die die Größe Walthers bestimmen. Er faßte zahlreiche Traditionen: die verschiedenen Arten des Minnesangs, die ursprünglich nicht höfische Gattung des

Spruchs, geistliche Dichtung und mittellateinische Lyrik, zusammen und bezog alles auf eine neue Mitte. Diese Mitte war sein eigenes Leben, das fürderhin zum gestaltenden Prinzip wurde, während es in der früheren Dichtkunst so gut wie keine Rolle gespielt hatte.

Namentlich Walthers Spruchschöpfungen jener Jahre, gewöhnlich zehn Zeilen umfassend, nie aber länger als fünfzehn, auf das genialste verdichtet und daher höchste Meisterschaft, „waren von der gefährlichen Art des politischen Witzes, der vergnügt, aufreizend oder schadenfroh seine Runde macht, nicht aufzuhalten, nicht zu betreten, nicht zu verhaften", sagt Nadler. Damit errang der Vogelweider eine Stellung, wie sie ein Spielmann weder zuvor noch nach ihm je besessen: Er wurde zu einer Macht, auf die man hörte, sang er: „Sagt an, Herr Stock (gemeint sind die Opferstöcke, die Papst Innozenz III. anläßlich des vierten Kreuzzuges in deutschen Landen hatte aufstellen lassen), hat Euch der Papst zu uns gesandt, daß Ihr ihn reich macht und die Deutschen plündert?" oder die berühmt gewordenen Gedichte „Ich hört' ein Wasser rauschen" und „Ich saß auf einem Steine":

Ich saß auf einem Steine:
Da deckt ich Bein mit Beine,
darauf der Ellenbogen stand;
es schmiegte sich in meine Hand
das Kinn und eine Wange.
So dacht ich sorglich lange
dem Weltlauf nach und irdschem Heil;
doch wurde mir kein Rat zuteil,
wie man drei Dinge erwürbe,
daß keins davon verdürbe.
Die zwei sind Ehr und zeitlich Gut,
das oft einander schaden tut,
das dritte Gottes Segen,
an dem ist mehr gelegen:

Die hätt' ich gern in einem Schrein.
Doch leider mag es nimmer sein,
daß Gottes Gnade kehre
mit Reichtum und mit Ehre
je wieder in dasselbe Herz.
Sie finden Hemmung allerwärts:
Untreu hält Hof und Leute,
Gewalt fährt aus auf Beute,
so Fried als Recht sind todeswund:
Die dreie haben kein Geleit,
die zwei denn werden erst gesund.

Im Hinblick auf alle in diesem Buche veröffentlichten Dichtungen namentlich Walthers ist zu bemerken, daß deren textliche Übertragung ins Neuhochdeutsche viel zu wünschen übrigläßt, ja zu wünschen übriglassen muß, weil die Nachdichtungen die Naivität der mittelhochdeutschen Ausdrucksweisen nicht zu fassen vermögen. Das Gefühlsleben der Menschen im ausgehenden 20. Jahrhundert ist mit dem der Menschen im 12. oder 13. Jahrhundert nicht zu vergleichen.

Geistreiche Köpfe glauben, aus den eben zitierten Versen das ganze politische Geschehen des tragischen Konflikts zwischen Kaiser- und Papsttum herauslesen zu können.

„Eine ritterliche Standesdichtung im Sinne des Westens hat es im Österreich jener Tage nicht gegeben", sagt Nadler, und er fährt fort: „Der Träger dieser Standesdichtung war der freiherrliche Grundbesitzer, der ritterliche Lehensmann, der Dienstadel. Sie waren alle nur Liebhaber der Kunst, was nichts gegen den jeweiligen Rang ihrer dichterischen Gebilde aussagt. Der Spielmann war Dichter von Beruf und Lebensführung. Er war Dichter und Vortragskünstler. Er hatte an Vortragsstücken einen Vorrat, der sein Eigentum war. Ihn zu mehren, zu mindern, nach Bedarf neu zu gestalten, eben darin bestand die sichere Gewähr seiner

Kunst. Er übte seinen Beruf in Gastspielen aus, die ihn, wie sich's versteht, dorthin führten, wo es kunstverständige Hörerschaft gab, sei es aus Natur wie an Höfen und an größeren Herrensitzen oder aus Zufall wie bei ritterlichen Festen und auf Reichstagen. Der Spielmann war Dichter und Vortragskünstler. Er wird aber auch der leitende Einrichter solcher künstlerischer Veranstaltungen gewesen sein, und er stellte sich, wo der Anlaß mehrere seiner Kunstgenossen zusammenlockte, dem Wettbewerb. Die Dauer des Aufenthaltes änderte nichts am Wesen seines Gastspiels. In dieser spielmännischen Berufsgenossenschaft gab es wie unter Schauspielern abgestuften Rang der Stellung, des Namens, der Leistung. Vom Anfänger oder ewig Verkürzten bis zum Stern, der einsam unter Seinesgleichen strahlte, hatte vieles Platz in solcher Berufsgenossenschaft. Und ebenso abgestuft war das Brot, nach dem auch diese Kunst damals und wie immer ging, abgestuft von ein paar gastfreien Tagen, von einem Gewand oder Roß bis zu einem kleinen Lehen, auf das es denn die Mühe eines ganzen Lebens brachte. Das ist der Spielmann, der im Österreich jenes Jahrhunderts die Dichtung gemacht und von Ort zu Ort ans Ohr getragen hat."

An dem 1207 stattgefundenen Wettstreite der besten Minnesänger jener Tage auf der Wartburg hat der Überlieferung nach neben Wolfram von Eschenbach, Reinmar von Zwetter, Heinrich von Ofterdingen, Heinrich von Rispach und Biterolf auch Walther von der Vogelweide teilgenommen, der seit 1202 des öfteren im Thüringer Land nachzuweisen ist.

Während Heinrich von Ofterdingen den glorreichen Leopold VI. von Österreich pries, sang Walther zuerst das Lob des Königs von Frankreich, dann wie die übrigen das des heimischen Landgrafen. Als der von Ofterdingen gegen die fünf verständlicherweise nicht aufzukommen vermochte, erklärten ihn die Merker (Aufpasser) für besiegt.

Heinrich suchte daraufhin Schutz bei der Landgräfin. Auf ihre Fürbitte hin wurde der berühmte Zauberer Klingsor aus dem Ungarland, erzählt die Sage, als Preisrichter herbeigeholt. Dieser, ein großer Meister, und der Ofterdinger sangen nun gegen die übrigen solange, bis alles versöhnt und Eintracht wieder gestiftet war.

Mit Klingsor, der, wie neuere Forschungen glaubwürdig darzutun in der Lage sind, nicht bloß eine literarische, sondern eine wirkliche Gestalt gewesen zu sein scheint – „Klingsors Name ist kein leerer Schall!" –, tritt das Südostdeutschtum, das die kaiserliche Kolonisation zur Babenbergerzeit dahin gebracht, repräsentativ in die Kunstgeschichte Europas ein.

Kaiser Friedrich II. lohnte schließlich die treuen Dienste Walthers, der für ihn geworben, nie aber sein käuflicher Propagandist war, mit einem Lehen, nach dem sich der bescheidene, von jeder Selbstsucht und niedrigem Ehrgeiz freie Dichter zeitlebens gesehnt.

Durch seine männlich - stolze Haltung unterschied sich Walther von der Vogelweide von allen Sängern der „hohen" Minne, deren Hauptaufgaben, stellt Johannes Scherr in seiner deutschen Kultur- und Sittengeschichte fest, „die Verherrlichung der Geliebten, die Pflichten des Minnedienstes, die Übung höfischer Zucht und Standessitte", daneben die „Pflege des religiösen Gefühls und der Naturfreude" waren. Ihr Gesang wird als „innig und sinnig", aber als „sentimental, eintönig und engbegrenzt" bezeichnet. Das „stolze Freiheitsgefühl", „die kühne Opposition der (französischen) Troubadoure" sucht man bei ihnen vergeblich, dagegen trifft man „ein widerliches Fürstendienen und Almosenheischen nur allzuhäufig" an. Dennoch habe „der Minnesang einen Meister hervorgebracht", heißt es weiter, „dessen Gesichtskreis ein umfassenderer war und der wahrhaftig achtunggebietend unter seinen Zeitgenossen dastand: Herrn Walther von der Vogelweide."

In jenen hochgemuten Tagen rief unser Sänger jubelnd aus:

Ich hab' mein Lehen! Alle Welt, ich hab' mein Lehen!
Nun brauch' ich nicht zu fürchten den Hornung an den Zehen,
nicht mehr zu bösen Herrn um eine Gabe flehen!
Der edle Fürst, der milde Fürst reichte mir gute Gab',
daß ich im Sommer Luft, im Winter Wärme hab'.
Bei allen meinen Nachbarn ich bessern Wert gewann,
nicht so wie früher sehn sie mich als ein Gespenstlein an.
Ganz ohne Schuld arm war ich jahrelang,
ich war so voll des Scheltens, daß mein Atem stank –
ihn reinigte der König –: dazu auch mein Sang!

Anfang der Dreißigerjahre des 13. Jahrhunderts beschloß Herr Walther in oder bei Würzburg sein Leben, das nie auch nur einen halben Tag ganzer Freude voll war.

Unter einer Linde im Grashof, dem Lusamgärtlein inmitten des Kreuzganges zum dortigen Kollegialstift Neumünster, soll der Vogelweider begraben worden sein.

Was ihm sein Dichtergenosse Hugo von Trimberg, neben Walthers Freunden Wolfram von Eschenbach und Thomasin von Circläre, einer der eifrigsten Bewunderer des Sängers, seinerzeit in die Ewigkeit nachgerufen, gilt auch heute noch:

Hêr Walter von der Vogelweide
Swer des vergaeze, der taet mir leide!

Wahrhaftig, könnten wir mit dem südostdeutschen Literaturhistoriker Otto Hauser ausrufen, der sagt, daß nach Thomasin die Gewalt der Waltherschen Sprache so mächtig war, daß es ein einziger seiner Sprüche vermochte, im Nu Tausende gegen den Papst, den damaligen Feind des Kaisers, zu betören und auf die Beine zu bringen. Nicht weniger mächtig war seine religiöse Dichtung. „Er wird zum größten religiösen Lyriker des Mittelalters. Der frühe Minnesang weiß noch nichts von einer eigenen religiösen Welt. Das Gefühl des Überweltlichen bleibt noch gebunden an die weltlichen Ordnungen, die den göttlichen Heilsplan in der Zeit vollziehen. Je klarer für Walther jedoch Reich und Kirche auseinanderbrechen, desto dringlicher wird seine Frage nach dem Heil der Seele, die mit dem steigenden Alter seine Dichtung immer stärker beherrscht", stellt Eugen Thurnher schließlich fest.

Hier ein Beispiel für die eben charakterisierte religiöse Lyrik des großen „Reichssängers":

Mit Segen laß mich heut aufstehn,
Gott Herr, in deinem Schutze gehn
und reiten, wohin ich des Landes kehre.
Christ Herr, laß an mir sichtbar sein
die große Kraft der Güte dein
und schütze mich um deiner Mutter Ehre.
Wie sie der heilige Engel pflegte,
als man dich in die Krippe legte,
junger Mensch und alter Gott,
demütig vor dem Esel und dem Rinde,
und doch mit himmlischem Gemüte
dir vor Hingabe durchloht,
so schütz auch mich, daß mir wie dir, dem Kinde,
Obhut geschäh aus göttlichem Gebot.

Wien hat des bedeutendsten Minnesängers deutscher Zunge zwar nicht vergessen – die kunstvolle, sehenswerte Figurenuhr der Versicherungsgesellschaft „Anker" auf dem Hohen Markt, ein Werk des Wiener Malers Prof. Franz von Matsch, zeigt von Schlag vier bis fünf des Dichters Standbild, und eine schlichte Gasse in Mauer, dem 23. Wiener Gemeindebezirk, sowie der Vogelweidhof und der Vogelweidplatz in Fünfhaus, im 15. Wiener Gemeindebezirk, bewahren seinen Namen ebenso wie eine Gedenktafel auf Burg Mödling, wo Heinrich, ein Sohn Jasomirgotts, eine babenbergische „Sekundogenitur“ begründet hatte. Walther, der dort geweilt, hebt den Musenhof der Mödlinger Herzoge rühmend hervor. Die Musikstadt Wien hat für Walthers Nachruhm aber solange zu wenig getan, als Am Hof, wo er zuerst gewirkt, sein Denkmal fehlt – ein weithin sichtbarer Stein, nicht nur für den unsterblichen Poeten und Sänger, den ersten großen Österreicher, der „um des Brotes willen dichten (und zum Tanze aufspielen) mußte“, sagt der berühmte Schweizer Literaturhistoriker Walter Muschg, sondern auch für den ersten großen heimischen Komponisten, der bei seinen Zeitgenossen gerade als Musiker höchstes Ansehen genoß. Und damit wäre zugleich ein zweites kundgetan: daß im Heiligen Römischen Reich Deutscher Nation schließlich außer den Fürsten der Wartburg, wie bereits vermerkt, nie ein kunstsinnigeres Geschlecht regiert habe als die österreichischen Babenberger.

Richard von Kralik hat bereits 1916 vorgeschlagen, das vorhin zitierte herrliche Liebeslied „Unter der Linden“, das er in einem Wienerwaldtal bei Grinzing oder Sievering lokalisieren zu dürfen glaubte, dortselbst mit einer Gedenktafel zu ehren, worauf folgendes Wort stehen sollte:

Vor dem Wald in einem Tal – tandaradei – schöne sang die Nachtigall.

Im Ausland erinnern an den Dichter ein Monument in Bozen, seine Standfigur auf dem Frankonia-Brunnen des Würzburger Residenzplatzes sowie ein Gedenkstein im vorhin genannten Würzburger Lusamgärtlein.

Aus Walthers Tagen ist überdies urkundlich belegt, daß ihm Bischof Wolfger von Passau, in dessen Diensten er nach seinem Abgang von Wien gestanden, am 12. November 1203 bei Zeiselmauer in Niederösterreich Geld für einen Pelzmantel geschenkt habe. In den Reiserechnungen dieses

Kirchenfürsten heißt es darüber wörtlich: „Sequenti die apud Zeize . . . Walthero cantori de Vogelweide pro Pellicio V sol. longos.“ Damals dürfte unser Dichter auch nach Wiener Neustadt gekommen sein.

Walthers erhaltene Werke umfassen über einhundertachtzig Gedichte: eine Elegie, einen Leich auf die heilige Jungfrau Maria sowie viele Sprüche und Lieder, darunter die wohl zutiefst empfundenen Verse:

> O weh, wohin entschwunden ist mir Jahr um Jahr?
> Hat mir geträumt mein Leben oder ist es wahr?

An den stets gegenwärtigen Geschlechtern wird es liegen, diese Frage voller Stolz immer aufs neue zu beantworten: daß Walthers Leben wahr gewesen, wahr ist und wahr bleiben wird, solange unsere Zunge erklingt.

Zum Ausklang

Friedrich II. der Streitbare (1230 - 1246) war der letzte babenbergische Fürst. Er trug bereits unverkennbare Zeichen einer altgewordenen Dynastie zur Schau. Etwa zwanzigjährig an die Regierung gekommen, blieb ihm die Möglichkeit fremd, eine ausgereifte Persönlichkeit zu werden. Daß er sich trotz aller Rückschläge dennoch behaupten konnte, dürfte der Anhänglichkeit der Bevölkerung an das regierende Geschlecht zuzuschreiben sein. Im diplomatischen Bereiche unzulänglich – es fehlte ihm das richtige politische Augenmaß, meint Erich Zöllner –, überdies von roher Leidenschaft und Sinnlichkeit beherrscht, kam er nach und nach in erbitterten Gegensatz zu Kaiser, Adel und Kirche. Seinen äußeren Feinden, Böhmen und Ungarn, war dieser Zustand wilikommen, zumal sie noch immer nicht aufgehört hatten, nach ihnen benachbarten Gebieten unseres Landes zu trachten.

Friedrich war bestrebt, den Neuadel, aus Ministerialen und Rittern allmählich herangewachsen, auch weiterhin in rechtlicher Abhängigkeit vom Landesfürsten zu erhalten. Ein Unterfangen, das zu einer Verschwörung der babenbergischen Ministerialen unter der Führerschaft der Kuenringer Heinrich, Landmarschalls von Österreich, und Hadmar Anlaß gab. Der energische Herzog brach deren Burgen Aggstein, Dürnstein und Weitra und somit den Widerstand. Hadmar war während der Kämpfe gestorben. Heinrich behielt zwar die Würde des Landmarschalls, die Bedeutung seines Hauses aber ging danach unwiderruflich zurück.

Spätere Tradition habe diese Kämpfe falsch gedeutet, sagt Zöllner, und aus einer innenpolitischen Auseinandersetzung zwischen Adel und Landesfürstentum eine Aktion Friedrichs II. gegen übles Raubrittertum gemacht. Fragliche Mautrechte mögen damals zwar eine Rolle gespielt haben, doch kann mit den Kuenringern, die soviel für den Ausbau des Landes getan, nicht die auch sonst problematische Vorstellung eines verrotteten, vom Straßenraub lebenden Adels verbunden werden.

Um Österreich und die Steiermark in den Dienst der Italienpolitik seines Hauses stellen zu können, war der Hohenstaufe Friedrich II. damals begierig, den letzten Babenberger zu vertreiben, was ihm vorübergehend auch gelang. 1237 zog der Kaiser in Wien ein und erklärte die Länder des Herzogs zu erledigten Reichslehen. Der Streitbare Friedrich mußte sich mit Wiener Neustadt begnügen, das er in sicherer Hand hielt. Da die Absicht des Kaisers aber alsbald durchschaut war, sich hierzulande persönlich festsetzen zu wollen, fiel es dem Herzog nicht schwer, sein in Frage gestelltes Erbe zurückzugewinnen.

Der mittlerweile gebannte Kaiser lenkte ein, indem er versprach, aus Österreich, der Steiermark und dem dazugehörigen Krain ein babenbergisches Königreich zu machen. Durch die 1245 in Aussicht genommene Ehe mit Gertrude, der Nichte des Herzogs, gedachte er, den Kinderlosen nach dem Heimfall der babenbergischen Länder an das Reich zu beerben und sich hierzulande auf die Dauer niederzulassen, ja eine Hausmacht zu begründen.

1241 hatten die Mongolen Mitteleuropa bedroht. Bisher wurde die Tatsache immer zu wenig beachtet, daß das Geschick unseres Kontinents seit dem dritten Jahrhundert von dem abhing, was im Gebiete zwischen dem Amurfluß und dem Altaigebirge geschah. Der Streitbare Friedrich warf sich nach der Niederlage der schlesischen Herzoge vor Liegnitz in mehreren Gefechten den angeblich grausamsten Kriegern der Weltgeschichte entgegen. Er trug damit seinen Teil bei, sie vom Einfall in unser Land abzuhalten. Einzelnen Vorhuten nämlich war es damals bereits gelungen, bis Wiener Neustadt vorzudringen. Die Chroniken melden, daß die Mongolen, ohne selbst Schaden erlitten zu haben, eine Menge Vieh und Leute gewaltsam mit sich fortnahmen, ehe sie nach Ungarn abzogen.

Zum Glück für den Westen war in jener Zeit der Cha-Chan (Großchan) Ugedei, der Sohn Tschingis-Chans, des „leuchtenden" Begründers eines gewaltigen Mongolenreiches, gestorben. Die Jassa, sein Erbfolgegesetz, befahl, daß nach dem Tode des Herrschers alle seine Nachkommen, wo immer sie sich auch befinden mochten, heimzukehren hatten, um auf einem Kuriltai, einem Fürstentag, den neuen Cha-Chan zu wählen. Da das Gesetz Tschingis-Chans schwerer wog als die Eroberung des Abendlandes, brach Batu, der Befehlshaber, den Feldzug ab.

Mit dem Einbruch der Mongolen in Europa erfüllte sich ein bedeutsamer Abschnitt der Weltgeschichte. Nach der Zerstörung von zwanzig Reichen und der Vernichtung von vielen Millionen Menschen hat dieses Nomadenvolk seine historische Aufgabe, die Kulturen des asiatischen Ostens und unseres Westens zusammenzubringen, in einem schier unglaublichen Maße zu verwirklichen begonnen und unser Zeitalter der Erfindungen ausgelöst. Denn alles, was das Abendland am Ausgange des Mittelalters in Zivilisation und Technik neu schuf, war dem fernen Osten bereits lange zuvor in der Regel bekannt:

Die Chinesen kannten das Schießpulver seit dem Altertum, die Mongolen hatten Feuermörser, die sie Franziskanermönchen, den ersten Gesandten an ihren Höfen, zeigten. Und ein Franziskaner, der sagenhafte Berthold Schwarz, erfand das Schießpulver für Europa. Marco Polo, der viele Jahre bei den Chinesen gelebt, schreibt, daß kostbare Bilder zum Luxus der dortigen Kaufleute gehörten. Franziskaner waren die ersten Erzbischöfe von Peking, und in Assisi, dem Mittelpunkte ihres Ordens, zeigten sich bald chinesische Stilmerkmale in der Malerei, die im 14. Jahrhundert, dem Trecento, die italienische Kunst zur Renaissance führte. Wie groß der Einfluß des Fernen Ostens tatsächlich gewesen, erhellt vielleicht am besten aus der Tatsache, daß Paris damals die Einrichtung eines Lehrstuhls für die chinesische Sprache ernstlich erwog. Im 10. Jahrhundert schon benutzten die Chinesen den Holzdruck zur Herstellung von Büchern. Die im 14. Jahrhundert entstandenen europäischen Blockbücher sind genau wie die chinesischen einseitig bedruckt und mit den leeren Seiten gegeneinander gefaltet oder zusammengeklebt. Seit 1120 kannte man in China Spielkarten. Die ältesten europäischen Tarockkarten gleichen den chinesischen in Größe, Form, Zeichnung und Zahl. In Korea wurden ab 1403 Bücher mit beweglichen Lettern gedruckt, und zwar war das keine neue Erfindung, sondern nur die Verbesserung eines alten chinesischen Verfahrens. Die Chinesen hatten Buchstaben aus Ton verwendet, die Koreaner stellten sie aus Metall her. Gutenberg wurde erst um 1400 geboren. Kompaß und Landkarte kamen ebenfalls aus Asien her. Man kann ruhig sagen, daß die Zahl der Erfindungen jener Zeit Legion war. Freilich müssen sie nicht unbedingt bewußte Nachahmungen chinesischer Vorbilder gewesen sein. Dennoch steht fest, daß die Kulturvermischung seit dem großen Mongolensturm in erheblichem Maße mitbeteiligt war, Europa vorwärts und damit in die Neuzeit zu führen.

Als Kind jener realistischen Epoche, die ihren bleibenden Niederschlag in den Dichtungen Neidharts von Reuental, Tannhäusers und Ulrichs von Liechtenstein fand — die vorangegangene Schilderung hat mit der Ära der Babenberger nur am Rande zu tun —, erstieg Friedrich der Streitbare den Höhepunkt seiner Macht. Die Mongolen hatten Ungarn auf das furchtbarste verwüstet und dessen König Béla IV. zur Flucht nach Österreich gezwungen. Um hier Hilfe zu finden, überließ er die großteils deutschbesiedelten Grenzkomitate Ödenburg, Wieselburg und Eisenburg sowie Teile seines Kronschatzes Friedrich und floh nach Dalmatien.

Nach dem Abzug der Mongolen wurde Béla wieder Herr in seinem Lande.

Im Anschluß an einen erfolgreichen Überfall auf ein böhmisches Heer bei Staatz südlich der Thaya verlor Friedrich am 15. Juni des Jahres 1246 in einer für die österreichischen Waffen günstig verlaufenen Schlacht gegen die Ungarn an der Leitha das Leben. Kaum 35jährig, söhnelos und ohne Nachfolger, war der streitbare Babenberger dahingegangen. In Heiligenkreuz fand er seine letzte Ruhestätte. Die Mödlinger Nebenlinie des Geschlechts war schon 1236 ausgestorben. Eine im großen und ganzen glückliche Epoche Österreichs hatte ihr Ende gefunden.

Die wirtschaftlichen und sozialen Verhältnisse der ausgehenden Babenbergerzeit zusammengefaßt, ergeben folgendes Bild:

Das Eigentum des Hochadels und seiner Ministerialen war Streubesitz. Das anschaulichste Beispiel hiefür bieten die Grafen von Poigen, die neben ausgedehnten Fluren und Wäldern in Bayern und im oberösterreichischen Traungau auch in allen Vierteln unseres Heimatlandes Güter besaßen.

Da die Grundherren und ihre Ministerialen nur einen Teil des Besitzes mit Hilfe Unfreier von einzelnen zentralen Meierhöfen aus bewirtschaften konnten, mußte der Großteil des Landes an mehr oder minder persönlich unabhängige Leute als Bauernlehen abgegeben werden. Diese Lehen setzten sich aus einem Haus mit Ställen, dem Hausgarten und einer Reihe von Äckern in den einzelnen Gewannen der Dorfflur zusammen. Der Grundherr verlieh überdies einzelne Hofstätten an Kleinbauern und Häusler, die verpflichtet waren, ihren Zins als Tagwerker oder Gewerbetreibende abzudienen. Bindungen dieser Art haben sich auf dem Lande bis in die jüngste Vergangenheit erhalten und beginnen erst jetzt aus der Übung zu kommen.

Die Käseerzeugung Niederösterreichs zur Babenbergerzeit soll enorm gewesen sein – eine Folge eifriger Viehzucht.

Unsere damalige Landschaft freilich sah anders aus als heute: Nördlich der Donau zog dichter Eichenwald hin, die Stromufer waren ahornbestanden, die Hänge des Piesting- und Triestingtales deckten schier endlose Ketten knorriger Reben.

Mit der landwirtschaftlichen Blüte Niederösterreichs zu jener Epoche war das Höchstmaß unserer Siedlungen erreicht. Zufolge des Rückganges der Weinbaufläche im 13. Jahrhundert, des Mangels an bäuerlichen Arbeitskräften dank der Abwanderung in die aufblühenden Städte sowie anderer Gründe wegen verödete manches Gehöft und bald eine ganze Reihe von Dörfern. Die Zahl der so entstandenen Wüstungen betrug schließlich ungefähr ein Sechstel aller Siedlungen.

Der Rückschritt der Landwirtschaft ging mit dem Erstarken der Städte Wien, Enns, Mautern, Stein, Krems, das die Münzprägung an Wien hatte abtreten müssen, St. Pölten, Tulln und Hainburg Hand in Hand.

Als Handelsleute kamen damals vor allem, wie gesagt, Kaufleute aus Regensburg und Passau, dann aus Ulm, aber auch aus Augsburg in unser Land. Schließlich waren hier auch Händler aus Aachen, Köln, Maastricht, ja sogar aus Rußland tätig. Sie blieben aus, als ihnen Herzog Leopold VI. verbot, länger als zwei Monate daselbst zu verweilen, ja sein Stapelrecht gebot, die mitgebrachten Waren hier veräußern zu müssen.

Edelmetall außer Landes zu bringen, war damals ebenfalls untersagt.

In jenen fernen Tagen des ausgehenden 12. und beginnenden 13. Jahrhunderts ließen sich flandrische Weber und Färber in der bis auf heute Wiener Tuchlauben geheißenen Straße der österreichischen Bundeshauptstadt nieder. In der Bäckerstraße siedelten die Händler aus dem Osten, in der Wallnerstraße die Walcher: die welschen Tuchwalker. Die Herrschaft der Babenberger hatte ein Vierteljahrtausend gedauert. Eine im Gedächtnisse der damaligen Menschen, deren Lebenserwartung im Durchschnitt 30 Jahre betrug, lange Zeit.

Im Westen Europas trat die Scholastik ihren Siegeszug ebenso an, wie die höfisch-ritterliche Kultur und die Stadtwirtschaft an Boden gewannen.

In Mitteleuropa blühte ein kraftvolles Bauerntum auf. Im herzoglichen Österreich jener Epoche begann sich die Vereinigung der Donau- und Alpenländer abzuzeichnen, der Stern des Kaiser- und des Papsttums seinen blendenden Glanz allenthalben unwiderruflich zu verlieren. Die Nationalstaaten des Westens und die fürstlichen Herrschaftsbereiche auf dem Boden des römisch-deutschen Imperiums rangen um Verwirklichung.

Friedrich II. der Streitbare war ein Bannerträger jener Entwicklung.

Eine neue Zeit schickte sich an, ihre Tore zu öffnen.

STAMMTAFELN

(Ostfränkische) Karolinger

- Karl d. Große, Kg. 768 - 814, Ks. 800
  - Ludwig (I.) d. Fromme, Ks. 813 - 840
    - Ludwig (II.) d. Deutsche † 876, Kg. d. Ostfr. Reiches
      - Karlmann, Kg. 876 - 880 (Bayern)
        - Arnulf, Kg. 887 - 899, Ks. 896
          - Zwentibold, Kg. v. Lothringen 895 - 900
          - Ludwig (IV.) d. Kind, Kg. 900 - 911
      - Ludwig III. d. Jüngere, Kg. 876 - 882 (Sachsen)
      - Karl III., Kg. 876 - 887 (abges.), Ks. 881 (Schwaben) † 888

Ottonen und Luitpoldinger

Otto † 912

Oda
oo Zwentibold
v. Lothringen
(s. ostfr.
Karolinger)

Heinrich I.
Kg. 919 - 936

Otto I.
Kg. 936 - 973
Ks. 962

Otto II.
Kg. 961 - 983
Ks. 967

Otto III.
Kg. 983 - 1002
Ks. 996

Heinrich
Hz. v. Bayern
† 955

Heinrich „d. Zänker“
Hz. v. Bayern
(Hz. 955 - 76, 985 - 95)
† 995

Heinrich
Hz. v. Bayern
II., Kg. 1002-24
Ks. 1014

Brun
B. v. Augsburg

Gisela
oo Stephan I.,
Kg. v. Ungarn
† 1035

Luitpold, karol. Präfekt im Osten
† 907 (bei Preßburg)

Arnulf
Hz. v. Bayern
† 937

Judith

Eberhard

Arnulf
† 954

Hermann

Heinrich

Tochter
oo Burchard,
Mgf. im
bayer.
Osten

Berthold
Hz. v. Bayern
† 947

Heinrich
Hz. v. Kärnten
976 - 78, 985 - 89
Hz. v. Bayern
983 - 85

Salier, Staufer und Welfen

Konrad II.
Kg. 1024 - 1039, Ks. 1027
(Urgroßneffe Ks. Ottos II.)

Heinrich III.
Kg. 1039 - 1056, Ks. 1046

Heinrich IV.
Kg. 1056-1105, Ks. 1084
† 1106

Heinrich V.
Kg. 1106 - 1125
Ks. 1111

Agnes oo 1. Friedrich I.
† 1143
(2. Luitpold III.,
Mgf. v. Österr.,
s. Tafel „Babenberger“

1. Friedrich I.
Hz. v. Schwaben
† 1105

Heinrich d. Schwarze
Hz. v. Bayern
† 1126

Konrad III.
Kg. 1138 - 1152

Friedrich II. oo Judith
Hz. v. Schwaben
† 1147

Heinrich d. Stolze
1126 Hz. v. Bayern
1137 Hz. v. Sachsen
† 1139

Friedrich I. Barbarossa
Kg. 1152 - 1190, Ks. 1155
† 1190

Friedrich
Hz. v. Schwaben
† 1191

Heinrich VI.
Kg. 1169 - 1197
Ks. 1191
Kg. v. Sizilien 1194

Philipp
Hz. v. Schwaben
Kg. 1198 - 1208
(ermordet)

Heinrich d. Löwe
1142 Hz. v. Sachsen
1156 Hz. v. Bayern
† 1195

Heinrich (VII.)
Kg. 1222 - 1235
oo Margarete, T. Hz.
Leopold VI. v. Österr.
† 1242

Konrad IV.
Kg. 1250 - 1254

Konradin
† 1268 (enthauptet)

Enzio
† 1272

Friedrich
v. Antiochien
† 1256

Manfred
† 1266

Otto IV.
Kg. 1198 - 1218, Ks. 1209

Babenberger

Luitpold I.
Mgf. 976 - 994
oo Richwara

Heinrich I.	Judith	Ernst	Poppo	**Adalbert**	Kunigunde
Mgf. 994 - 1018		Hz. v. Schwaben 1012 - 1015	Eb. v. Trier 1016 - 1047	Mgf. 1018 - 1055 oo 1. Glismod? 2. Froiza	

Children of Ernst:

Ernst	Hermann
Hz. v. Schwaben 1015 - 1030	Hz. v. Schwaben 1030 - 1038

Children of Adalbert:

Luitpold	**Ernst**
† 1043	Mgf. 1055 - 1075 oo Adelheid

Luitpold II.
Mgf. 1075 - 1095
oo Ita

Elisabeth	Gerbirg † 1142	**Luitpold III.**	Ida	Sophie † 1154	Euphemia
oo Mgf. Otakar II. v. Stmk. († 1122)	oo Hz. Boriwoj v. Böhmen († 1124)	Mgf. 1095 - 1136 oo 1. (?) oo 2. Agnes, T. Ks. Heinrichs IV.	oo Mgf. Luitpold v. Mähren u. Znaim († 1115)	oo 1. Hz. Heinrich v. Kärnten († 1122) oo 2. Gf. Sighard v. Schala († 1142)	oo Gf. Konrad v. Peilstein

Children of Luitpold III.:

1. Adalbert	2. **Heinrich II.**	**Luitpold IV.**	Bertha	Agnes	Ernst	Otto	Konrad	Elisabeth	Judith	Gertrud † 1151
† 1138	Mgf. 1141 - 1156 Hz. v. Bayern 1143 - 1156 Hz. v. Österr. 1156 - 1177 oo 2. Theodora Komnena	Mgf. 1136 - 1141 Hz. v. Bayern 1139 - 1141 oo Maria v. Böhmen				B. v. Freising 1138 - 1158	B. v. Passau 1148 - 1164 Eb. v. Salzbg. 1164 - 1168	† 1143	oo Mgf. Wilhelm v. Montferrat († 1191)	oo Kg. Wladislaw II. v. Böhmen († 1175)

Agnes oo 1. Stephan III., Kg. v. Ungarn 2. Hermann, Hz. v. Kärnten	**Leopold V.** Hz. v. Österr. 1177 - 1194 Hz. v. Stmk. 1192 - 1194 oo Helena v. Ungarn	Heinrich d. Ä. † 1223 „Hz. v. Mödling“ oo Richza v. Böhmen

Friedrich I. Hz. v. Österr. 1195 - 1198	**Leopold VI.** Hz. v. Stmk. 1195 - 1230 Hz. v. Österr. 1198 - 1230 oo Theodora v. Byzanz	Heinrich d. J. † 1236 „Hz. v. Mödling“

Margarete † 1267 oo 1. Kg. Heinrich (VII.) († 1242) 2. Kg. Ottokar II. Přzemysl v. Böhmen († 1278)	Agnes oo Hz. Albrecht v. Sachsen	Leopold † 1216	Heinrich † 1228 oo Agnes v. Thüringen	**Friedrich II.** Hz. v. Österr. u. Stmk. 1230 - 1246 oo 1. (?) 2. Agnes v. Meran	Konstanze oo Mgf. Heinrich v. Meissen	Gertrud oo Lgf. Heinrich Raspe v. Thüringen

Gertrud, † 1288
oo 1. Wladislaw v. Mähren
2. Hermann, Mgf. v. Baden
3. Roman v. Halicz

2. Agnes oo 1. Ulrich, Hz. v. Kärnten 2. Ulrich v. Heunburg	Friedrich † 1268

(Die Babenbergermarkgrafen des Namens Leopold werden bald Luitpold, bald Liutpold geheißen.)

LITERATURVERZEICHNIS

Heinrich **Appelt, Privilegium minus.** Das staufische Kaisertum und die Babenberger in Österreich, **Böhlau Quellenbücher,** herausgegeben von Berthold **Sutter** und Helmut J. **Metzler,** Hermann Böhlaus Nachf., Wien–Köln–Graz 1973.

Atlas zur Geschichte der deutschen Ostsiedlung, bearbeitet von Dr. Wilfried **Krallert** unter Mitarbeit von Prof. Dr. Walter **Kuhn** und Prof. Dr. Ernst **Schwarz,** Velhagen u. Klasing, Bielefeld–Berlin–Hannover (o. J.).

Michael **Babits, Geschichte der europäischen Literatur,** Europa-Verlag, Wien–Zürich 1949.

J. **Barta** (u. a.), **Die Geschichte Ungarns,** Corvina Verlag, Budapest 1971.

Eduard **Beninger, Germanenzeit in Niederösterreich,** Verlag Stepan, Wien 1934.

Felix **Braun, Das musische Land.** Versuche über Österreichs Landschaft, Geschichte und Kunst, zweite, vermehrte und veränderte Ausgabe, Österreichische Verlagsanstalt, Wien 1970.

Nikolaus **Britz, Der Gerichtsbezirk Stockerau im Mittelalter.** Eine historische Plauderei, Verlag Josef Faber, Krems/Donau 1970.

Nikolaus **Britz, Lenau und Klosterneuburg.** Literaturkundliches Lenau-Lesebuch der Stadt, Universitäts-Verlagsbuchhandlung Wilhelm Braumüller, Wien 1975.

Nikolaus **Britz, Skizzen und Erzählungen,** herausgegeben von der Forschungs- und Kulturstelle der Österreicher aus dem Donau-, Sudeten- und Karpatenraum, Wien 1970.

Das Nibelungenlied. Übertragen von Karl **Simrock. Auswahl, Einleitung und Anhang** über die „Forschungslage" von Kurt **Vansca,** Stiasny-Bücherei, Band 51, Graz und Wien 1960.

Deutsch-Österreichische Literaturgeschichte, herausgegeben von J. W. **Nagl** und J. **Zeidler,** K. k. Hof-Buchdruckerei und Hof-Verlags-Buchhandlung Carl Fromme, I. Band, Wien 1899.

Die Babenberger – und was von ihnen blieb, Herausgeber und Verlag: Verband der wissenschaftlichen Gesellschaften Österreichs, Wien 1975.

Heide **Dienst, Stammtafeln zur Genealogie der ostfränkischen Karolinger, der Ottonen und Luitpoldinger, der Salier, Staufer und Welfen sowie der Babenberger,** Wien 1976 (Manuskript).

Günther **Dietel, Reiseführer für Literaturfreunde,** Verlag Ulstein, Frankfurt/M.–Berlin 1965.

Eugippius, Das Leben des hl. Severin, lateinisch und deutsch. **Übersetzung, Kommentar, Einleitung und Anhang:** Denkmäler des frühen Christentums in Österreich von Rudolf **Noll.** Österreichischer Verlag für Belletristik und Wissenschaft, Linz a. d. D. 1947.

Hermann **Fillitz, Die Weltliche Schatzkammer in Wien.** Wandel und Gestalt einer fürstlichen Kunstsammlung. Ein Brevier, Klinkhardt u. Biermann, Braunschweig 1959.

Otto **Frass, Die Zeit der Babenberger,** in: **Geschichte Österreichs in Einzeldarstellungen,** herausgegeben von Dr. Ferdinand **Tremel,** Styria Steirische Verlagsanstalt, 2., erweiterte Auflage, Graz—Wien 1946.

Dr. Heinrich **Güttenberger, Heimatfahrten von heute und gestern,** Österreichischer Bundesverlag, Wien 1925.

Karl **Gutkas, Geschichte des Landes Niederösterreich,** I. Teil: Von den Zeiten Karls des Großen bis zum Ausgang des Mittelalters, 2. Auflage, Herausgeber: Kulturreferat der NÖ. Landesregierung, Wien (o. J.).

Felix **Halmer, Burg und Besiedlung,** in: **Kulturberichte aus Niederösterreich,** Jg. 1951, Folge 8, v. 15. VIII., Folge 9, v. 15. IX., Folge 10, v. 15. X. und Folge 11, v. 15. XI.

Felix **Halmer, Niederösterreichs Burgen.** Eine Auswahl, Birken-Verlag, Wien 1956.

Hugo **Hantsch, Die Geschichte Österreichs,** Bd. I., Styria Steirische Verlagsanstalt, Graz—Wien 1951.

Hugo **Hassinger, Die Grenzen unseres Heimatgaues,** in: **Jahrbuch f. Landesk. v. NÖ.,** XXVII. Jg. (1938).

Otto **Hauser, Weltgeschichte der Literatur,** zweiter Band, Bibliographisches Institut, Leipzig und Wien 1910.

Hedwig **Heger, Deutschsprachige Literatur im babenbergischen Österreich,** in: **Katalog zur Babenberger-Ausstellung 1976** (siehe dort).

Alfred **Hoffmann, Die österreichische Agrarwirtschaft im Mittelalter und der frühen Neuzeit,** in: **Die Wirtschaftsgeschichte Österreichs,** Verlag Ferdinand Hirt, Wien 1971.

Adalbert **Klaar, Die Siedlungs- und Hausformen im niederösterreichischen Weinviertel,** in: **Bericht über die Fachtagung „Flur-Siedlung-Haus" der Arbeitsgemeinschaft „Volkskunde"** im NÖ. Bildungs- und Heimatwerk, Wien 1975.

Dr. Richard von **Kralik, Die österreichischen Minnesänger,** in: **Ruhmeshalle deutscher Arbeit in der Österreichisch - ungarischen Monarchie,** herausgegeben von Adam **Müller-Guttenbrunn,** Deutsche Verlags-Anstalt, Stuttgart und Berlin 1916.

Katalog zur Babenberger-Ausstellung 1976 **1000 Jahre Babenberger in Österreich,** herausgegeben von der Kulturabteilung des Amtes der Niederösterreichischen Landesregierung, bearbeitet von Univ.-Prof. Dr. Erich **Zöllner,** Univ.-Prof. Dr. Karl **Gutkas,** Kommissär Dr. Gottfried **Stangler** und Dr. Gerhard **Winkler,** Wien 1976.

Harry **Kühnel, Die materielle Kultur Österreichs zur Babenbergerzeit,** in: **Katalog zur Babenberger-Ausstellung 1976** (siehe dort).

Kudrun. Eine Auswahl nach der Übersetzung von Dr. Karl **Simrock** mit einer **Einleitung** und **Bibliographie,** Das österreichische Wort, **Stiasny-Bücherei,** Band 2, Stiasny Verlag, Graz und Wien 1957.

Otto **Lamprecht, Die Frühzeit.** (Von den Anfängen bis 976) In: **Geschichte Österreichs in Einzeldarstellungen,** herausgegeben von Dr. Ferdinand **Tremel,** Styria Steirische Verlagsanstalt, Graz–Wien (o. J.).

Karl **Lechner, Die geschichtliche Landschaft zwischen Donau und Wagram,** in: **Jahrbuch f. Landesk. von NÖ.,** XXVII. Jg. (1938).

Karl **Lechner, Studien zur Besitz- und Kirchengeschichte der Karolingischen und Ottonischen Mark an der Donau,** in: **Mitt. Inst. f. Öst. Geschf.,** 52. Bd. (1938).

Alphons **Lhotsky, Aufsätze und Vorträge.** Ausgewählt und herausgegeben von Hans **Wagner** und Heinrich **Koller,** Band IV, Verlag für Geschichte und Politik, Wien 1974.

Karl **Linke, Kulturgeschichte der Deutschen des Mittelalters,** Schulwissenschaftlicher Verlag A. Haase, Leipzig–Prag-Annahof–Wien 1922.

Leopold III. und die Babenberger. Beiträge zur österreichischen Jahrtausendfeier, herausgegeben von Helene **Grün,** Franz **Oswald** und Hans **Gruber,** Verlag Niederösterreichisches Pressehaus, St. Pölten 1975.

Mayer-Kaindl-Pirchegger-Klein, Geschichte und Kulturleben Österreichs von den ältesten Zeiten bis 1493, 6., verbesserte und ergänzte Auflage, Verlag Wilhelm Braumüller, Wien–Stuttgart 1974.

Julius **Miskolczy, Österreich und die Donauvölker im Mittelalter,** Vorlesungen an der Universität Wien 1950/51.

Michael **Mitterauer, Verkehr, Handel und Stadtwirtschaft im mittelalterlichen Österreich,** in: **Die Wirtschaftsgeschichte Österreichs,** a. a. O.

Herbert **Mitscha-Märheim, Dunkler Jahrhunderte goldene Spuren.** Die Völkerwanderungszeit in Österreich, Wollzeilen Verlag, Wien 1963.

Herbert v. **Mitscha-Märheim, Gab es „Awarenringe" in Niederösterreich?** In: Jahrb. f. Landesk. v. NÖ., XXVII. Jg. (1938).

Herbert v. **Mitscha-Märheim, Zur Geschichte der Awaren,** in: Naturhistorisches Museum in Wien, Flugblatt Nr. 11, Juni 1956.

Adam **Müller-Guttenbrunn, Altwiener Wanderungen und Schilderungen,** Österreichischer Bundesverlag, Wien (o. J.).

Walter **Muschg, Tragische Literaturgeschichte,** dritte, veränderte Auflage, Francke Verlag, Bern 1957.

Josef **Nadler, Literaturgeschichte Österreichs,** Österreichischer Verlag für Belletristik und Wissenschaft, Linz an der Donau 1948.

P. Paulus **Niemetz, Die Grablege der Babenberger in der Abtei Heiligenkreuz,** Heiligenkreuzer Verlag, 1974.

Alfred **Orel, Musikstadt Wien,** Eduard Wancura Verlag, Wien–Stuttgart 1953.

Michael **Prawdin, Das Erbe Tschingis - Chans,** Deutsche Verlagsanstalt Stuttgart – Büchergilde Gutenberg, Berlin 1935.

Friedrich **Repp, Klingsor aus Ungarlant,** in: **Wiener Südost-Jahrbuch 1959.** Siehe auch Johann **Weidlein, Deutsche Spielleute in Ungarn,** ebenda, Jg. 1960/64.

Floridus **Röhrig, Klosterneuburg in alten Ansichten,** Jasomirgott-Verlag, Klosterneuburg 1973.

Sagen aus Österreich, 2 Bände, Verlag Carl Ueberreuter, Wien–Heidelberg 1952.

Sagen und Geschichten aus der Kaiserstadt Wien. Für die reifere Jugend von Moriz **Bergmann.** Zweite und neu bearbeitete Auflage, besorgt von Prof. Dr. Friedrich **Umlauft,** Loewes Verlag Ferdinand Carl, Stuttgart (o. J.).

Gustav **Schalk, Meisterbuch Deutscher Götter- und Heldensagen,** Im Deutschen Verlag, Berlin 1912.

Wilhelm **Scherer, Geschichte der Deutschen Literatur.** Vollständige Textausgabe, Verlag von Th. Knaur Nachf., Berlin (o. J.).

Johannes **Scherr, Deutsche Kultur- und Sittengeschichte.** Neue Volksausgabe, herausgegeben von Karl **Quenzel,** Hesse und Becker Verlag, Leipzig (o. J.).

Lothar **Schreyer, Die bildende Kunst der Deutschen,** Hanseatische Verlagsanstalt, Hamburg–Berlin–Leipzig 1931.

Georg **Stadtmüller, Geschichte Südosteuropas,** Verlag von R. Oldenbourg, München 1950.

Eugen **Thurnher, Herr Walther von der Vogelweide,** in der Reihe Das Österreichische Wort, **Stiasny-Bücherei,** Band 44, Stiasny Verlag, Graz und Wien 1959.

Trau, schau, Wien. Ein vergnüglicher Sittenspiegel, herausgegeben von **Stix/Wickenburg,** Paul Szolnay Verlag, Wien–Hamburg 1973.

und wil ein liehter sumer komen. Österreichs Minnesänger 1170 - 1445 (eine Auswahl). **Ausgewählt, übertragen und eingeleitet** von Dr. Theodor **Sapper,** Das österreichische Wort, Band 140, **Stiasny-Bücherei,** Graz und Wien 1964.

Renate **Wagner-Rieger, Architektur,** in: **Katalog zur Babenberger-Ausstellung 1976** (siehe dort).

P. Hermann **Watzl, Das Stift Heiligenkreuz.** Seine geschichtliche Sendung, 4. Auflage, Stift Heiligenkreuz 1962.

Georg **Weber, Allgemeine Weltgeschichte,** Bd. V bis IX, Verlag von Wilhelm Engelmann, Leipzig 1883 bis 1885.

Fritz **Weber, Entstehung und Entwicklung des Weinbaues in Niederösterreich** (5. bis 16. Jahrhundert), in: **Kulturberichte aus NÖ.,** Jg. 1951, Folge 9, v. 15. IX.

Heinrich **Weigl** und Fritz **Eheim, Die Ortsnamen in Niederösterreich,** in: **Wissenschaftliche Schriftenreihe Niederösterreichs** (1), Verlag Niederösterreichisches Pressehaus, St. Pölten 1973.

Siegfried **Weyr, Wiener Schätze und Geheimnisse,** Herausgeber Wiener Kurier, Wien (o. J.).

Ferdinand **Wimmer, Geschichte der Pfarre St. Agatha zu Hausleiten bis zur Diöcesanregulierung im Jahre 1783,** in: **Blätter des Ver. f. Landesk. v. NÖ.,** 1893.

Josef **Wodka, Kirche in Österreich.** Wegweiser durch ihre Geschichte, Verlag Herder, Wien 1959.

Erich **Zöllner, Geschichte Österreichs von den Anfängen bis zur Gegenwart,** 5., vermehrte Auflage, Verlag für Geschichte und Politik, Wien 1974.

BILDBEIGABEN

Seite 2:
Niederösterreichs hoch- und spätmittelalterlicher Landespatron Koloman
Martyrium und Tod des Heiligen nach einem Bild im Stiftsmuseum Heiligenkreuz, gemalt um 1508 vom „Meister des Pulkauer Altars“

Seite 37:
Bauern beim Pflügen
Nach einer Miniatur der Dresdener Bilderhandschrift des Sachsenspiegels

Seite 47:
Karl der Große
Nach einem Gemälde von Albrecht Dürer

Seite 55:
Awarenringe mit vier Befestigungsgürteln
Nach Garnier, L'habitation

Seite 59:
Bauer beim Eggen
Nach einer Miniatur der Dresdener Bilderhandschrift des Sachsenspiegels

Seite 95:
Otto der Große in der Lechfeldschlacht
Nach einem Gemälde von Frank

Seite 113:
Der Heilige Leopold und Markgräfin Agnes
Nach einem Altarbild Rueland Frueaufs im Stiftsmuseum Klosterneuburg, datiert 1501

Seite 123:
Zisterzienser bei der Kornernte
Nach dem Altarwerk Jörg Breus d. Ä. in der Stiftskirche zu Zwettl, datiert 1500

Seite 127:
In der Klosterschule
Nach einer Miniatur des Kodex 368 der Stiftsbibliothek zu Admont

Seite 163:
Kriemhild und Bischof Pilgrim in Passau
Nach einem Gemälde von Ferdinand Wagner

Seite 183:
Hochmittelalterlicher Hausbau
Grundherr, Baumeister und Siedler nach einer Miniatur der Dresdener Bilderhandschrift des Sachsenspiegels

Seite 199:
Herr Walther von der Vogelweide
Nach einer Miniatur der Manesseschen Liederhandschrift zu Heidelberg

Inhalt

WEITERE BÜCHER

von

NIKOLAUS BRITZ

aus dem Verlag

WILHELM BRAUMÜLLER

Universitäts-Verlagsbuchhandlung GmbH

Servitengasse 5, A-1092 Wien IX

Lenau und Stockerau	kart. S 24.–
Walther von der Vogelweide und Wien	kart. S 48.– Ln. S 68.–
Lenau in Niederösterreich	kart. S 88.–
Lenau und Klosterneuburg	kart. S 238.–
Der Expressionismus und sein österreichischer Jünger Hans Kaltneker	kart. S 258.–
Lenau-Almanach 1969/75 (Hrsg. N. Britz)	kart. S 380.– Ln. S 410.–
Jede Woche eine ganze Stunde (Anthologie Kindergedichte)	kart. ca. S 140.–